LA
MASONERÍA EN ESPAÑA.

LA
MASONERÍA EN ESPAÑA.

ENSAYO HISTÓRICO

POR

D. MARIANO TIRADO Y ROJAS.

(CON LICENCIA DE LA AUTORIDAD ECLESIÁSTICA.)

Tomo II.

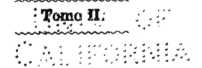

MADRID:
IMPRENTA DE ENRIQUE MAROTO Y HERMANO,
CALLE DE PELAYO, NÚM. 84.
1893.

Esta obra es propiedad de su
autor. Queda hecho el depósito
que marca la ley.

LA

MASONERÍA EN ESPAÑA.

— ◄●► —

PARTE SEGUNDA.

Intervencion de la secta masónica en todos los trastornos
políticos ocurridos en España de 1808 á 1868.

322453

LA MASONERÍA EN ESPAÑA.

PARTE SEGUNDA.

I.

LOS AFRANCESADOS.

Inexplicable parecería el delito de traicion contra la pátria cometido por gran número de españoles ante la invasion de las huestes napoleónicas, si no se hubiera demostrado en la primera parte de la presente obra la que en crímen tan inaudito tuvo la secta masónica, cuyos poderes ocultos habian decretado la destruccion de las sociedades cristianas y la fundacion del estado racionalista y ateo sobre las ruinas de aquéllas.

Probados quedan tambien tan perversos designios con las revelaciones mencionadas en la *Introduccion* de esta obra, y hechas al Abate Barruel por el oficial piamontés Simonini; y basta fijarse en la nacionalidad de sus autores para que á nadie extrañe la perfidia judáica con que se prepararon y pusieron en vías de ejecucion los planes abominables que tenian por objeto la entrega de nuestra pátria al extranjero.

Para el logro de esos planes era necesario, en primer lugar, entibiar en los corazones de nuestros antepasados el amor á la pátria, más vehemente entre los españoles que en pueblo alguno, por hallarse ese amor cimentado en el amor de Dios y hallarse indisolublemente unidas en debida y justa proporcion las glorias españolas á los triunfos del Catolicismo.

Quien dice español dice católico, y por eso era indispensable á la realizacion de los siniestros planes de las lógias que nuestro pueblo dejara de ser español para que dejase de ser católico.

Obra tan diabólica sólo podia perpetrarse en las tinieblas, y nada más á propósito á este fin que la secta masónica, con sus conciliábulos secretos, sus iniciaciones simbólicas y sus ritos y ceremonias llenos de misterios. La masonería, además, lo dicen sus Estatutos y Constituciones, desea que desaparezcan todas las fronteras, desde el punto y hora en que declara que «los masones de cualquier país, sea cual fuere la creencia religiosa y el culto que profesen, son miembros de una gran familia, como es una la especie á que pertenecen, el globo que habitan y la naturaleza que contemplan».

Y claro está que siendo ésta una de las doctrinas fundamentales de la secta masónica, por fuerza entre sus adeptos se ha de debilitar, y áun atrofiarse por completo, el amor á la pátria y á sus compatriotas, pues para los masones, los que no perte-

. necen á su *gran familia*, son *profanos*, ó como quien
dice, extraños, que no merecen el aprecio con que
distinguen á sus *hermanos*, aunque éstos pertenez-
can á otra nacion y aquéllos sean conciudadános y
áun parientes.

Demostrado se halla en los rituales de la secta
que todo mason debe acudir en auxilio de otro afiliado cuando éste haga la señal de socorro, que consiste en poner las manos cruzadas sobre la frente
con las palmas hacia fuera y doblando al mismo
tiempo una rodilla en tierra. El mason que ve esta
señal ha de salvar á todo trance al que la hace, aunque sea en los campos de batalla y el que pida el
socorro pertenezca al ejército enemigo.

De aquí se sigue que el mason, colocado entre el
deber de pelear, hasta aniquilarlo y destruirlo, contra un ejército que invade su pátria, y la obligacion
que contrae en las lógias de auxiliar y socorrer á
ese enemigo, tiene que optar por esta última, aunque de su auxilio al enemigo se siga la derrota del
ejército á que el auxiliador pertenezca, y como consecuencia de ella la pérdida de la integridad de la
pátria.

Quizás parezca esto á primera vista una exageracion hija del apasionamiento. Pero basta fijarse en
que á veces el éxito de una batalla depende de la
vida ó de la libertad de un hombre, si éste, por su
graduacion militar ó por su valor y prestigio, ejerce
influencia entre los soldados, para comprender el
alcance que en momentos decisivos puede tener el
auxilio que los masones están obligados á prestarse mútuamente á la señal de socorro hecha por
cualquiera de ellos en lo más récio de un combate.

Urgia, por lo tanto, á los poderes ocultos que dirigen los movimientos de las lógias, y que habian preparado la destruccion de la nacionalidad española, colocar á sus naturales en las condiciones de indiferencia respecto de la suerte de la pátria favorables para el mejor éxito de la invasion que se preparaba, y de aquí el que cuatro años ántes de la invasion francesa, los poderes ocultos de la masonería se ocuparan con preferencia en dar á la secta en España una organizacion que permitiera tenerla bajo la dependencia inmediata de dichos poderes.

Para realizar esos planes era necesario, ante todo, subordinar á las lógias de España á una jefatura única, y á esto se encaminaron los esfuerzos del Supremo Consejo de Charleston, fundado por judíos, como ya hemos hecho notar en el primer tomo de esta obra. A este fin comunicaron sus designios al Conde de Grasse-Tilly, cuya nacionalidad habria de excitar en él el deseo de hacer de la masonería española una rama del Supremo Consejo de Francia, coadyuvando de este modo á los propósitos de dominacion del territorio español, que ya bullian en la mente de Napoleon I.

Curioso es por todo extremo, é ignorado hasta la fecha, el documento que el Supremo Consejo de Charleston dirigió al Conde de Grasse-Tilly, encargándole de la tarea de afrancesar á la masonería en España, preparando los caminos de la invasion que nuestra desdichada pátria habia de sufrir cuatro años más tarde. El lector juzgará de su importancia por la traduccion que á continuacion damos del mencionado documento.

Dice así:

«IN DEO FIDUCIA NOSTRA

»SUPREMO CONSEJO DE CHARLESTON.

»AL I∴ Y P∴ H∴ CONDE DE GRASSE-TILLY.

»*Francia.—París.*

»Ilustr∴ y Pod∴ Herm∴

»La necesidad de unificar la benéfica influencia de la tabla de los derechos del hombre, proclamada en esta libre república por el Ilust∴ y Pod∴ H∴ Washington, y llevada á esa noble nacion por el tambien queridísimo H∴ nuestro Lafayette, nos mueve á encargaros de un cometido que, si bien ofrece sérias dificultades, segùro está este Supremo Consejo de que sabrá vencerlas vuestro nunca desmentido celo en pró de la institucion que tiene la honra de contaros en su seno.

»La solidaridad masónida nunca llegará á ser efectiva, ínterin los hh∴, esparcidos por la superficie de la tierra, no reconozcan un solo poder, como es una sola la tierra que habitan y uno tambien el horizonte que contemplan.

»El fanatismo y la supersticion han hallado esta unidad en un organismo comun, al que denominan Iglesia católica ó universal, y necesario es que á esta organizacion del poder oscurantista responda otra organizacion del pensamiento emancipado, si éste ha de libertar á la humanidad de las cadenas que lo esclavizan y avasallan.

»En parte, tales propósitos se han realizado en

muchas naciones de esa vieja Europa, que no puede ménos de agradecer á sus hijos de la libre América el retorno con creces de la civilizacion elemental y embrionaria que trajeron á estas regiones; pero todavía hay pueblos que se resisten á recibir la luz, no tanto por propio impulso, cuanto subyugados por los despóticos poderes que han paralizado su accion en diez y ocho siglos de ignorancia y de servidumbre teocrática.

»Entre estos pueblos merece citarse la nacion española, que, si en los últimos cincuenta años ha dado muestras del deseo de romper los hierros que la esclavizan, todavía conserva hábitos de servilismo que sólo puede borrar el espíritu altamente progresivo de nuestra veneranda institucion.

»No desconocemos lo que en tal sentido han laborado algunos insignes hh.·. españoles, ni estimamos en menor precio del que valen los esfuerzos que esos qq.·. hh.·. han tenido que realizar para difundir los principios salvadores de la asociacion masónica en un país amedrentado por el hierro y el fuego de las mazmorras inquisitoriales. Sabemos tambien apreciar los costosos sacrificios de vidas y propia libertad hechos por heróicos masones que no han vacilado en perderlas ántes que revelar á los poderes tiránicos la palabra sagrada, lazo misterioso y fortísimo que une entre sí á todos los hh.·. esparcidos por la superficie de la tierra.

»Dignos son de loa los trabajos realizados por el Ilust.·. y Pod.·. H.·. Aranda al emancipar á la masonería española de la tutela irregular de Inglaterra, y merecedores de aplauso el celo y solicitud con que mancomunadamente con los poderes de la Orden en otras naciones llevó á cabo la obra de destruir la más formidable organizacion inventada por los poderes teocráticos.

»Pero esta misma empresa, felizmente llevada á término por el pasajero concierto de voluntades de las potencias masónicas, señala bien á las claras la necesidad de que todas ellas reciban su inspiracion de un centro comun, estableeido en un país donde no sean fáciles las reacciones ni dependa la libertad dé sus habitantes de la despótica voluntad de un tirano, á su vez sometido á la avasalladora influencia de un clericalismo intolerante, para toda expansion de los espíritus y toda manifestacion de progreso, ya sea éste material ó puramente intelectual ó especulativo.

»Esta es la razon que ha presidido al establecimiento de este Supremo Consejo, que por su situacion geográfica se halla á salvo de cualquier golpe de mano de los poderes tiránicos de Europa, y por el régimen liberal de la nacion donde actúa tiene los medios de accion necesarios para dirigir por seguros derroteros los asuntos de la Orden, hasta conducirla al logro de sus fines y aspiraciones.

»A unificar, pues, los trabajos masónicos, encaminándolos al mismo objetivo, se dirigen los esfuerzos de este Supremo Consejo, y de aquí el que hayamos señalado á España como uno de los puntos en donde es más necesaria que en otro alguno la direccion única á que nos venimos refiriendo, por ser aquel país el último baluarte donde se hallan parapetados el fanatismo, la ignorancia y la supersticion.

»Repetimos que no desconocemos los trabajos realizados por los que hasta aquí han llevado la direccion de los asuntos masónicos en aquel país, pero tememos fundadamente que mientras no se varien sus instituciones políticas, todos los esfuerzos realizados corren peligro de malograrse, como estuvo á punto de suceder cuando subió al trono el Rey Fernando VI. Para ello basta un Ministro imbuido en las ideas de intolerancia religiosa, que no habrian de hallar seguramente resistencia en el ánimo de un pueblo fanatizado, pero que la encontrarian, insuperable, si las hermosas frases de *libertad, igualdad* y *fraternidad*, con el espíritu que las anima, se hallasen esculpidas en el fondo de los corazones de aquel altivo pueblo.

»Providencialmente la situacion que hoy atraviesa Europa facilita nuestra obra en ese sentido, y aunque como miembros de un pueblo libre lamentamos que el primer Magistrado de Francia prefiera el manto de los Césares á la honrosa condicion de mandatario del pueblo, estimamos de necesidad, para destruir en Europa el régimen opresor en que todavía yace, el ejercicio de una dictadura que lleve á los pueblos y á las naciones el espíritu de libertad contenido en la tabla de los derechos del hombre.

»Las dictaduras son pasajeras, pero las ideas quedan, y las que llevan escritas en sus banderas las invencibles huestes de vuestra noble pátria quedarán grabadas de una manera indeleble en el corazon de los pueblos rendidos por vuestras gloriosas armas.

»Podrán esos pueblos resistirse; alguno, ó todos ellos unidos tal vez, os vencerán algun dia, pero la victoria, en definitiva, será vuestra, pues las ideas que os animan é impulsan llegarán á ser, ántes de muchos años, el código universal de las naciones.

»Deber es, sin embargo, de los masones, evitar en lo posible las resistencias sangrientas á la noble empresa que ha tomado á su cargo el Jefe de vuestra nacion, y para ello es necesario que los poderes de la Orden se esfuercen en inculcar á los pueblos que sobre la idea de la pátria está la idea de la humanidad. Las fronteras son demarcaciones caprichosas impuestas á veces por el abuso de la fuerza; la atmósfera que envuelve nuestro planeta es la frontera natural que separa á la tierra del resto de los mundos.

»Urge, por lo tanto, que en cada nacion existan delegados de la humanidad dispuestos á sacrificar por ella las accidentales diferencias que la codicia de los poderes despóticos han establecido de pueblo á pueblo para dominarlos más fácilmente, dividiéndolos en porciones, y esos delegados no pueden ser otros que los miembros de nuestra Orden, recibiendo las inspiraciones de un centro único que dirija la evolucion salvadora que ha de convertir en hermanos, miembros de una sola familia, á los que hoy se miran recíprocamente como extranjeros, y muchas veces como enemigos.

»A vos, Ilust.·. y Pod.·. H.·., os toca ejercer ese cargo en España, donde los sentimientos de un mal entendido patriotismo comienzan á sobreponerse, áun entre los mismos masones, al sentimiento único de amor á la humanidad que debe impulsar todos sus actos.

»Nos consta que por esta causa se hallan hondamente divididas las lógias españolas, retraidos muchos de sus miembros, y á punto de fracasar los esfuerzos realizados en el pasado siglo para libertar al pueblo hispano de la servidumbre teocrática en que ha yacido durante tantas centurias.

»El Conde del Montijo, á cuyo cargo corre hoy la direccion de los asuntos masónicos en España, emplea su influencia en sustituir á un Rey por otro, dentro de la misma familia de los Borbones; sin considerar que esa raza está llamada á desaparecer del gobierno de los pueblos, por llevar en sus venas la sangre del despotismo, que en la antigua Roma impulsaba á los Césares á recabar para ellos el culto debido á sus dioses.

»No conviene, sin embargo, exonerarle de sus actuales cargos, porque esto aumentaria la division de los masones en España, y sería causa de otro cisma en la Orden por el estilo del promovido á fines del pasado siglo entre el Gran Oriente, presidido por el ilustre Conde de Aranda, y las lógias independientes fundadas por el Conde de Cagliostro. Por lo pronto, basta con hacerle entender la obligacion en que se halla de subordinar sus particulares aficiones políticas á los fines altamente humanitarios que persigue la Orden, y si á estas advertencias opusiera alguna resistencia, ó sin ponerla las desoyera, lo más conveniente sería agregarle un adjunto, que, inspirándose en los sentimientos que deben animar á todo buen mason, fuera poco á poco realizando la evolucion salvadora á que más arriba nos hemos referido.

»A vuestra reconocida inteligencia, Ilust.·. y Pod.·. H.·., fiamos el buen despacho de la importantísima mision que os confiamos por el presente Bal.·., que debeis considerar como las credenciales que os invisten del carácter de Delegado general de este Supremo Consejo cerca de los poderes masónicos de España.

»Que el G.·. A.·. del U.·. os ilumine con sus luces y os preste los auxilios necesarios para salir airoso de la empresa que os confiamos.

»Recibid Ilust.·. y Pod.·. H.·. con este motivo el abr.·. frat.·. que os enviamos con los sig.·. toq.·. y bat.·. que nos son conocidos.

»Orient.·. de Charleston, á los veintiun dias del mes de Febrero de 1804 (é.·. v.·.)

»ESTÉBAN MORIN, GRAD.·. 33.·.

»(*Signado y rubricado.*)»

Tal es el documento que traducido literalmente de una copia en inglés hallada entre algunos otros documentos masónicos pertenecientes al funesto D. Miguel de Azanza, y que, por circunstancias que podrian llamarse providenciales, han llegado á nuestras manos, entregamos hoy á la consideracion del lector, como demostracion palmaria de la intervencion que la masonería, entregada á la direccion del judío Estéban Morin, tuvo en la invasion francesa, cuyo plan se ajusta en un todo á las revelaciones hechas por el oficial piamontés Simonini al Abate Barruel, segun ha podido verse en la Introduccion de la presente obra. Réstanos ahora dar cuenta del modo con que llevó á cabo el Conde de Grasse-Tilly la empresa que le fué encomendada por el Supremo Consejo de Charleston, y los medios de que se valió para afrancesar á la masonería española, preparando los caminos á la invasion de las huestes napoleónicas.

El Conde de Grasse-Tilly tenia en España un hermano, General en el ejército español, y á él se dirigió en primer término para realizar el encargo recibido

del Consejo Supremo de Charleston. Pero el hermano del Conde, perteneciente á la fraccion Montijo, se
hallaba, como éste, interesado en la sustitucion de
Cárlos IV por Fernando VII, y pulsaba la lira pa-
triótica, por ser sus notas las que más enardecian
los pechos de los españoles, y el medio más apropiado de realizar el cambio de gobierno que buscaban algunos para satisfacer sus ambiciones. Así
es, que por esta parte nada obtuvo el Conde de
Grasse-Tilly de su hermano, como tampoco del
Conde del Montijo, que recibió con marcada indiferencia la órden de subordinar los actos de la masonería española á las inspiraciones del Supremo
Consejo de Charleston.

Durante algun tiempo, el Delegado general de
dicho Supremo Consejo anduvo tanteando, sin éxito, el terreno propicio para que en él fructificasen
sus planes, hasta que tuvo la fortuna, que desgracia inmensa fué para España, de tropezar con don
Miguel de Azanza, hombre ambicioso y desaprensi-
vo, que á trueque de conseguir el fin de sus codicias, hubiera vendido cien pátrias si á ellas hubiere pertenecido.

Concertóse fácilmente el Conde de Grasse-Tilly
con Azanza, y éste pasó á ser el Jefe efectivo de la
masonería en España, aunque por las razones expuestas por el Supremo Consejo de·Charleston en
el documento más arriba copiado, siguió conser-
vando el Conde del Montijo la jefatura honorífica de
las lógias, que, en realidad, eran muy pocas, y no
todas en trabajos activos.

En Madrid sólo se contaban por aquel entonces
cuatro lógias, que trabajaban en tres *templos*, si-
tuado uno de ellos en una casa de la calle de Santa

María, otro en la plaza del Angel y palacio del Conde del Montijo, y el tercero en la casa situada junto al palacio de Liria, y que por los ruidos misteriosos que cuidaron de hacer los masones para alejar de ella á las gentes, recibió el nombre de casa del *Duende*, con el que ha sido conocida hasta nuestros dias.

Habia, además, otra lógia en la calle del Bastero, pero ésta, y alguna otra que por aquel entonces existia, eran de las del rito de *Misraim*, fundado por el Conde de Cagliostro, y funcionaban con entera independencia del Gran Oriente de España.

Existian tambien dos ó tres lógias francesas sometidas á su Supremo Consejo, y á éstas, como es natural, se dirigió el Conde de Grasse-Tilly para que sirvieran de núcleo al afrancesamiento de las lógias de España, y facilitar de este modo la invasion de nuestro territorio, que ya meditaba Napoleon.

En provincias se habian dejado tambien sentir los efectos de la division masónica, y en pocas de ellas trabajaban las lógias bajo la misma obediencia. Solamente las lógias de Barcelona, Valencia, Sevilla, Zaragoza, Cádiz. Málaga, Córdoba y Granada seguian correspondencia con el Gran Oriente, presidido por el Conde del Montijo. Del resto de las lógias, unas habian suspendido sus trabajos y otras los realizaban con completa independencia las unas de las otras.

A reunirlas á todas bajo la direccion de un centro comun se encaminaron los esfuerzos del Conde de Grasse-Tilly, secundado por Azanza, á quien aquél, de regreso á París, dejó como adjunto á un mason francés llamado Antonio Hannecart, provisto de

15.000 diplomas masónicos extendidos en blanco, á fin de que todos los nuevos iniciados lo fueran bajo los auspicios del Gran Oriente de Francia, y á él solamente prestaran obediencia.

Con este procedimiento obtenia el Conde de Grasse-Tilly una doble ventaja para los fines de la política francesa y un doble desmedro para los intereses de España. Porque de una parte lograba convertir en instrumentos de los planes napoleónicos á miles de españoles, y de otra ingresaba en las arcas del Gran Oriente de Francia el importe de los títulos y diplomas así extendidos. Por lo que bien puede decirse que de este modo no sólo tenia Napoleon un ejército suyo dentro de España sin que le costase un cuarto sostenerlo, sino que, además, empezaba á cobrar por anticipado del pueblo español los gastos que habia de hacer en la guerra que proyectaba.

Fueron considerables las sumas que por este concepto recaudó el Conde de Grasse-Tilly, pues la actividad de Hannecart y de Azanza en afrancesar á las lógias de España fué tan grande, que en poco más de dos años lograron llevar á la obediencia del Gran Oriente de Francia unas 430 lógias entre las de nueva creacion y las que sustrajeron á la obediencia del Conde del Montijo, mas las que trabajaban sin reconocer Gran Oriente alguno y luego se unieron al núcleo de las francesas.

Por estos dàtos puede calcularse, sin temor á incurrir en exageraciones, que ántes de pisar el primer soldado francés el territorio español tenia ya en España Napoleon como vanguardia de sus legiones un ejército de más de 20.000 afrancesados, reclutados en todas las clases sociales; y en vista

de esto, á nadie admirará que los ejércitos franceses pudieran apoderarse, en son de paz y sin resistencia, de las principales plazas fuertes de España
y penetrar en la capital del reino sin haber dispa-
rado un tiro ni hallar la menor sombra de oposicion, y sí toda suerte de facilidades en las regiones
oficiales.

A estas facilidades contribuyeron seguramente
los escándalos de la córte de Cárlos IV, la tiranía
de Godoy y las ambiciones dé Fernando VII; pero
en esas vergonzosas contiendas, que por igual des-
honraron á sus protagonistas, anduvo la mano de
la masonería por medio de pérfidos consejeros, que
tanto á Cárlos IV como á su hijo Fernando les su-
girieron la idea de aceptar como árbitro de sus diferencias á Napoleon I, que fué como poner al lobo
por custodio de las ovejas.

De otra suerte, jamás habria intentado el llamado
Capitan del siglo la conquista de España, pues harto
sabia que por fuerza de armas sólo el paso de los
Pirineos abriria el de la sepultura á millares de
franceses, y áun en el supuesto de que lograra for-
zar esa casi inexpugnable frontera, ántes de llegar
al Ebro podia contar como segura la destruccion de
su ejército. Mas para orillar esas dificultades estaba la masonería, y ella se encargó de hacerlo en la
forma que hemos indicado, convirtiendo á millares
de españoles en viles instrumentos de los ambiciosos planes de Napoleon y en verdugos de su propia
pátria.

Y por cierto que sobre este punto tenemos que
rectificar un error cometido por D. Vicente de Lafuente en su *Historia de las sociedades secretas*,
donde asegura que la primera lógia de franceses y

afrancesados se fundó en 1809, en el local que ántes ocupaba la Inquisicion en la calle de Isabel la Católica. Es, efectivamente, cierto que la primera lógia que se estableció en el local donde estuvo la Inquisicion fué de franceses y afrancesados, pero no que éstos no hubieran trabajado ántes en otras lógias, pues desde que en 1804, y por delegacion del Conde de Grasse-Tilly, los masones Hannecart y Azanza se dedicàron á la tarea de afrancesar á la masonería, en todas las lógias que fundaron hubo franceses, y afrancesados no digamos, porque lo fueron todos los iniciados en dicha secta desde 1804 á 1813, y muchos, si no todos, de los que ántes pertenecian á la masonería.

En lo que tiene razon Lafuente es en asegurar que en varias capitales de España hubo lógias de afrancesados, y áun pudiera añadir á las de Salamanca, Sevilla, Jaen y otros puntos de Andalucía, las de Barcelona y Valencia, que no contribuyeron poco á que los franceses dominaran la parte Levante de España.

Y esto implícitamente lo declara tambien el señor Lafuente al afirmar que en todos los puntos de España en que hubo afrancesados hubo lógias, y como las fundadas y agregadas por Hannecart y Azanza pasaron de 420, el lector puede considerar si tendria extension la red tendida en territorio español por el judaismo, director de los asuntos masónicos en el Supremo Consejo de Charleston, para que España, atada de piés y manos, fuera presa de las codicias napoleónicas.

Esto sin contar con que al ejército invasor acompañó gran número de emisarios del Supremo Consejo de la masonería francesa, que se cuidó de fundar lógias en todos aquellos puntos donde se establecia guarnicion de soldados de Napoleon, lo cual vino á duplicar el número de afrancesados, hasta el punto de que Murat, en 1809, pudiera fundar otro Grande Oriente bajo los auspicios del Rey intruso José Napoleon, é independiente del que dirigian Hannecart y Azanza, que todavía no parecia á los invasores suficientemente afrancesado.

De este modo Azanza y Hannecart por un lado, y Murat por otro, consiguieron que apenas quedasen en España masones que no estuvieran de una manera incondicional y absoluta sometidos á los planes usurpadores de Napoleon I, pues el Gran Oriente, presidido por el Conde del Montijo, quedó reducido á unas cuantas lógias, la principal de ellas establecida en Cádiz, y que sirvió de núcleo á otra evolucion masónica de que hablaremos más adelante.

Pero ántes hemos de hacer constar que los trabajos de afrancesamiento en España llevado á cabo por los funestos personajes mencionados no se redujeron sólo á los hombres, sino que además tuvieron por objetivo la mujer, como lo demuestra la lógia de *Caballeros y Damas Philocoreitas*, fundada por el mismo Hannecart en 1809 en el campamento francés establecido ante la ciudad de Orense.

De dicha lógia es fama que salieron varias emisarias para fundar *talleres de adopcion* ó lógias de mujeres en diferentes puntos de España. Pero en honor á la verdad debemos añadir, que esta nueva traza masónica tuvo escaso éxito, gracias al arraigo de las creencias católicas, que constituye una de las más preciadas cualidades de la mujer española, pues en realidad se redujo al recluta-

miento de algunas hembras perdidas y tal cual
dama de una parte de la aristocracia, que siguiendo la teoría de arrimarse al sol que más calienta,
formó en el séquito de los cortesanos del Rey intruso.

II.

LOS LIBERALES.

La trama urdida contra la independencia de España por los judíos del Supremo Consejo de Charleston, y puesta en ejecucion por los masones franceses para allanar los caminos á los planes usurpadores de Napoleon, estuvo á punto de dar los resultados que sus autores se propusieron, y los habria dado indudablemente si las lógias no llegan á tropezar en su empresa con dos factores importantísimos que la hicieron fracasar en lo que tenia de atentatoria contra la integridad de la pátria, ya que no con lo relativo á otros fines que desgraciadamente consiguiera de una manera, por decirlo así, superabundante.

Todo parecia, en efecto, perdido para España desde el punto y hora en que entregadas al extranjero sus principales plazas fuertes, desorganizado su ejército, vendida por unos, abandonada por casi

todos los que ejercian cargos públicos y cedida por
su propio Rey á un poder extraño, sólo la quedaba
un pueblo indefenso é incapaz, á los ojos de sus
enemigos, para defenderse de las huestes que habian hecho temblar á las naciones más poderosas
de Europa. Y, sin embargo, ese pueblo, con el que
nadie contaba, cual si fuera dócil rebaño que á voluntad de su dueño cambia de pastor que le conduzca y dirija por los caminos que bien le plazcan,
fué uno de los dos factores á que ántes nos hemos
referido, y el que, en primer término, vino á demostrar á sus invasores que no era cosa tan fácil
y hacedera como ellos pensaban apoderarse de un
territorio cuyos habitantes, con teson heróico y
nunca visto en la tierra, habian batallado durante
siete siglos para libertarse del yugo agareno.

Unos cuantos centenares de manolos y chispe-
ros, y otras tantas majas de las llamadas de rompe
y rasga de los barrios extremos de Madrid, hicieron comprender á los soldados de Napoleon que
era todavía más difícil que vencer en Austerlitz y
en Jena apoderarse de un modesto Parque de artillería, resguardado por débiles tapias, cuando á
estas insignificantes murallas se les añade el humano parapeto de cien pechos enardecidos por el
amor á la pátria.

Gran sorpresa causó á los invasores aquella ines-
perada resistencia, mas pasados los primeros momentos de estupor, todavía creyeron que podrian
dominar fácilmente aquel principio de incendio,
pues la lucha entre un pueblo inerme ó mal arma-
do y falto de direccion y de disciplina, y un ejército
curtido en cien combates, con formidables máqui-
nas de guerra, en posesion de los principales pun-

tos estratégicos de la Península y dirigido por caudillos inteligentes y aguerridos, lógicamente tenia que dar por resultado el aniquilamiento ó sumision de los invadidos á costa de algunas vidas y de un esfuerzo más ó ménos grande.

Pero en esto también eran errados los cálculos de los invasores, porque, además del pueblo español, cuya resistencia consideraron como explosion transitoria sus enemigos, existia otro factor importantísimo, y del que puede decirse que fué la verdadera causa de que España no llegase á formar en el triste cortejo de las naciones uncidas al carro triunfal del César del presente siglo.

Este nuevo factor, que habia de dar al traste con las maquinaciones de las lógias contra España, no fué otro que las Ordenes religiosas, en las que la masonería no había logrado infiltrar el espíritu maléfico que la anima, y que se habia introducido en gran parte del ejército, en la médula de su organizacion política y hasta entre algunos miembros del Cléro secular, contaminados con la licencia y relajacion de costumbres de aquellos *abates* franceses que nos importó la nacion vecina al advenimiento de la casa de Borbon, y que en el último tercio del pasado siglo tuvieron en nuestra pátria no pocos imitadores.

En los frailes puede decirse que se hallaba como reconcentrado el fuego del amor á la pátria y á sus venerandas tradiciones. Libres de las novedades introducidas en el siglo anterior por el séquito de cortesanos que trajeron, respectivamente, de Francia Felipe V y de Nápoles Cárlos III; en contacto diario con el pueblo, é identificados con él, los frailes fueron como especie de contramina de los manejos de franceses y afrancesados para entregar á España á las codicias napoleónicas. Porque si como dice Lafuente en su *Historia de las sociedades secretas*, en donde quiera que hubo afrancesados hubo lógias, no es ménos cierto que donde quiera que hubo frailes hubo núcleos de resistencia contra los planes de los invasores.

Los conventos fueron para la causa de España lo que las lógias para la causa napoleónica. La lucha, por lo tanto, quedó planteada en su verdadero terreno. A un lado los que peleaban por Dios y por la pátria, al otro los que peleaban por Lucifer y por las lógias.

A los poderes ocultos que dirigian por aquel entonces la masonería, no se les ocultaba que el gran obstáculo para sus planes consistia en la existencia de las Ordenes religiosas, y harto demostraron su propósito de destruirlas, desde el punto y hora en que la primera muestra ostensible de vida que dieron en España se manifestó con la expulsion de la ínclita Compañía de Jesus, centinela avanzado del baluarte inexpugnable de la Iglesia.

Bien hubieran querido las lógias comprender en el mismo decreto de expulsion que desterró de España á los insignes hijos de San Ignacio á todas las Ordenes religiosas, pero esto habria producido una terrible explosion popular, y la masonería no se hallaba entonces en condiciones de luchar sola contra un pueblo justamente irritado y herido en sus más íntimos sentimientos. Era preciso proceder por tiempos, y á esto indudablemente se debió el que saliera incólume la integridad nacional de la guerra de la Independencia. Que á buen seguro, de ocurrir la invasion francesa en 1835, y en iguales condiciones, y en la misma forma en que se llevó á cabo en 1808, ni el pueblo español hubiera opuesto las enérgicas resistencias que entonces opuso á los invasores, ni tal vez lograra sacudir su dominación.

Por esta razon los poderes ocultos de la masonería, como el lector ha podido ver en el documento dirigido por el Supremo Consejo de Charleston al Conde de Grasse-Tilly, pusieron todo su empeño en que la conquista de España se realizara con las armas de la perfidia y no por la fuerza de las armas, y de aquí que, al ver la lucha iniciada por el heroismo del pueblo madrileño, y secundada con igual ardimiento por el resto de los buenos españoles, comprendieran, cuando soñaban con la victoria los Generales' franceses, que la guerra contra nuestra pátria sería la tumba de las glorias napoleónicas.

Y como las lógias tomaron á Napoleon como medio apropiado para la realizacion de sus planes y no como fin y término de ellos, así que vieron los primeros resplandores del incendio que más adelante habria de consumir el poderío del Capitan del siglo, comenzaron á variar de táctica con el objeto de sacar de los acontecimientos el mejor partido posible para sus ulteriores planes.

«Las dictaduras pasan, pero las ideas quedan», habia dicho el judío Estéban Morin al Conde de Grasse-Tilly en el documento que hemos copiado en el capítulo anterior. Y este principio, aplicado á la guerra de la Independencia, hizo comprender á los poderes secretos de la masonería la necesidad de prepararse, para que en el caso, ya previsto por ellos, de que el pueblo español sacudiera el yugo de las armas francesas, no por eso quedara emancipado del yugo de los errores que las huestes napo-

leónicas llevaban escritos en las puntas de sus bayonetas.

Para realizar este plan, los poderes ocultos de las
lógias, sin perjuicio de seguir prestando su concurso al Gran Oriente creado por el Conde de Grasse-
Tilly, bajo los auspicios del Supremo Consejo de
Francia, ántes bien, duplicando su influencia con
el otro Gran Oriente establecido por Murat, todo
ello con el objeto de retardar cuanto fuera posible
la derrota definitiva de las armas francesas, y al fin
de tener más tiempo para realizar la conquista moral de España, ya que la material no era posible,
buscaron entre los masones españoles los elementos necesarios para fundar otro Gran Oriente, que,
so capa de patriotismo, realizara en las almas la
misma conquista que por vías de fuerza trataban
de realizar en el territorio de la pátria los soldados
del César francés.

En este nuevo plan tuvo por auxiliar el centro director de los trabajos masónicos á otro miembro
de la familia del Conde de Grasse-Tilly, su hermano el Conde de Tilly á secas, General al servicio de
España, mason activísimo y uno de los más ar-
dientes partidarios de las ideas liberales.

Este Conde de Tilly, conocido en las lógias con el
sobrenombre de *Guzman*, secundó el nuevo plan de
los poderes masónicos, y á pretexto de organizar
la resistencia popular en Andalucía, sembró de lógias aquella region, y despues de la batalla de Bailén se trasladó á Aranjuez, á mediados de Setiembre de 1808, y allí, en union de varios masones,
entre los que se conservan en los anales de las lógias los nombres de Quintana, Saavedra, Vadillo y
Gonzalez, fundó un Supremo Consejo de la ma-

sonería española, independiente del desmedrado Oriente del Conde del Montijo, aunque sometido al protectorado del Oriente inglés, que por medio de sus lógias de Gibraltar comunicaba sus inspiraciones á las fundadas en Sevilla y Cádiz por el Conde de Tilly, hermano del Conde de Grasse.

Porque es muy de notar, para comprender hasta qué punto la secta masónica es una institucion, además de irreligiosa, antipatriótica, que siempre los Jefes Supremos de la masonería universal han procurado que las lógias españolas dependan, unas veces del Oriente francés, otras del inglés ó del lusitano-unido, y siempre de los poderes masónicos de alguna potencia extranjera.

Bajo los auspicios del Oriente inglés se pusieron las lógias fundadas por el Conde de Tilly (*Guzman*), y el centro principal de las mismas, aunque fundado en Aranjuez, se estableció despues en Cádiz.

En esta última ciudad existian, además, tres lógias: una titulada *Tolerancia y Fraternidad*, fundada en 1807; otra *Los Hijos de Edipo*, fundada por *Guzman* en 1808, y la tercera llamada *La Legalidad*, que comenzó sus trabajos en el año 1810.

De estas tres lógias, la principal fué la titulada *Los Hijos de Edipo*, pues á ella se afiliaron casi todos los Diputados de las Córtes de Cádiz, y en ella puede decirse que se elaboró la Constitucion de 1812.

De esta suerte aseguraron los poderes ocultos de la masonería la conquista de España, que entre afrancesados y liberales sólo podia libertarse de Scyla para dar en Caribdis, pues si se libertaba del yugo francés habria de caer bajo el yugo de los masones de las Córtes de Cádiz, cuya Constitucion, en sus puntos esenciales y en lo que tenia de con-

traria á las venerandas tradiciones pátrias, en
poco ó en nada se diferenciaba de la Constitucion
de Bayona. Como que masones eran los Diputados
de las Córtes de Cádiz, salvo algunas excepciones,
y masones fueron todos los que concurrieron al
conciliábulo de Bayona, capitaneados por Azanza,
segun se halla probado en los *Apuntes históricos
de la Orden de Caballeros francmasones en la lengua
ó nacion española*, publicados por el mason Leandro Tomás Pastor, y reproducidos en la primera
parte de la presente obra. Y claro está que, siendo
masones unos y otros, y todos ellos inspirados por
el mismo espíritu, sus obras tenian que resultar,
por fuerza de lógica, iguales, ó cuando ménos muy
semejantes.

III.

LA MASONERÍA EN ESPAÑA DE 1809 Á 1813.

Antes de entrar en el exámen de los sucesos políticos en que tomó parte activísima y decisiva la secta masónica durante el período de la guerra de la Independencia, conviene examinar la organizacion de las lógias que existieron en España en los años de 1809 á 1813 para mejor inteligencia del lector, á quien podrian confundir la variedad de grupos masónicos que por aquella época trabajaban desde distintos campos para la ruina de España; unos con el objeto de convertirla en colonia de los franceses, y todos ellos con el fin de hacerla esclava de los errores modernos.

El primero de esos grupos masónicos, por razon de su antigüedad, era el presidido por el Conde del Montijo y fundado en 1780 por el Conde de Aranda, con las lógias que de antiguo venian trabajando en España bajo los auspicios del Oriente de Inglaterra.

Dicho grupo, ya bastante mermado por el cisma promovido á fines del siglo pasado por el titulado Conde de Cagliostro y por el afrancesamiento de muchas de sus lógias á causa de los trabajos que en este sentido llevaron á cabo Hannecart y Ázanza, quedó reducido á la mínima expresion con la creacion del Supremo Consejo, realizada en 1808 por el Conde de Tilly (*Guzman*), aunque nominalmente siguió figurando en los anales masónicos y más tarde sirvió de núcleo para la formacion del titulado *Gran Oriente Nacional de España*, que pretende ser hoy el continuador, sin solucion de continuidad, del fundado por el Conde de Aranda, y en tal concepto disputa la legalidad masónica á los demás Orientes en que al presente se divide en España dicha secta.

El segundo grupo masónico lo formaba en 1809 el Supremo Consejo fundado por *Guzman*, y fué en realidad el alma de la revolucion en España y el núcleo que sirvió de base para el Gran Oriente, que andando los tiempos habia de presidir el actual Presidente del Consejo de Ministros D. Práxedes Mateo Sagasta.

A este grupo se deben muy especialmente todos los trastornos ocurridos en España durante el presente siglo, porque así como el cometido asignado por los poderes ocultos de las lógias al Oriente Nacional de España es, por decirlo así, filosófico ó doctrinal, el papel que ha desempeñado y desempeña el titulado Gran Oriente de España á secas es esencialmente político, viniendo á ser como el brazo que ejecuta los planes trazados por la cabeza que piensa.

Y esto explica, de pasada hemos de hacerlo

constar para no interrumpir nuestro relato con largas digresiones, el por qué de esas divisiones masónicas, más aparentes que reales, y de esa diversidad de Orientes que se observa en una misma nacion. Los poderes ocultos de las lógias asignan á cada unó de esos Orientes un cometido especial, y en ocasiones hasta contradictorio á primera vista; pero en esto obran á la manera de esos políticos aprovechados, tan abundantes en el presente siglo, que tienen á cada uno de sus hijos militando en las filas de un partido distinto, y de esta suerte ejercen influencia en todos, y así vive y medra la familia.

A este procedimiento apelaron tambien los mencionados poderes masónicos, que al propio tiempo que alentaban la reorganizacion de las lógias españolas valiéndose del Conde Tilly (*Guzman*), no descuidaban la existencia de las lógias de afrancesados, puestas bajo la jurisdiccion del Conde de Grasse-Tilly, hermano del anterior, con el concurso de los masones Hannecart y Azanza, y que constituian el tercero de los cuatro Grandes Orientes que hubo en España desde 1809 á 1813.

De este Grande Oriente tuvo la presidencia efectiva el Conde de Grasse-Tilly desde 1805 hasta 1811, en que, bajo el título de Supremo Consejo de España, quedó sometido á la direccion de Azanza por renuncia del Conde de Grasse, que en apariencia, disgustado por los trabajos que su hermano el Conde de Tilly realizaba para españolizar, mejor dicho, para britanizar las lógias que aquél habia afrancesado, pero en realidad obedeciendo á órdenes del Supremo Consejo de Charleston, hizo renuncia de su cargo de Gran Maestre de la masonería en España.

El cuarto de los Grandes Orientes existentes en nuestra pátria en el período á cuyo exámen se contrae el presente capítulo, fué el establecido por Murat en 3 de Noviembre de 1809, bajo los auspicios de José Napoleon, Gran Maestre de las lógias nápolitanas. Este Gran Oriente fué el que realizó sus trabajos en el local de la calle de Isabel la Católica, ocupado ántes por el Tribunal de la Santa Inquisicion, y fué, por decirlo así, el centro de donde partian todas las órdenes del Gobierno usurpador durante la época de la dominacion francesa.

Acerca de la constitucion de este Gran Oriente da Clavel algunos pormenores en su obra sobre la masonería, y entre ellos, por ser pertinentes al punto que venimos tratando, merecen ser conocidos los que siguen:

«La francmasonería escocesa—dice Clavel (y en esto no está en lo cierto, pues ese rito era ya conocido de mucho ántes en nuestra pátria)—se estableció en España en 1809. La primera lógia de este rito se inauguró en Madrid con el nombre de *La Estrella*. Tuvo por Venerable al Baron de Tinan, y celebró sus sesiones en el local mismo de la Inquisicion, recientemente abolida por un decreto imperial. Poco despues se establecieron en la misma ciudad las lógias de *Santa Julia* y de la *Beneficencia*, y estos tres talleres reunidos formaron una gran lógia nacional, bajo cuyos auspicios se fundaron gran número dé talleres en diferentes puntos de la Península. El Marqués de Clermont-Tonerre, miembro del Supremo Consejo de Francia, erigió en 1810, cerca de la Gran Lógia Nacional, un gran Consistorio del grado 32, y en 1811 el Conde de

Grasse añadió un Supremo Consejo del grado 33, el cual organizó al punto la gran lógia nacional, bajo la denominacion de *Gran Oriente de España y de las Indias.*

»Al terminar la ocupacion francesa, en 1813, se dispersaron la mayor parte de los francmasones españoles, suspendiéndose, por ende, los trabajos francmasónicos en aquel país. Hasta el 2 de Agosto de 1820 el Gran Oriente español no recobró su actividad bajo el gran maestrazgo del Conde del Montijo y del hermano Beraza, Gran Comendador y representante particular del Gran Maestre, Presidente del Supremo Consejo del grado 33. El Conde de Grasse habia intentado establecer en 1811 un Supremo Consejo de este grado para la Península, pero no pudo lograrlo á causa de la influencia que sobre los francmasones de España ejercia la gran lógia de Inglaterra, bajo cuya autoridad se fundó, en 1805, el Gran Oriente de Portugal, presidido por el Gran Maestre Egaz Muñiz.»

Tampoco está en lo cierto Clavel al asegurar que los trabajos masónicos se suspendieron en España desde 1813 hasta 1820. La suspension sólo duró hasta 1816, en que fué elegido Gran Maestre de la masonería española D. Agustin Argüelles, que en union de Riego y otros masones preparó la sublevacion de las Cabezas de San Juan y la vuelta al régimen constitucional desde 1820 á 1823, como, Dios mediante, verá el lector en el siguiente capítulo de la presente obra.

D. Vicente de Lafuente da tambien, en su *Historia de las sociedades secretas,* algunos pormenores relativos al Oriente fundado por Murat en 1809, aunque tampoco está en lo cierto al afirmar que la primera lógia de franceses y afrancesados se fundase en la época mencionada, pues de esta clase existian varias desde que, en 1804, Hannecart y Azanza, delegados del Conde de Grasse-Tilly, tomaron á su cargo la tarea de afrancesar á la masonería española.

Aparte de este error, nacido de haber tomado la fundacion de la primera lógia establecida por Murat por la primera de las lógias francesas que se inauguró en España, cuando es notorio que ya existian varias ántes de la invasion napoleónica, no dejan tampoco de ser interesantes los datos que suministra respecto de la existencia de dichas lógias, no sólo en Madrid, síno en varias otras provincias de España.

He aquí algunos de los susodichos datos:

«El bueno de Llorente no quiere creer como cierto lo que se dice en la obra *Acta latomorum,* de que la primera lógia de franceses y afrancesados se fundase en 1809 en el local mismo de la Inquisicion. La razon que da es que las llaves de aquél las tenia un dependiente que estaba á sus órdenes, el cual no las hubiera cedido para semejante destino. La razon no convence (1), así como de que él confunda al Conde de Grasse-Tilly con el General Tilly, no se infiere que el Conde de Grasse dejara de ha-

_____

(1)   El mason D. Nicolás Díaz y Pérez, en su *Historia de la francmasonería,* afirma que ese dependiente de Llorente era además conserje de las oficinas del Gran Oriente de Murat. De ser esto cierto, queda explicado cómo pudieron los masones verificar sus reuniones en el local de que se trata.

(*N. del A.*)

cer. lo que la obra citada y Clavel, mejor informados, dicen que hizo en España.

»Llorente añade que todo el mundo sabia en Madrid que la lógia masónica estaba en la calle de los Tres Peces. Con todo, un escritor contemporáneo, D. Luis Ducot, Rector de San Luis de los Franceses, en un folleto que escribió acerca de la francmasonería dice, que en la calle de Atocha, núm. 11, casi frente á San Sebastian, habia una lógia de Caballeros Rosa-Cruz, cuya descripcion hace apelando al testimonio de varios que lograron verla.

»La lógia Rosa Cruz—añade—es una sala bastante grande, toda enlutada, sin ventana alguna, y tan oscura, que nada se ve sin luz artificial. Hay en el medio una gran mesa cubierta de un tapiz de terciopelo negro, sobre el cual hay un Cristo del tamaño de aquellos que vemos en nuestras iglesias con el letrero INRI; á los piés del Cristo se ve una calavera, y alrededor los instrumentos de la francmasonería, como el compás, la escuadra, llana, etcétera.

»Sábese que hubo tambien lógias de afrancesados en varias capitales de España. De las que tengo más noticias son de las de Salamanca, Sevilla, Jaen y otros puntos de Andalucía.

»En Sevilla hubo dos del 10 al 12. La una celebraba sus reuniones en el edificio de la Inquisicion, siendo esto tan público, que hubo entre sus afiliados un sujeto muy principal en la poblacion que fué desde su casa á la iglesia de la Inquisicion con el mandil puesto y otras insignias masónicas, para tomar parte en la fiesta de San Juan Bautista, que celebraron con gran aparato.

»La otra se reunia en la calle de Santiago el Mayor (vulgo el *Viejo*), en la casa grande que tiene hoy el número 5, y es conocida todavía por *la casa de los francmasones*. Esta lógia era casi toda de franceses; la tenia alquilada un cirujano francés, y las reuniones se encubrian con el pretexto de conferencias facultativas. Cuando en 28 de Agosto de 1812 salieron apresuradamente los franceses de Sevilla, el pueblo invadió la casa: hallóse un gabinete todo colgado de negro, un esqueleto sentado en un sillon de vaqueta, apoyando su calavera sobre el descarnado puño, y un rótulo en la otra, en que decia en francés: *Aprende á morir bien*.

»Otra habitacion, tambien tapizada de negro, y con otro esqueleto, se encontró en un sótano del colegio viejo de Salamanca, cuando salieron de allí los franceses; pero ántes habian tenido la lógia junto á las Casas Consistoriales, en la plaza. Cierta muchacha que vivia en una casa inmediata, y estaba en relaciones amorosas con un indivíduo de la familia del conserje, solia comunicarse por un agujero muy disimulado abierto en la pared. Al acudir un dia á la cita amorosa fué grande su sorpresa cuando vió en la sala, en vez del novio, una porcion de señores muy graves, con su banda y mandil, y entre ellos algun respetable catedrático de la Universidad, de quien no podia esperarse que tomara parte en aquellas farsas y farándulas. Por lo visto, el *hermano terrible* no habia *retejado* bien.

»En Jaen se encontró igualmente la cámara enlutada para las meditaciones precedentes á la recepcion, y las consabidas calaveras. Hallóse tambien un crucifijo de tamaño natural, que se habian llevado del convento de San Francisco. La cámara principal donde tenian las juntas estaba muy bien decorada con todas las alegorías masónicas, que por algun tiempo se conservaron á la pública espectacion, y era fama que las habia pintado un tal Cuevas.

»Sería prolijo dar noticias de otros puntos en donde consta que hubo lógias de franceses y afrancesados. Baste decir, que donde quiera que hubo afrancesados allí hubo lógias, y que, por regla general, y con pocas excepciones, pertenecian á ellas todos los afrancesados, áun los Clérigos, y, más que todos, los llamados *cívicos.*»

De todo lo expuesto se deduce la magnitud de la red tendida por la masonería para realizar la conquista de España en beneficio de las lógias durante los años de 1809 á 1813. De una parte dos Orientes franceses, cuyos trabajos sirvieron al objeto de prolongar la ocupacion de los ejércitos napoleónicos el tiempo necesario para que la secta masónica echara raíces en nuestra infortunada pátria.

De otra, dos Orientes llamados españoles, encargados de realizar la conquista del poder para el liberalismo el dia en que derrotadas las armas francesas tuvieran sus ejércitos que repasar el Pirineo.

Jamás conspiracion alguna contra un pueblo se llevó á cabo con la perfidia que en la conquista de España emplearon los poderes ocultos de la masonería. No es, pues, de extrañar el éxito que han tenido tales maquinaciones, inspiradas por el espíritu de las tinieblas; y, por el contrario, debe atribuirse á un milagro de la Divina Gracia el que á la hora presente no se haya extinguido por completo la fe heredada de nuestros mayores sino en los corazones de un contadísimo número de desgraciados españoles.

Porque á las organizaciones masónicas anteriormente citadas hay que agregar la perniciosa influencia de no pocas lógias inglesas, fundadas por el ejército de Welligthon, que en concepto de aliado vino á auxiliar á los españoles en la guerra contra Francia, y que sirvieron á manera de lazo de union, dijérase mejor de cadena, entre el Gran Oriente inglés y el Supremo Consejo fundado por el Conde de Tilly (*Guzman*), en los comienzos de la guerra de la Independencia.

Los resultados de tan inícua conspiracion fueron los que se habian propuesto los poderes ocultos de las lógias. España, por un esfuerzo heróico, quedó matérialmente libre de la opresion de las armas francesas, pero en el órden moral quedó esclava de todos los errores modernos; en el órden económico, tributaria del comercio extranjero, y en el rentístico, presa del judaismo, cuyas combinaciones bancarias la tienen hoy suspendida sobre el abismo de la más espantosa de las quiebras nacionales.

IV.

LAS LÓGIAS MILITARES.

Los trabajos de la masonería para minar al ejército comenzaron en España desde el punto y hora en que organizada la secta en 1727 bajo el protectorado de la *Gran Lógia de Inglaterra*, salió, por decirlo así, dél período de incubacion para entrar en el de propaganda. Desde aquel entonces, si no hubo lógias exclusivamente compuestas de militares, fueron muchos los militares afiliados á las lógias, hasta el punto de referirse muy principalmente á ellos la Pragmática contra la masonería dictada por el Rey Fernando VI en 2 de Julio de 1751, y en la que se conminaba con la degradacion de sus empleos á los militares que en adelante pertenecieran á dicha secta, y á los que perteneciendo á ella no la abandonaran inmediatamente.

El advenimiento de Cárlos III al Trono de España, con su séquito de cortesanos procedentes de Nápoles, reino en el que ya habia echado hondas raíces la secta masónica, convirtió en letra muerta la Pragmática de su antecesor, y la privanza del Conde de Aranda vino á derogarla en el terreno de los hechos, por más que en los anales de la legislacion siguiera apareciendo como vigente. La masonería continuó, por lo tanto, reclutando prosélitos entre los militares, pero sin hacer distincion entre ellos y las demás clases sociales, pues de todas ellas, indistintamente, se componian las lógias, con el objeto de preparar los caminos al principio de la igualdad liberal, que según la frase de un eminente estadista, consiste en cortar las cabezas de los grandes para nivelarlos con la estatura de los pequeños. A diferencia de la igualdad cristiana, que se propone elevar, por medio de las virtudes, á los pequeños, para que lleguen á la altura de los grandes.

Tal estado de cosas siguió en las lógias hasta que estalló la guerra de la Independencia, y reorganizado el ejército, se vió éste forzado, por las vicisitudes de la campaña, á no tener residencia fija, y aquellos de sus indivíduos que á la vez eran masònes, obligados á separarse de las lógias en que se hallaban afiliados.

Pero á los poderes ocultos de la masonería no convenia en ningún modo que se rompiera la *cadena de union* con que sujetaban las lógias al elemento militar, pues entendian que, alejados los militares de las lógias, los cuidados de la guerra por una parte, y por otra el abandono de las prácticas masónicas, acabarian por destruir la semilla sembrada por la secta en el ejército, y éste dejaria de ser un instrumento importante, y en ocasiones decisivo, para la realizacion de los planes que aquellos poderes meditaban.

De aquí surgió la idea de establecer lógias militares ó regimentales, compuestas exclusivamente de individuos del ejército y sometidas á un Inspector general del grado 33, miembro á la vez del Supremo Consejo de la masonería, y conducto por medio del cual, las órdenes é inspiraciones de los poderes ocultos de las lógias habrian de ser cumplidas y secundadas por el elemento militar, aunque éste se hallara empeñado en los azares de una larga campaña.

El organizador de estas lógias militares fué el Conde de Tilly (*Guzman*), que por su carácter de Jefe del ejército, y además de mason, ejercia bastante influencia entre sus compañeros de armas, y muy especialmente entre los afiliados á las lógias.

Ayudáronle en esta empresa el General D. Santos San Miguel y D. Felipe Arco-Agüero, que siendo Capitan General de Extremadura murió en 1820 arrastrado por su caballo, como ya hemos dicho en la primera parte de la presente obra al publicar la lista de los masones más principales que cooperaron activamente á los trabajos de la secta en el último y primer tercio respectivamente de los siglos XVIII y XIX.

Los tres citados masones fundaron lógias militares en la mayor parte de los regimientos del ejército de Andalucía, primero que se organizó en condiciones de luchar en campo abierto con las huestes napoleónicas, y de allí se extendió la organizacion de dichas lógias al resto de los ejércitos españoles que luchaban contra el invasor en distintas regiones de la Península.

En éstas lógias regimentales fueron afiliados Riego, Espartero, Lacy, Porlier, Torrijos, *el Empecinado*, y cuantos militares intervinieron en 1820 en la vuelta al régimen constitucional establecido por las Córtes de Cádiz, y puede decirse que fueron el plantel de todos los pronunciamientos del ejército que desde aquel entonces hasta nuestros dias se han sucedido en España con detrimento de la disciplina militar y gravísimo quebranto de los intereses de la pátria.

La organizacion de las lógias militares diferia en muchos dè sus pormenores de la organizacion ritualista de las demás lógias. En primer lugar, no todos los afiliados militares eran masones propiamente dicho, sino más bien auxiliares de la masonería, como más tarde lo fueron los afiliados á la sociedad titulada *Comuneros de Castilla*, y que fundó el Supremo Consejo de España en 1820 para que le sirviera de instrumento y realizara los actos de violencia que no podian llevarse á término sin la efusión de sangre, prohibida á los masones, y encomendada por ellos á una asociacion transitoria, sobre la que recaeria la responsabilidad, que no debe pesar sobre la francmasonería, *asociacion humanitaria cuya santa espada sólo puede herir á la ignorancia, á la ambicion y á la hipocresía; excusando siempre el daño personal de los ignorantes, los ambiciosos y los hipócritas, en quienes ve las primeras víctimas de aquellos tres implacables enemigos.* Todo ello, segun ha podido ver el lector en la primera parte de la presente obra, bajo la firma del mason Leandro Tomás Pastor, que en sus *Apuntes históricos de la Orden de Caballeros francmasones en la lengua ó Nacion española* confiesa con la mayor lisura que la masonería, para encubrir mejor sus crímenes, se presenta á los llamados *profanos* como una sociedad humanitaria, cuyos miembros son incapaces de hacer daño, no ya á uno de sus semejantes, pero ni siquiera á un mosquito, sin perjuicio de crear otras asociaciones que cometan toda suerte de crímenes y que se disuelven una vez cometidos, como los asesinos pagados despues de consumado el delito.

Este proceder de los poderes ocultos de las lógias permite que en ellas permanezcan no pocos que sólo ven la decoracion humanitaria de la masonería, pero no la verdaderamente horrible de esas otras organizaciones que nacen y mueren segun conviene á los directores de la trama masónica. Así se explica el ardor con que muchos masones califican de calumnias las revelaciones que se refieren á los crímenes cometidos por la masonería, y es, que esos masones, si proceden de buena fe, no han pasado de las lógias á las traslógias, ó no han tenido ocasión de fijarse en la trascendencia de las confesiones hechas por el mason Leandro Tomás Pastor en la parte de sus *Apuntes*, relativa á las causas que motivaron el establecimiento de la sociedad secreta titulada *Los Comuneros de Castilla*.

Algo parecido ocurrió con la creacion de las lógias exclusivamente militares. A los poderes misteriosos de la masonería no se les ocultaba (por el contrario, el fin que se proponian con la creacion de las lógias militares no era otro) que la organizacion masónica llevada al ejército quebrantaria la disciplina militar y sería causa de graves disturbios políticos y de no poca efusion de sangre,

cuya vista, ya lo habrá observado el lector al fijarse
en los *Apuntes,* varias veces citados, del mason
Leandro Tomás Pastor, horroriza á los masones,
si de esa efusion puede resultar alguna responsabilidad á la francmasonería, *sociedad humanitaria,* etc., pero no si la efusion de sangre se realiza
por alguna otra asociacion al servicio de la masonería y por mandato de las lógias.

De aquí que el Conde de Tilly, D. Santos San Miguel y D. Felipe Arco-Agüero redactaran un ritual
especialísimo para las lógias militares, que permitiera á la masonería rechazarlas como hijas suyas
si las cosas, como vulgarmente se dice, iban mal
dadas.

La lógia militar no se llamó lógia, sino *Trinchera;*
el *Venerable* ó Jefe de la lógia no se llamó *Venerable,*
sino *Gran Capitan;* á los *Vigilantes* se les llamó, *Caudillos;* al *Maestro de ceremonias, Ayudante;* al *Experto, Maestro de armas ó Preboste,* y á los *Guarda
templos, Escuchas.* Los escritos que en la jerga de
las lógias se llaman *planchas,* en las primitivas lógias militares se llamaban *salvas;* los trabajos se
empezaban, no á *medio dia en punto,* como se dice en
las lógias, sino *al toque de diana,* y como es consiguiente, terminaban *al toque de retreta.*

Fuera de esto, la organización de las sociedades
secretas militares, así como posteriormente la de
los *Comuneros de Castilla,* fué esencialmente masónica, y masones fueron sus principales miembros y sus tres jefes superiores, el Conde de Tilly,
D. Santos San Miguel y D. Felipe Arco-Agüero.

El objeto que en primer término se propusieron
los poderes ocultos de la masonería al establecer
las lógias militares, fué el quebrantamiento de la

disciplina del ejército, sustituyendo en él á los grados de la jerarquía militar los de la secta masónica, dándose el caso de que un Coronel ó Comandante se hallase como afiliado á la lógia de su regimiento, á las órdenes de un Capitán ó un Teniente, por hallarse éste en posesión de un grado masónico más elevado, ó por ser el *Gran Capitan* de la lógia cargo electivo, y, por lo tanto, sujeta su provisión á la voluntad de los más, ó sea de los oficiales subalternos, que por tales medios se hicieron dueños de los regimientos con desprestigio de la autoridad de sus jefes naturales.

De este modo se fué relajando la disciplina militar, no sólo en la clase de oficiales, sino tambien en la de tropa, á cuyos indivíduos no podia ocultarse, por muchas que fueran las precauciones empleadas para ello, el cambio que se iba operando en las relaciones de los jefes de regimiento y los oficiales subalternos. Por otra parte, la masonería no se contentó con llevar el espíritu de asociacion secreta á los jefes y oficiales, sino que la hizo extensiva á los sargentos, para los que fundó lógias especiales, que más tarde habian de ser foco de rebelion, hasta el punto de que un sargento llegara, andando los tiempos, á imponer una Constitucion política determinada á los poderes del Estado.

A esas lógias militares débese tambien, en clase de instrumentos de los planes masónicos, la pérdida de América, pues no sólo en ellas se fraguaron las conspiraciones y pronunciamientos que dieron por resultado en 1820 la vuelta al sistema constitucional, dejando abandonada la defensa de la integridad de la pátria, sino que en ellas tambien se esparcieron las ideas que más podian favorecer á los

4

separatistas, y de este modo, las fuerzas militares que se mandaban á sofocar la rebeldía de las colonias, lejos de ir poseidas del ardor que inspira el convencimiento de ser los defensores de una justa causa, llevaban la persuasion, imbuida por las lógias, de que América debia ser para los americanos, segun la teoría de Monroe, y de que aquellos pueblos, sometidos á la tutela de la madre pátria, eran ya mayores de edad, y que justo era, por lo tanto, que quisieran emanciparse.

De esto á hacer causa comun con los rebeldes en contra de la madre pátria no mediaba más que un paso, y éste se dió, como más adelante verá el lector, con el establecimiento en las colonias españolas de lógias fundadas por emisarios del Supremo Consejo de Charleston, y que sirvieron á manera de lazo tendido á la lealtad de los jefes y oficiales del ejército, que al salir de la Península todavía no se hallaban contaminados de los errores masónicos que habian de servir de vehículo á las ideas separatistas.

No hay que perder de vista, para medir el alcance de la influencia que ejerció la masonería en la pérdida de América, que la secta susodicha se hallaba gobernada en España por la autoridad del Supremo Consejo de Charleston, establecido en la entonces naciente república norte-americana, é intesesado, por lo tanto, en el engrandecimiento de aquella nacion, á la que no podia ménos de favorecer el movimiento de disgregacion que se operaba en las colonias españolas.

Esto explica tambien el auxilio que el Supremo Consejo de Charleston prestó á los franceses en la guerra de la Independencia, y da la medida del enorme crímen de aquellos indignos hijos de España que así se prestaron á ser instrumentos de la ruina de la pátria.

Más adelante entraremos, al ocuparnos en el exámen de la masonería ultramarina, en algunos pormenores acerca de los trabajos realizados por las lógias militares contra la integridad de la pátria. Pero, entre tanto, hemos creido conveniente dar al lector una ligera idea de la primitiva organizacion y establecimiento de dichas lógias, que tan maléfica influencia han ejercido en los destinos de España, aquende y allende los mares.

V.

FRATERNIDAD MASÓNICA.

La division de la masonería española en los cuatro Grandes Orientes de que hemos hecho mencion en uno de los capítulos anteriores, no fué obstáculo para que su accion, aunque al parecer por distintos caminos, se dirigiera á los mismos fines, que no eran otros que descristianizar á nuestra infortunada pátria y destruir en las leyes y en las costumbres sus venerandas tradiciones.

En la apariencia formaban en campo opuesto los dos Orientes españoles y los dos franceses, presididos respectivamente por el Conde de Tilly *(Gua-*

man), Conde del Montijo, Azanza y Gran Duque de Berg, pero en realidad los cuatro grupos masónicos se hallaban dirigidos por la misma mano, y sus acuerdos coincidian en cuanto se relacionaba con los ataques á la Religion y á las tradicionales instituciones pátrias.

Esta coincidencia se advertia, como ya creemos haberlo indicado, en los acuerdos de las Córtes de Cádiz, y en las órdenes despóticas del Gobierno usurpador, encaminadas á la supresion del Santo Tribunal de la Fe, que servia de saludable freno á los extravíos del libre exámen y á la dispersion de las Ordenes religiosas, que mantenian vivas en los corazones del pueblo español las santas creencias católicas.

En la obra del insigne Padre Albarado, que bajo el título *Cartas de un filósofo rancio*, tantas enseñanzas contiene respecto de los manejos liberales de los doceañistas, se ponen de manifiesto los trabajos realizados por los sectarios del espíritu de las tinieblas para arrebatar á la Iglesia su jurisdiccion, ya reteniendo los bienes de las comunidades religiosas so capa de proteccion, y tambien privándolas de sus naturales asilos, los convéntos, á pretexto de las necesidades de la guerra.

El Gobierno usurpador, más expeditivo, y sin la máscara de catolicismo con que pretendian en ocasiones encubrirse los legisladores de Cádiz, cortó por lo sano, como decirse suele, suprimiendo el Santo Tribunal de la Inquisicion y estableciendo en su propio local de la calle de Isabel la Católica las oficinas y lógia del Oriente, cuya presidencia se arrogó Murat, bajo los auspicios de José Napoleon, mientras que dispersaba á las Comunidades religiosas y perseguia de muerte á sus venerables miembros.

Y lo mismo en Madrid que en Cádiz, esto es, en la córte intrusa como en la córte del liberalismo, al paso que así se destruian los baluartes avanzados del Catolicismo, se abrian tribunas al error, ya con la libertad otorgada á la prensa, y tambien con públicas reuniones de las lógias, donde, á pretexto de celebrar las fiestas literarias que tanto alaba el mason D. Nicolás Díaz y Perez en su *Historia de la francmasonería,* se exponian todas las impiedades recogidas por los filósofos de la Enciclopedia.

Estas fiestas ó veladas literarias servian, por decirlo así, de punto de reunion á los masones de los Orientes españoles y á los afiliados á las lógias francesas ó de afrancesados, y en tales conciliábulos, á pretexto de humanizar la guerra, se procuraba á toda costa enervar las energías del pueblo español, prolongando con semejantes artes una campaña que hubiera seguramente terminado en los dos primeros años de lucha, á no haber puesto las lógias los arteros obstáculos que dilataron, con detrimento moral para nuestra pátria, la expulsion de los ejércitos invasores.

Además de dichas fiestas literarias, se celebraron durante el período de la guerra de la Independencia varias Asambleas mixtas de lógias españolas y francesas, en que so color de tratar de unificacion de rìtos, se fijaron los puntos en que podian trabajar de acuerdo, tanto los dos Orientes llamados españoles como los dos Orientes franceses.

De una de las mencionadas Asambleas mixtas, celebradas segun todas las apariencias en el local

ya citado, donde anteriormente estuvo establecido
el Tribunal de la Inquisicion, poseemos datos bastante curiosos que manifiestan bien á las claras la
union real y efectiva existente entre las lógias de
las cuatro obediencias antedichas al objeto de descristianizar al pueblo español y de sustituir sus
seculares instituciones con las liberales nacidas
de los principios revolucionarios proclamados en
Francia en 1789.

Entre estos datos merece especial mencion el •
documento que contiene las conclusiones acorda-
das por la referida Asamblea, y que copiadas textualmente, salvo algunas abreviaturas que hemos
sustituído por las frases á que corresponden. para
mejor inteligencia del lector, dicen así:

«A∴ L∴ G∴ D∴ G∴ A∴ D∴ U∴

»DEUS MEUMQUE JUS.

»A los VV∴ DDign∴ OOf∴ y OOb∴ de todas las

llog∴ establecidas en la Península ibérica

»S∴ S∴ S∴

»Sabed: Que reunidos en lugar oculto á las miradas de los profanos, los representantes del Gran
Oriente y Consejo Supremo de España, presididos
respectivamente por los Illust∴ y PP∴ HH∴ Conde del Montijo y Conde de Tilly, y del Gran Oriente
y Supremo Consejo español que dirigen los Illust∴
y PPod∴ HH∴ S. A. el Gran Duque de Berg y el ex-
celentísimo Sr. D. Miguel de Azanza, en union del
representante del Gran Oriente de Portugal, que

preside el Ilust.·. y Pod.·. H.·. Egaz Muñiz, y despues de canjeadas sus respectivas credenciales y asegurados de la calidad masónica de los congregados con los signos, toques y palabras que nos son conocidos, atentos á la prosperidad y arraigo de nuestra sagrada institucion, que simboliza la causa de la humanidad, hemos acordado lo siguiente:

»1.º Se declara establecida la solidaridad masónica á los fines á que se dirige la Orden de libres francmasones entre las lógias de las cinco obediencias más arriba mencionadas.

»2.º En virtud de lo acordado en el artículo anterior, los masones de dichas lógias deberán afirmarse en la obligacion que han contraido al ser iniciados en los augustos misterios de la Orden francmasónica, de auxiliarse y socorrerse recíprocamente en todos los riesgos, peligros y accidentes á que pudieran hallarse expuestos, por causa de la situacion excepcional en que se halla la Península ibérica.

»3.º Como uno de los fines principales de nuestra sublime institucion es desarraigar los fanatismos, combatir á la ignorancia y destruir la supersticion, los masones todos de las lógias de la Península, sean cuales fueren los ritos que profesen y la obediencia á que se hallen sometidos, están en la obligacion de no poner cortapisas ni rémoras á las disposiciones encaminadas á la realizacion de aquellos fines que dicte cualquiera de los poderes civiles establecidos hoy en ella, áun cuando por sus opiniones políticas ó por razon de nacionalidad los considerasen como enemigos.

»4.º Siendo otro de los más sagrados deberes en todo buen mason el amor á la humanidad, encaminarán todos sus esfuerzos á suavizar los horrores de la guerra, economizando el derramamiento de sangre, negociando los canjes de prisioneros y no entablando en los campos de batalla lucha cuerpo á cuerpo con ningun mason, tan luego como por alguno de los signos que nos son conocidos, lo hayan reconocido por tal.

»5.º Siendo todos los masones hermanos, y perteneciendo, por lo tanto, á una misma familia, cuya pátria es la tierra, y cuyo padre es el G∴ Arq∴ D∴ Un∴, procurarán no promover, ni en los templos ni fuera de ellos, discusiones religiosas ni políticas, por ser unas y otras semilla de divisiones y discordias de que se han aprovechado en todo tiempo los tiranos para esclavizar á la humanidad.

»La importancia de las precedentes resoluciones que nos apresuramos á comunicaros no han de ocultarse, Illust∴ y VVen∴ HH∴, á vuestra perspicaz inteligencia. De su entero cumplimiento depende que, sean los que fueren los destinos que el G∴ A∴ D∴ U∴ reserve á la Península ibérica en la crísis que al presente atraviesa, los fines de nuestra augusta y sublime institucion no llegarán á malograrse, sino que, por el contrario, hallarán su cumplimiento estableciendo sobre sólidos y firmes cimientos los principios de Libertad, Igualdad y Fraternidad, por los que luchan hoy todos los pueblos de Europa contra sus tiránicos opresores.

»Recibid, VV∴ HH∴, el abrazo fraternal que os enviamos con los signos, palabras y toques que nos son conocidos desde este lugar inaccesible á las miradas de los profanos.

»Traz.·. en los valles de *Mántua* (1) á los 7 dias del mes de Octubre de 1811 (e.·. v.·.).

»*Por el Gran Oriente de España,*
    »Firmado: CUETO 33°.·.

            »*Por el Consejo Supremo de España,*
                »Firmado: VADILLO 33°.·.

»*Por el gran Oriente español* (2),
    »Firmado: TINAM 7.° 33°.·.

            »*Por el Supremo Consejo de España,*
                »Firmado: AZANZA 33°.·.

»*Por el Gran Oriente de Portugal,*
    »Firmado: SOUZA 33°.·.»

Ignoramos si el precedente documento fué aceptado por los Jefes de los Orientes respectivos, cuya representacion tenian los firmantes, pues entre éstos sólo figura Azanza con el carácter de Gran Comendador del Supremo Consejo afrancesado y establecido en 1805 por el Conde de Grasse-Tilly, y los demás como apoderados de sus respectivos grupos masónicos. Pero es de suponer que todos aceptarian las conclusiones más arriba copiadas, pues su espíritu y letra se ajusta en un todo á los principios de la secta.

Lo que no admite duda es que las capitulaciones

---

(1) Madrid, en el lenguaje masónico.
(2) Este llamado, no sabemos si por sarcasmo, Oriente español, era el que presidia Murat.

                        (*N. del A.*)

contenidas en el susodicho documento fueron cumplidas por los masones, y á esto, y sólo á esto, debe atribuirse la prolongacion de la ·guerra de la Independencia, que pudo haber terminado con el triunfo de los españoles tres ó cuatro años ántes de la época en que terminó, á no haber puesto todo su empeño, tanto las lógias llamadas españolas como las francesas y afrancesadas, en contrarrestar, bajo el pretexto de mitigar su fiereza, los efectos de una lucha, cuyos primeros episodios señalan las tremendas, pero necesarias justicias llevadas á cabo por el elemento popular en las personas de no pocos afrancesados.

«El crecimiento de nuestra sublime Institucion» —escribia Azanza á fines de 1811 al Conde de Grasse-Tilly, segun el borrador de una carta que, entre otros documentos masónicos del odiado y odioso consejero de José Napoleon, han llegado á nuestras manos—«es causa de que ya sean más raros los excesos vandálicos cometidos en un principio por el populacho fanatizado contra las tropas auxiliares de S. M. Hoy, desgraciadamente, prosigue la guerra, más que por la voluntad de los partidarios del príncipe Fernando, por las predicaciones de clérigos y frailes, pero cabe á los amantes de la humanidad la satisfaccion de haberla mitigado mucho. Las tropas de S. M. I. encuentran ciertamente la resistencia propia de toda guerra ántes de apoderarse de las plazas ocupadas por los ilusos *(los ilusos eran los defensores de la integridad de la pátria)*, pero una vez posesionados de ellas, tienen la seguridad de ser bien recibidas, gracias á la fraternidad masónica, que hace hermanos de siempre á los adversarios de la víspera.»

No necesitamos aducir otros testimonios, aunque alguno más pudiéramos citar, si lo reducido del espacio en que hemos de contener el presente ensayo histórico nos lo consintiera, para dejar plenamente demostrado el empeño de las lógias en dilatar todo lo posible la evacuacion del territorio español por las tropas francesas, con el fin y objeto exclusivos de que las perversas doctrinas de la secta masónica arraigaran todo lo posible en el pueblo español, haciendo estéril todo esfuerzo encaminado á lograr cristianas y tradicionales reivindicaciones.

VI.

FUSION MASÓNICA.

No está en lo cierto Clavel al afirmar que á la terminacion de la ocupacion francesa en 1813 se dispersó la mayor parte de los francmasones españoles, suspendiendo sus trabajos, hasta que en 2 de Agosto de 1820 recobró su actividad el Gran Oriente español bajo el maestrazgo del Conde del Montijo y del *hermano* Beraza.

Lo que ocurrió fué, que con la terminacion de la guerra de la Independencia se disolvieron los dos Orientes afrancesados, fundados respectivamente por el Conde de Grasse-Tilly, secundado por Hannecart y Azanza, y por Murat, Gran Duque de Berg, de quien fué lugarteniente el jefe del ejército invasor llamado Tinam. Varios de los miembros de dichas lógias, los de nacionalidad francesa, salieron de España con el ejército invasor; pero los masones españoles afrancesados, unos se incorporaron á las lógias del Oriente del Conde del Montijo, y otros á las del Oriente fundado por el Conde de Tilly *(Guzman)*, hermano del Conde de Grasse.

Sucedió tambien que el régimen pseudo-tradicional y de poder personalísimo de Fernando VII infundió temor á las lógias, en términos de que éstas prosiguieron sus trabajos secretamente, y esto pudo dar ocasion á creer que estuvieran éstos suspendidos, pero de que no fué así tenemos algunos testimonios que nos permiten sentar la afirmacion de que la cadena masónica que desde hace más de un siglo está aprisionando al pueblo español no tuvo la solucion de continuidad que Clavel supone.

En primer lugar, continuaron trabajando las lógias militares bajo la direccion del General D. Santos San Miguel, por renuncia del Conde de Tilly *(Guzman)*, hermano del Conde de Grasse, y estas lógias, como Dios mediante verá el lector cuando se trate de todas las conjuraciones que precedieron al antipatriótico pronunciamiento de las Cabezas de San Juan, no cesaron de maquinar por la vuelta al régimen constitucional hasta que consiguieron sus propósitos en 1820. Subsistia, además, aunque anémico y desmembrado, el Oriente presidido por el Conde del Montijo, que en 1822 se fundió en el que por aquel entonces dirigia D. Antonio Perez de Tudela. Y por último, trabajó sin interrupcion un Oriente mixto compuesto de los elementos de las lógias liberales y de las afrancesadas dirigidas por Azanza, que en prevision de la derrota definitiva del ejército francés, y obedeciendo á instrucciones de los poderes ocultos de la masonería, nombró su Gran Teniente Comendador á D. Agustin Argüelles, suministrando con esta designacion una nueva prueba de las inteligencias y acuerdos que existieron entre las lógias llamadas españolas y las francesas y afrancesadas durante la guerra de la Independencia.

El texto del documento en que consta la susodicha designacion, y que en borrador conservado entre los papeles masónicos de Azanza ha llegado tambien á nuestras manos, demuestra hasta la saciedad esas inteligencias y conciertos que unieron en una accion comun á los diveros Orientes en que se hallaba dividida la masonería en España á principios del presente siglo, para realizar de consuno la pérdida moral y material de España en el orden religioso, como en el político y en el económico, ya que, gracias al heroismo del pueblo español, cimentado en las creencias católicas, fracasó tras tenaz y empeñada lucha el propósito de convertir á España en una colonia francesa. Su lectura es más elocuente que todos los encarecimientos que pudiéramos hacer respecto del alcance del documento de que se trata, y por eso, sin más preámbulo, lo transcribimos á continuacion.

. Dice así:

«AD UNIVERSI TERRARUM ORBIS SUMNI ARCHITECTI GLORIAM

»GRAN ORIENTE DE ESPANA

»20.º dias de Sivan A∴ M∴ 5573 (5 Junio 1813 e∴ v∴)

»AL ILUST∴ Y POD∴ H∴ AGUSTIN ARGÜELLES.

»S∴ E∴ P∴ (Salud, Estabilidad, Poder.)

»Ilust∴ y Pod∴ H∴

»El curso de los acontecimientos indica clara-

5

mente que ha sonado la hora de un cambio profundo y radical en los destinos de España. La empresa, mal interpretada por muchos y sólo comprendida por algunos que tomara á su cargo S. M. I. el gran Napoleon I, puede considerarse como fracasada en el ménos importante de sus aspectos, que es el de la permanencia en el Trono de su muy amado hermano José I, aunque no en lo que atañe á la tarea de libertar á la pátria de la esclavitud en que yacia bajo el dominio de la ignorancia y la supersticion, mañosamente explotadas por un fanatismo intolerante.

»De temer es, sin embargo, que los vientos de retroceso traidos por la vuelta al antiguo régimen, que considero inevitable, menoscaben, ya que no destruyan, la obra de progreso realizada durante los últimos años por todos aquellos que, aparte de algunos extravíos y excesos, vemos en la gran Revolucion francesa el principio de la emancipacion de la Humanidad. Sospecha fundada existe de que esa borrasca que se cierne sobre España descargue, no sólo sobre las leyes progresivas, á cuya promulgacion en lo que á su espíritu toca hemos contribuido por igual, aunque desde distintos campos, los que tenemos la honra de haber sido iniciados en nuestra sublime fraternidad, sino tambien sobre las personas, que de un modo más que de otro, hemos creido defender los principios que son hoy el Código universal de las naciones civilizadas.

»En tal situacion, creeria faltar al más sagrado de los deberes que mi cargo me impone si no procurara que en el naufragio de la libertad que vislumbro y en las probables represalias del fanatismo teocrático que presiento, quedasen á salvo los cimientos de la Orden de libres francmasones, amenazada de la fiera persecucion de los poderes intolerantes.

»Las luchas meramente políticas que accidentalmente han dividido á los que, pensando lo mismo en lo sustancial hemos disentido en lo accesorio, no han podido borrar ni han borrado de nuestros ánimos la idea de que sobre todas esas diferencias de forma campean y se elevan las obligaciones juradas por los que experimentamos el legítimo orgullo de pertenecer á la augusta Orden masónica, cualquiera que sea el rito que profesen y las opiniones diversas que sustenten sus afiliados en puntos secundarios que se rocen con la gobernacion del Estado.

»Hoy más que nunca, y por las causas referidas, es necesario la union perfecta de los libres francmasones, y para que esta union no sufra detrimento, hoy más que nunca es tambien preciso que su direccion no se halle comprometida por negligencias ó descuidos del que tiene á su cargo el honor y la responsabilidad de guiar á sus hermanos por la senda que conduce al logro de los fines á que se encamina nuestra humanitaria Institucion.

»Pesadas y medidas por mí, en cumplimiento de los deberes que me impone el cargo de Gran Comendador de este Supremo Consejo, todas las contingencias del porvenir, he creido que el primero de aquéllos era atender á que dicho cargo, tan necesario para que no se rompa la cadena de union que enlaza con los vínculos de la fraternidad á todos los francmasones, no quede huérfano de representacion en caso de una posible y repentina vacante. Por esta razon he creido lo más conveniente, en prevision de los sucesos políticos próximos á desarrollarse en España, agregar á mis funciones, con el carácter de Gran Teniente Comendador de este Supremo Consejo, á persona idónea por sus merecimientos y amor á la Orden, á fin de que, en un momento dado, pueda sustituirme por completo en las obligaciones de mi cargo.

»Y como quiera que esas relevantes dotes, necesarias hoy más que nunca para regir en España los destinos de nuestra sublime Institucion, concurren en vos, Ilust∴ y Pod∴ H∴, de una manera superabundante, prévias las consultas del caso y el parecer favorable y unánime de este Supremo Consejo, he venido en nombraros, por el presente Bal∴, Gran Teniente Comendador de este Supremo Consejo del Gran Oriente de España regularmente constituido bajo los auspicios del Supremo Consejo de Charleston, con la facultad de sustituirme, sin necesidad de nueva designacion, si por ausencia indefinida ó por otra cualquiera circunstancia me viera obligado á abandonar el cargo de que legalmente me hallo investido por mandamiento expreso del Ilust∴ y Pod∴ H∴ Conde de Grasse-Tilly, Delegado del susodicho Supremo Consejo de Charleston.

»Recibid, Ilust∴ y Pod∴ H∴, el abrazo fraternal que os envio, con los signos, toques, palabras y baterías que nos son conocidas, por mí y en nombre de todos los miembros de este Supremo Consejo.

»M. Azanza 33.°
»*Signado y rubricado.*»

De este modo y en esta forma fué trasmitido el supremo poder de la masonería en España por el afrancesado Azanza al *ilustre patricio* D. Agustin Argüelles, y así se realizó la fusion completa del Oriente afrancesado que fundara el Conde de Grasse-Tilly para preparar los caminos á la invasion francesa y el Oriente llamado español, que tambien fundara su hermano el Conde de Tilly, para hacer creer á los incautos que en la masonería no sólo habia franceses y afrancesados, sino tambien enérgicos y decididos patriotas.

VII.

DE 1814 Á 1820.

Trasmitido del modo que se ha visto en el capítulo anterior el poder masónico en España de las manos afrancesadas de Azanza á las liberales de Argüelles, puede decirse que las lógias entraron en un período de conjuracion subterránea para destruir el órden de cosas restablecido por Fernando VII al recobrar el poder absoluto que hasta su muerte, y excepto el lapso de tiempo comprendido entre los años de 1820 á 1823, fué, por decirlo así, característico en todos los Monarcas de la casa de Borbon.

Tal cambio de régimen no convenia á los planes de la secta masónica, que habia encontrado en la Constitucion de 1812 el punto de partida para sus futuras conquistas, y á restablecerla se dedicaron todos sus esfuerzos, valiéndose de la astucia primero y de la fuerza despues, para volver al siste-

ma constitucional, y preparar de este modo el advenimiento del régimen democrático que en los actuales momentos nos tiene á punto de caer en los abis-
mos del socialismo y de la anarquía, que son, como
ya se ha dicho, las dos últimas concentraciones
precursoras del logro de los fines que se propuso
el judaismo al fundar la masonería como elemento
demoledor de la sociedad cristiana.

Para ello comenzaron por rodear de indivíduos
de dicha secta al Rey Fernando VII, sospechoso de
mason, y, al decir de algunos escritores, iniciado
en las lógias durante su permanencia en Valencey,
siendo uno de los primeros que con más ahinco se
mostraron partidarios del gobierno absoluto, y
enemigos del sistema constitucional, el Conde del
Montijo, que debió á esta evolucion el cargo de Capitan General de Granada, donde estableció su Gran
Oriente, que fué bien pronto uno de los focos de
conspiracion más activos para preparar el restablecimiento de la Constitucion de 1812.

Masones eran tambien D. Pedro Ceballos, cuñado
de Godoy; D. Pedro Macanaz, D. José María Pizarro, el General Ballesteros y D. Martin Garay, Ministros todos ellos de Fernando VII durante algunos años del período comprendido entre los de
1814 á 1820. Mason era igualmente el General Castaños, que bajo el régimen absoluto desempeñó el
cargo de General en jefe del ejército de Cataluña, y
de quien dice D. Vicente de La Fuente en su *Historia de las sociedades secretas*, traduciendo mocosuena mocosuena del escritor Jhon Thrut, que debió su salvacion, en una emboscada de los franceses, en que cayó pocos dias ántes de la batalla de
Albuera, á haber hecho el signo de *destreza*, en vez

de decir de *miseria*, que es el significado que tiene la palabra *detresse*.

Mason era, asimismo, el Conde de La Bisbal, cuyas evoluciones en sentido absolutista y constitucional son bien conocidas en la historia, y maso-. nes eran tambien el Marqués de Mataflorida, el de Tolosa, el General D. Cayetano Valdés, el Doctor Luque, Médico de Cámara de Fernando VII, y muchos otros cortesanos y Consejeros reales, que pasaban por acérrimos defensores del régimen absoluto.

Esto explica perfectamente cómo á pesar de las persecuciones políticas de aquel período que tanto exageran los masones, pudieron salvar la vida y áun la libertad muchos liberales caracterizados, entre ellos D. Antonio Van-Halem, uno de los masones más activos y alma de todas las conspiraciones en sentido constitucional, descubiertas desde 1814 hasta 1820.

Otro auxiliar, y muy poderoso, de las lógias, una vez terminada la guerra de la Independencia, fué el contingente de oficiales españoles prisioneros que, al hacerse la paz, regresaron á España. Todos, ó la mayor parte, habian ingresado en la masonería durante su permanencia en Francia, y al ser destinados á los depósitos que se establecieron ínterin se les daba colocacion, convirtieron en otras tantas lógias los citados depósitos, y de ellos partieron no pocos chispazos, precursores del incendio que en la isla de Leon primero, y luego en el resto de España, dió por resultado la vuelta al régimen constitucional.

Puede decirse, por lo tanto, sin incurrir en la más mínima exageracion, que todos los elementos oficiales de España se hallaban minados por la masonería durante el período á que nos referimos, pues si en la córte y gobierno de Fernando abundaban los masones, no hay necesidad de decir que lo eran todos los que con alguna influencia militaban en las filas de los doceañistas.

No fué, ni mucho ménos, como afirma Clavel, época de dispersion masónica la comprendida en los años de 1813 á 1820. Fué época de conspiracion masónica activa, constante y sin ningun intervalo, como lo demuestran las múltiples conjuraciones é intentonas que en cada uno de los años menciónados se fraguaron, unas para restablecer simplemente la Constitucion de 1812 con Fernando VII, otras para colocar de nuevo en el Trono á Cárlos IV, con el carácter de Rey constitucional, y alguna, como la llamada del café de Levante, para traer de nuevo á España á José Napoleon, y, finalmente, la de Richard, cuyo objeto era asesinar á Fernando VII y establecer el régimen republicano.

Lo que ocurrió, además, en aquel entonces, fué que la masonería repartió entre sus afiliados diversos papeles para representarlos en las diversas y trágicas farsas que, segun lo que á los planes de la secta convenian, se representaban sucesivamente; y así vemos, por ejemplo, convertido en acérrimo absolutista al Conde del Montijo, sin perjuicio de admitir en su lógia de Granada al mason Van-Halem y salvarle de una muerte cierta cuando fué descubierta una de las conspiraciones en que el famoso agitador tomó parte.

Y así vemos tambien al mason Lozano Torres, iniciado en París en 1791, despues relojero en Cádiz y Comisario luego, cargo del que fué exonerado por sus prevaricaciones, convertirse en Ministro de Fernando VII bajo el régimen absoluto y declararse luego constitucional en 1816, evolucion que fué premiada durante los años de 1820 á 1823 con una plaza de Consejero de Estado.

Y vemos igualmente al Conde de Tilly *(Guzman)*, echándoselas de patriota en Bailén para obtener un puesto en la Junta Central de Cádiz y luego preparar una expedicion filibustera de 5.000 hombres para auxiliar á los insurgentes americanos.

Porque no hay que perder de vista que mientras los poderes ocultos de la masonería fraguaban en la Península diarias conjuraciones para volver al régimen constitucional, al mismo tiempo trabajaban á favor de los rebeldes de nuestras colonias bajo la direccion del judío Estéban Morin, fundador del Supremo Consejo de Charleston.

Iturrigaray y el Cura Hidalgo en Méjico; Miranda en Guatemala; Javier Mina, sobrino del guerrillero de este apellido, en el Soto de la Marina; el General Hidalgo Cisneros, despues Ministro de Marina bajo el régimen absolutista, en Buenos-Aires; y todos los Diputados americanos en las Córtes de Cádiz, fueron instrumentos de la masonería para sustraer á América de la dominacion española.

Por cierto, que en el proceso que se siguió á Miranda por haber proclamado la república en Caracas, se vió de una manera palpable y patente la influencia de las lógias y su ascendiente en las esferas del gobierno de Fernando VII; pues preso por las tropas españolas y sentenciado á muerte como traidor á la pátria, fué trasportado á la Península y confinado en la Carraca, donde falleció de muerte natural en 1816, sin lo cual es casi seguro que á la vuelta del régimen constitucional habria figurado en el número de los *héroes* del *sistema* y obtenido algun pingüe empleo en recompensa de su traicion.

No contribuyeron ménos que los masones citados otros marinos á la pérdida de las colonias de España en América, y entre varios hechos de los que más contribuyeron á tamaña vergüenza merece citarse la entrega, que así puede llamarse á la sorpresa de que fué objeto de parte de los insurgentes de Buenos-Aires el Capitan de navío D. Miguel de la Sierra, que teniendo bajo su mando trece buques de guerra y fuerzas superiores á las de los rebeldes, dejó que éstos apresaran dicha escuadrilla, cuyos jefes, incluso el mencionado Sierra, se entretenian en jugar mientras se consumaba uno de los hechos más ignominiosos que registra la Historia.

Tambien otro oficial de marina, D. Luis Coy, Capitan de la fragata *Esperanza,* dejó apresar su buque en el Callao, y otro tanto les ocurrió en el golfo de Méjico al Capitan de fragata Espino, que mandaba la *Céres,* y al Capitan de fragata Capaz, que entregó el buque *Isabel* á los insurgentes en el puerto de Talcahuano.

En todas estas sorpresas, con dejos y vislumbres de traiciones, anduvo la mano de la masonería, cuyos agentes inundaron de lógias las colonias bajo la direccion del Supremo Consejo de Charleston, y la intervencion personalísima del judío Estéban Marin, varias veces citado en el trascurso de la presente obra.

De este modo los poderes ocultos de la secta masónica realizaron la obra abominable de arrebatar á España su poderío colonial, mientras que en la

Península atizaban la tea de la discordia con una série de conjuraciones, de sobra conocidas para que nos detengamos en su narracion minuciosa, que, por otra parte, nos veda el corto espacio de que disponemos, para examinar, aunque sólo sea someramente, todos los sucesos en que ha intervenido la masonería desde los comienzos del presente siglo hasta nuestros dias.

Algunas de aquellas conjuraciones merecen, no obstante, una especial atencion, y entre ellas se nos ofrece la que tuvo por objeto asesinar á los Generales Elío y Conde de La Bisbal, pues en tal conato de crímen se ve de una manera palpable el doble papel que desempeñaba la secta, segun sus afiliados pertenecieran al número de los Consejeros y cortesanos de Fernando VII ó al de los doceañistas, que en sus tenebrosas conspiraciones buscaban el medio de restablecer por la violencia el régimen constitucional.

Habian las lógias decretado la muerte del General Elío, por considerarle como el principal factor de la abolicion del mencionado régimen; y por serles sospechoso el Conde de La Bisbal, no obstante su carácter de mason, á causa de sus veleidades políticas le sentenciaron á idéntica pena.

Para llevar á cabo sus designios, falsificaron los conjurados una órden del Ministerio de la Guerra, en la que se mandaba á las autoridades de Valencia y Sevilla, dependientes respectivamente de ambos Generales, que se apoderasen de las personas de éstos, y que una vez lograda su prision, abrieran un segundo pliego cerrado que á la falsa órden acompañaba, y que sin pérdida de tiempo cumplieran las disposiciones contenidas en dicho pliego.

Las autoridades de Valencia, á quienes pareció sospechosa la órden, no quisieron cumplirla sin pedir su ratificacion directamente al Ministro de la Guerra; pero las de Sevilla procedieron al arresto del Conde de La Bisbal, y sólo cuando vieron que en el segundo pliego se les ordenaba el fusilamiento del General mencionado, sin pérdida de tiempo, entraron en escrúpulos y mandaron propios á Madrid para obtener la ratificacion de un mandato tan extraordinario.

El Ministro de la Guerra negó que hubiera dado semejante órden, y con tal motivo se instruyó la correspondiente sumaria, que dió por resultado la prision de uno de los oficiales de secretaría, cuya letra parecia ser la misma que la de las órdenes falsificadas. Pero, ¡oh sorpresa inexplicable para los que no estaban al tanto de los procedimientos masónicos! Despues de algunos meses de proceso, el oficial de secretaría que ofrecia tales indicios de culpabilidad, no solamente fué absuelto, sino además indemnizado con una pension por los disgustos y sinsabores que se le habian originado del proceso. De este modo se echó, como decirse suele, tierra al asunto, y esta es la fecha en que no se ha podido averiguar con certeza si la órden de fusilar sin forma de proceso á los Generales Elío y Conde de La Bisbal partió de los masones doceañistas ó de los masones que servian de escudo á aquéllos en los consejos de Fernando VII.

Otra de las conspiraciones fraguadas por la masonería en el período que abraza el presente capítulo, fué la llamada del café de Levante de Madrid por una lógia de afrancesados, resto de las que existieron en España durante la guerra de la

Independencia, y que tuvo por objeto procurar la vuelta de José Napoleon á España durante el período de la segunda y breve dominacion del Emperador Napoleon en Francia, conocido en la Historia con el título de reinado de los cien dias.

Los conspiradores, entre los que figuraban un músico de la Capilla Real, cuyo nombre no se conserva; el abogado D. Juan Antonio Hurtado, el Teniente D. Ramon de Lata, y otros tres ó cuatro indivíduos de escasa representacion social, fueron condenados á penas relativamente leves, pues la mayor no excedió de seis años de prision, no se sabe si tambien á causa de la influencia de las lógias ó en atencion á que lo descabellado é irrealizable del plan descartaba la posibilidad de un peligro, ni siquiera remoto, para el régimen entonces imperante.

Más sérias que la anterior fueron las conjuraciones de Mina en Navarra; de Porljer en Galicia; de Lacy en Cataluña; de Van-Halem en Múrcia, y de Richard en Madrid; todas ellas hilos de una sola maquinacion fraguada en las lógias de Granada bajo la direccion del Conde del Montijo, no obstante su carácter de Capitan General de aquel reino y su aparente adhesion al régimen absoluto.

De resultas de estas conspiraciones fueron sentenciados á muerte, y ejecutados, entre otros masones de menor cuantía, Porlier, Lacy y Richard, y á punto estuvo de sufrir Van-Halem la misma suerte sin la eficaz proteccion del Conde del Montijo, que, no sólo consiguió dar largas al proceso, sino que obtuvo para Van-Halem una entrevista con Fernando VII, á pretexto de hacerle importantes revelaciones.

La entrevista se verificó, efectivamente, pero lejos de hacer Van-Halem las revelaciones prometidas, trató de persuadir á Fernando VII de lo conveniente que para el mencionado Rey sería restablecer el sistema constitucional. Y tales debieron ser los argumentos presentados por el mason conspirador al mason coronado, á ser ciertas las versiones que suponen la iniciacion de Fernando VII en Valencey, que éste, no sólo no se enojó con Van-Halem, sino que, segun refieren algunos historiadores, le regaló, al despedirle, un puñado de cigarros habanos, acompañando el obsequio con otras muestras de benevolencia, que hicieron concebir á Van-Halem, no sólo la esperanza de su libertad, sino el logro de sus planes políticos.

Las vacilaciones de Fernando VII, si las tuvo, fueron de corta duracion, pues al cabo de pocos dias fué encerrado Van-Halem en las cárceles de la Inquisicion en Múrcia, de donde fué trasladado al cabo de algun tiempo á las prisiones del Santo Oficio en Madrid, en las que permaneció hasta que el soborno de algunos dependientes del Santo Tribunal, mediante una suma importante de dinero, le proporcionó la libertad por medio de la fuga.

Porque es de advertir que la audacia de los masones llegó por aquel entonces á buscarse inteligencias dentro de las cárceles del Santo Oficio, bloqueado en Madrid por las lógias, gracias á un local destinado á oficinas militares, pared por medio de la casa ocupada por la Inquisicion, y desde el cual los afiliados á la secta establecieron una comunicacion con los encargados de la custodia de los presos y ejercian un constante espionaje sobre los familiares y jueces del Tribunal de la Fe.

Ménos afortunados que Van-Halem fueron Porlier en Galicia y Lacy en Cataluña, no obstante el interés que en salvar la vida de este último demostró el General Castaños, que por su carácter de mason estaba obligado á librar de la muerte á su *hermano* en masonería.

Entre los cargos que se hicieron á Porlier figuraba una carta dirigida á su cuñado el Conde de Toreno, por la que se vino en conocimiento de que ambos eran masones, si bien la participacion del Conde de Toreno en la intentona de Porlier no pudo ser comprobada.

En cuanto á Lacy, el General Castaños, como jefe superior de las fuerzas militares de Cataluña, se vió obligado á sentenciarle á muerte, pero sus esfuerzos para salvarle la vida se vieron bien patentes en el texto de la sentencia, en la que se decia que el levantamiento en armas de Lacy contra el régimen existente no se hallaba probado, á pesar de haberle sorprendido al frente de dos compañías de soldados y en armas á favor del régimen constitucional.

Además de esto, el General Castaños, á pretexto de consultar la forma en que debia cumplirse la sentencia, hacia ciertas consideraciones sobre el mal efecto que podria producir el que fuera pública, tratándose de un jefe del ejército de los méritos y servicios de Lacy, todo ello con la intencion manifiesta de infundir en el ánimo desconfiado de Fernando VII algunos recelos acerca de las consecuencias desagradables que para la consolidacion de su reinado pudiera traer el cumplimiento de la sentencia.

Alguna impresion hicieron en Fernando VII los

artificiosos recursos del General Castaños para salvar la vida á Lacy, pero la necesidad de hacer un escarmiento que atemorizase á los revoltosos pudo más que aquella impresion pasajera, y Lacy fué pasado por las armas en los fosos del castillo de Bellver el dia 5 de Julio de 1817.

Anterior á la conjuracion de Lacy fué la del Comisario de guerra D. Vicente Richard, fraguada contra la vida de Fernando VII por el sistema triangular del mason inglés Weissaupth, y que consiste en que el jefe de la secta inicie á dos indivíduos, cada uno de éstos, á su vez, á otros dos, y de este modo se va multiplicando el número de los afiliados, sin que éstos tengan más relacion unos con otros que aquélla que mantienen con el mason que les ha iniciado y la que cada uno de ellos tiene con los dos indivíduos á quienes inicia. De este modo el secreto masónico se guarda con más facilidad, pues aunque alguno de los iniciados intente entregar á sus compañeros, sólo puede hacerlo respecto de tres, y los demás se salvan, á causa del rompimiento de las relaciones que por el sistema indicado une entre sí á todos los miembros de la secta.

La conspiracion Richard, como ya hemos dicho anteriormente, tenia por objeto asesinar á Fernando VII para establecer en España el régimen republicano. Dos medios se propusieron para llevar á cabo el proyecto: el primero consistia en dar muerte al Rey en la casa de una de sus cortesanas de baja estofa, á fin de que el ludibrio que para la memoria de Fernando VII se siguiera de su muerte en semejante lugar, contribuyera á hacer aborrecible la institucion cuyo representante á tales bajezas se entrega; el segundo medio consistia en asesinar al Rey en el paseo de Atocha, cuando se apease del carruaje, segun acostumbraba á verificarlo todas las tardes, con objeto de dar unas cuantas vueltas á pié por el mencionado paseo.

Prevaleció este último plan, y horas ántes de ponerse en ejecucion fué delatado por dos sargentos de marina, precisamente los que pertenecian al *triángulo* de Richard, jefe de la conjura. La falta de comunicacion entre dicho *triángulo* y los demás formados por el resto de los conspiradores hizo sospechar á éstos que habian sido delatados, y todos ellos se ocultaron para huir del castigo que les amenazaba.

Richard, ignorante de la traicion de sus dos iniciados, buscó á éstos para avisarles del peligro, pero fué preso por ellos y entregado á las autoridades, que en breve plazo le juzgaron y sentenciaron á la última pena, que fué con igual brevedad ejecutada.

Con todas estas conjuraciones aisladas coincidia la conspiracion permanente urdida por el Gran Oriente de Granada, en combinacion con las lógias de Murcia, Cartagena y Alicante, y de la que fueron fautores, además del Conde del Montijo y Van-Halem, el Brigadier Torrijos, los oficiales de artillería Nuñez Arenas y Lopez Pinto; Murfi, Capitan de fragata; D. Facundo Infante, Comandante de Ingenieros, y, andando el tiempo, Presidente del Congreso de los Diputados en el bienio progresista de 1854-56; D. Eusebio Polo, oficial de Estado Mayor y uno de los que más contribuyeron á la fuga de Van-Halem de las cárceles de la Inquisicion de Madrid; el Magistrado Romero Alpuente, Roten, Quiroga, Arco-Agüero, D. Evaristo San Miguel, Latre y mil otros cuyos nombres sería prolijo enumerar.

Uno de los focos de aquella conspiracion permanente fué la lógia que en Alcalá de Henares, y á la sombra del Colegio de Ingenieros militares, dirigia el Comandante de dicho cuerpo, D. Facundo Infante. En ella encontró un refugio Van-Halem cuando se fugó de la cárcel de la Inquisicion, y puede decirse que sirvió de lazo de union entre los conspiradores de Galicia, Aragon, Cataluña y Navarra, y los de Andalucía, Múrcia, Valencia, Cartagena y Alicante.

La circunstancia de haber sido destituido del cargo de Capitan General de Granada el Conde del Montijo, obligó á éste á trasladar á la córte su Gran Oriente, y desde entonces puede decirse que todos los trabajos de conspiracion contra el régimen absoluto se fraguaron en Madrid y en las Baleares, donde se hallaba desterrado Argüelles, Gran Maestre de los Orientes afrancesados, que puso bajo su direccion Azanza.

Preso el Conde del Montijo, desterrado Argüelles y fugitivo Van-Halem, puede decirse que, la direccion de los asuntos masónicos pasó á manos de un Directorio, compuesto de D. Facundo Infante, don Eusebio Polo, el Brigadier Torrijos, D. Juan O'Donoju y D. Evaristo San Miguel, que á la vez dirigian los trabajos de conspiracion contra el régimen absoluto.

En estos dobles trabajos masónicos y revolucionarios tomó tambien parte Lozano Torres, que habiendo cesado en 1816 en el cargo de Ministro de Gracia y Justicia, volvió su casaca por la cara *doceañista*, pasando sin la menor transicion de Ministro absolutista á conspirador constitucional.

A esta especie, aunque con intermitencias absolutistas, pertenecia tambien el Conde de La Bisbal,
reconciliado con los masones despues de la mala
pasada que éstos trataron de hacerle en la famosa
conjuracion de las órdenes falsificadas, que en poco
estuvo de costarle la existencia. Con él contaron
los jefes militares D. Evaristo San Miguel, Roten y
Quiroga, para sublevar en 1819 la guarnicion de Andalucía, en combinacion con los provinciales de Galicia, que mandados por Latre y el Brigadier Vargas
se preparaban á proclamar la Constitucion de 1812.
Para lograr sus propósitos, los conspiradores de
Andalucía se dieron cita en el Palmar, cerca del
Puerto de Santa María, y allí citaron al Conde de
La Bisbal para que se uniera á ellos y todos juntos
dieran el grito de rebelion.

Pero la trama llegó á oidos del Gobierno, que or-
denó al Conde de La Bisbal que, sin pérdida de tiempo ni excusa alguna, prendiese á los conjurados. Y
el Conde, bien fuera porque la órden le hallara en
una de sus intermitencias de fervor absolutista, ó
lo que es más probable, porque tuviera indicios de
que el Gobierno desconfiaba de su lealtad, se convirtió de conspirador en defensor del órden de cosas establecido, y fué, efectivamente, al Palmar, con
buen número de fuerzas militares, é hizo prisioneros á sus compañeros de conjura.

No le valió, sin embargo, la treta, porque Fernando VII le destituyó del mando del ejército de
Andalucía, ordenándole que inmediatamente se pre-
sentara en Madrid para dar cuentas de su conducta.
Esta determinacion y los escarmientos hechos en
algunos de los autores de la sublevacion de los provinciales de Galicia fueron los últimos actos de

energía del Gobierno absolutista en el período que abraza el presente capítulo. Pues minado el ejército por las lógias, inficionada de los errores de la secta la magistratura y soliviantada una parte del pueblo por las predicaciones masónicas, bastó que los sublevados en las Cabezas de San Juan pudieran sostenerse en armas durante breve espacio de tiempo para que el régimen absoluto diera en tierra con el estrépito y la ignominia que, Dios mediante, verá el lector en el siguiente capítulo.

VIII.

LA MASONERÍA EN 1820.

El inícuo pronunciamiento de Riego en las Cabezas de San Juan halló minado al régimen absolutista por seis años de constante lucha contra las lógias, cuyos agentes habian logrado introducirse hasta en las gradas del Trono. El lector ha visto que en los Consejos de Fernando VII tuvieron intervencion los masones, y ha visto tambien que los cargos militares de más responsabilidad, empezando por el de Ministro de la Guerra, estuvieron en más de una ocasion en manos de afiliados á las lógias, y esto explica la causa de que á una conjuracion sucediera otra, ó, por mejor decir, que la conjuracion fuera contínua, sin que sus parciales fracasos fueran causa suficiente para detener sus progresos.

De otro modo el pronunciamiento de Riego habria sido fácilmente sofocado, pues el *héroe* de las Cabezas anduvo vagando durante muchos dias entre Cádiz y Córdoba, más como fugitivo que como jefe de una insurreccion triunfante.

De los 1.600 hombres que habia sublevado en la isla de Leon apenas si le quedaban 500, desmoralizados y sin disciplina, y si en tal estado logró penetrar en Córdoba, fué porque no le pusieron obstáculo las tropas realistas, cuyos jefes y oficiales en su mayor parte se hallaban tambien afiliados á las lógias; y si un resto de respeto á la disciplina militar les impedia sublevarse, el vírus masónico de que estaban inficionados paralizaba su accion en contra de los insurrectos.

. Galicia primero, Navarra y Aragon despues, secundaron el pronunciamiento de Riego, á quien vino á dar el triunfo el famoso Conde de La Bisbal, que encargado por el Gobierno de Fernando VII de ponerse al frente del ejército de Andalucía, cargo del que poco ántes habia sido separado, en vez de ir á combatir á los pronunciados se sublevó en Ocaña con la fuerza que encontró en dicha poblacion, y de este modo precipitó el pronunciamiento de Madrid, ante el cual Fernando VII llamó al mason Ballesteros, encargándole del Gobierno y disponiendo la convocatoria de Córtes y el juramento de fidelidad á la Constitucion de 1812.

Triunfante de este modo la masonería, su primera hazaña fué asaltar en todas partes las cárceles de la Inquisicion. De las de Santiago sacó al Conde del Montijo, que habia ido á dar en ellas por sus manejos masónicos y revolucionarios, y de todas ellas, despues de un escandaloso saqueo, á todos los masones que en las mismas se encontraban.

Hecho esto procedió la secta á reorganizar sus fuerzas, y para ello comenzó por obligar al Conde del Montijo á renunciar á su cargo de Gran Maestre del Oriente de España en la persona de D. Agustin Argüelles, que á su vez constituyó un Supremo Consejo, del que formaron parte el Conde de Toreno, Martinez de la Rosa, Canga-Argüelles, el Capitan de navío Capaz, Mendizábal, Lozano Torres Morillo y D. José Campos, Director de Correos.

Algunos escritores otorgan la jefatura de la masonería al susodicho Campos, pero sólo fué Secretario del Supremo Consejo, y como tal firmante de los acuerdos del mismo, lo que pudo dar motivo al error en que incurren los mencionados autores.

Del Gran Oriente, trasmitido por Azanza á Argüelles en 1813, salió la rama masónica conocida con el nombre de *Comuneros de Castilla,* cuyo Supremo Consejo se formó bajo la presidencia de Romero Alpuente, primero, y despues de Riego; de este nuevo Oriente fueron Vocales Alcalá Galiano, Isturiz, Arco-Agüero, O'Donoju, Lopez Baños y otros igualmente significados por su radicalismo revolucionario.

Quizás á algunos les parezca extraño que los masones, una vez triunfantes, dividieran sus fuerzas del modo que dejamos indicado en vez de unificarlas en un solo Oriente. Pero aparte de los motivos expuestos por el mason Leandro Tomás Pastor en sus *Apuntes históricos de la Orden de Caballeros francmasones en la Lengua ó Nacion española,* y que consistian, como ya hemos visto, en echar la responsabilidad de los excesos y crímenes de la secta sobre otra sociedad secreta de la que pudiera renegar la masonería, por decirlo así, conservadora, cuando le conviniera, existia para tal division una razon de maquiavelismo masónico que por sí sola explica muchos que de otro modo pasarian por verdaderos arcanos políticos.

Es evidente que si la masonería, al triunfar en España, hubiera reunido en un solo partido á todos sus miembros, pronto se hubiera gastado y desacreditado completamente á los ojos del pueblo español, que en vista del fracaso habria vuelto los ojos al régimen tradicional y procurado con ahinco su inmediato restablecimiento; mientras que divididas, en la apariencia más que en la realidad, las fuerzas del liberalismo y de la masonería, sólo resultaria gastada y desacreditada una de sus fracciones y las demás seguirian desempeñando su papel de redentoras del pueblo. Y áun en el caso de que éste los midiese á todos por el mismo rasero, la esperanza de que acabarian por despedazarse unos á otros en sus luchas y disensiones intestinas, sería causa de que se paralizara, ó disminuyera cuando ménos, la accion de los buenos, entretenidos con la falsa creencia de que bastaban los liberales para destruirse recíprocamente sin necesidad de que nadie se tomase el trabajo de combatirlos.

Y esto, que ocurrió en 1820, ha seguido ocurriendo despues y ocurre actualmente; y merced á tal táctica, la masonería sigue imperando en España, y los que sólo ven la política de la parte de afuera del escenario, toman por lo sério esas luchas en que los distintos partidos liberales parece que van á despedazarse, cuando en realidad á quien están despedazando es á España, víctima condenada á segura y desastrosa muerte por todos esos partidos que han sabido aplicar la fórmula de la variedad en la unidad á todos sus actos y aspiraciones.

A cada division política, sépalo de una vez el lector, corresponde una division masónica, y lo mismo cada uno de los partidos liberales que los diversos Orientes ó grupos masónicos dentro de una misma nacion, son á manera de regimientos de un mismo ejército á las órdenes de un solo y único General. Y de igual modo que en las maniobras militares unos regimientos parecen pelear con otros y se dan cargas á la bayoneta y de caballería, y atruenan el espacio los fuegos de la fusilería y artillería, y, sin embargo, nada de eso es realidad, y sí sólo ficcion ó figura de un verdadero combate, así tambien en las luchas de los partidos liberales abundan los simulacros más que las batallas, y éstas suelen terminar sentándose alrededor de la mesa del presupuesto, juntos y bien avenidos, los que dias y áun horas ántes se combatian, al parecer, con gran fiereza.

Verdad es que en esos simulacros bélicos de la política suele correr la sangre, pero repárese que esa sangre no es la de los jefes de los partidos ni la de ninguno de sus conspícuos personajes, sino la de los desdichados instrumentos ó gente menuda, que viene á servir de carne de cañon para que se encumbren los titiriteros políticos, que por turno explotan las desventuras de la pátria.

Y dicho esto á modo de digresion, necesaria para que el lector se explique sin necesidad de nuevas aclaraciones lo que son y lo que significan las divisiones de los partidos y de las lógias, pasemos á anudar el hilo de nuestro relato en el punto en que lo dejamos, despues de mencionar la reorganizacion de los Orientes españoles como consecuencia del triunfo de los constitucionales sobre los absolutistas en 1820.

Constituidos del modo que queda dicho ambos Orientes, el de Argüelles tomó posesion del poder en la persona de su Gran Maestre, cuyo primer cuidado fué entrar á saco en el Tesoro público para enriquecer á las lógias y á los afiliados á ellas.

Sobre este punto es curioso y muy instructivo lo que dice Siérra Comas en sus *Misterios de las sectas secretas*, obra contemporánea de los hechos que narra y de incuestionable autoridad en este punto, por hallarse su autor muy al tanto de los sucesos ocurridos en aquel antonces. De Lozano Torres dice que siendo Tesorero de Hacienda malversó 80 millones de reales, que fueron á ingresar en totalidad ó en gran parte en las arcas del Gran Oriente; de Argüelles, que giraba por millones de una manera escandalosa; de Toreno, de Mendizábal y de Canga-Argüelles, que estando pobres como el dia que nacieron, se vieron ricos de la noche á la mañana, hasta el punto de poder dotar Canga-Argüelles á una hija suya en la suma de 320.000 reales en oro.

Con estos datos, y sin recurrir á otros, hay más que suficiente para que el lector se halle al tanto de la moralidad masónica y para que se explique cómo han podido desaparecer en brevísimo espacio de tiempo los productos de *incautaciones*, presupuestos extraordinarios, empréstitos y demás sangrías hechas por los Gobiernos del liberalismo en las venas de la ántes próspera y dichosa, y hoy miserable y desventurada España.

Con tales alicientes no es de extrañar el incremento que en 1820 tomó la masonería, ni que se apresurasen á alistarse en sus filas todos los que buscaban por medio de la política el logro de sus ambiciones. Ya hemos visto que á ella pertenecieron el Conde de Toreno, Martinez de la Rosa, Canga-Argüelles, Mendizábal, Alcalá Galiano, Istúriz, y otros muchos que como Istúriz fueron, andando los tiempos, personajes conspícuos del partido moderado. D. Manuel de la Pezuela, hermano del actual Conde de Cheste y mason tambien en aquellos tiempos, aunque despues se separó de la secta con muestras de arrepentimiento por haber pertenecido á ella, decia, segun La Fuente, que todos los que figuraron poco ó mucho en política afiliados á los partidos liberales en la época de 1820 á 1823 eran masones, aunque no todos tuvieron despues la franqueza de confesarlo.

Resulta de esta declaracion que ninguno de los partidos que desde entonces acá han venido desgobernando á España puede librarse de la nota de masonismo, pues todos ellos se han formado con masones, á causa de que, como ya hemos visto por el testimonio de D. Manuel de la Pezuela, todos los personajes que dieron forma á esos partidos como instrumentos para consolidar en España el régimen liberal, pertenecieron á la mencionada secta, y de ella recibieron las primeras inspiraciones.

El lector, Dios mediante, verá en los capítulos sucesivos de la presente obra confirmada, de una manera que no deje lugar á género alguno de duda, la mencionada declaracion y la consecuencia lógica que *a priori* hemos deducido de la misma.

IX.

LA PÉRDIDA DE AMÉRICA.

Que este tristísimo acontecimiento, una de las más grandes vergüenzas que registra la España contemporánea, fué obra preparada y realizada por las lógias, es cosa que se halla fuera de toda duda y que en vano intentarán negar los masones; tal es el número de pruebas verdaderamente abrumadoras que contra ellos se levantan, señalándoles como autores de la desmembracion de la pátria.

Ya se ha visto en la primera parte de la presente obra cómo á fines del siglo XVIII trabajaban las lógias para segregar de la dominacion de España sus posesiones en América, y ya se ha visto tambien en uno de los capítulos anteriores que masones fueron los que en Guatemala, en el Perú y en Méjico, levantaron la bandera de rebelion contra la Metrópoli, y masones tambien los marinos de la escuadra española que entregaron sus buques á los insurrectos.

Pero todavía con ser este conjunto de pruebas irrecusables testimonios elocuentísimos de los trabajos llevados á cabo por las lógias contra la integridad de la pátria, aún hemos de añadir algunos pormenores que confirmen esas pruebas y testimonios, en términos tan claros y evidentes que dejen bien sentado este punto, y á la secta masónica en el lugar que le corresponde.

Ya hemos declarado tambien en capítulos anteriores que la direccion de los trabajos separatistas llevados á cabo por los masones peninsulares y americanos corrió á cargo del Supremo Consejo de Charleston, por medio de los agentes Cerneau y La Motte, que llenaron de lógias todo el continente americano y las islas que todavía formaban con aquél parte del territorio español.

Entre estas lógias y los filibusteros se estableció un lazo de union, y unas y otros se dedicaron á la tarea de seducir á los jefes y oficiales de las fuerzas expedicionarias que se mandaban desde la Península, empresa por lo demás fácil, pues casi todos salian para América imbuidos en los errores masónicos.

A precipitar este movimiento separatista contribuyó el restablecimiento del régimen constitucional en 1820, y áun el mismo Fernando VII, que atemorizado de los excesos de la revolucion triunfante, pensó refugiarse en Méjico, como años anteriores lo proyectó tambien Cárlos IV, y escogió como instrumento de sus planes al traidor Itúrbide, que pasaba por muy realista y personalmente adicto á Fernando VII, y que por sus concusiones y robos al Estado se hallaba sujeto á varios procesos, de los que sólo podia esperar una condena infamante.

A este Itúrbide se le confió la empresa de proclamar en Méjico el régimen absoluto, y para ello, y á pretexto de que las condujera á Filipinas, se le entregaron fuertes sumas de dinero, á sabiendas de que, por quedarse con ellas, sería capaz de llevar á cabo la más arriesgada empresa, y así fué efectivamente.

Sólo que en vez de proclamar Itúrbide el gobierno absoluto, apenas se vió fuera de la capital proclamó la independencia de Méjico, dando alientos á la rebeldía de que fueron fautores Iturrigaray y el Cura Hidalgo.

El Virrey de Méjico, Apodaca, reunió fuerzas para sofocar la insurreccion, pero las lógias de la Península, cuyos miembros ejercian la mayor influencia en los asuntos del Estado, valiéndose del Diputado americano Ramos Arispe, consiguieron la destitucion de Apodaca, y que fuera nombrado en su lugar el mason O'Donoju, que tan luego como llegó á Veracruz se puso al servicio de los rebeldes, entró en tratos con Itúrbide, y no tuvo reparo en formar parte de la junta separatista de Tacubaya.

Para realizar esta negra traicion tuvo un auxiliar eficacísimo en el mason D. Pedro Celestino Negrete, oficial de marina, que tambien se pasó al bando de Itúrbide, despues de entregar inícuamente á una parte de las tropas que permanecian leales á España.

Algo parecido á lo que ocurrió en Méjico sucedió en el Perú, donde ejercia el cargo de Virrey D. Joaquin de la Pezuela, cuya destitucion pidieron y lograron las lógias, poniendo en su lugar al General

Laserna, que desorganizó el ejército, persiguió á los españoles leales, y de este modo preparó la vergonzosa derrota de Ayacucho, de que fué uno de los *héroes* el entonces Brigadier y mason D. Baldomero Espartero.

Nadie ignora, por último, que el pronunciamiento de las Cabezas de San Juan, tanto como la proclamacion de la Constitucion de 1812, tuvo por objeto impedir que se embarcaran las fuerzas destinadas á combatir la insurreccion de las regiones del Rio de la Plata. Y es fama que entre los conjurados corrió un verdadero rio de oro, suministrado por los separatistas americanos, en combinacion con el Supremo Consejo de Charleston, centro director de todos los manejos masónicos de que fué víctima España desde cuatro años antes de la guerra de la Independencia.

Muchos más datos pudiéramos añadir en demostracion de que la pérdida de América fué obra de la masonería, pero con los expuestos basta para que no puedan librarse las lógias del estigma de traidoras á la pátria, lo mismo en la Península abriendo sus puertas al ejército invasor, como en las colonias españolas procurando y consumando su separacion de la Metrópoli.

X.

MASONES Y COMUNEROS.—NUEVAS SOCIEDADES SECRETAS.—LOS ANILLEROS.

Derrocado el régimen absoluto y reemplazado por el constitucional, empezaron á dibujarse en las lógias masónicas dos tendencias, representadas respectivamente por la masonería propiamente dicha, ó regular, presidida por D. Agustin Argüelles, y la masonería comunera, en la que hacia sentir su influencia el elemento militar, secundado por los radicalismos de Istúriz, Alcalá Galiano y Romero Alpuente.

La primera, una vez conquistado el poder, se hizo relativamente conservadora, mientras que la segunda, ávida de procurarse sus goces, extremaba su liberalismo al punto de considerar reaccionaria la Constitucion de 1812, y áun la Monarquía constitucional, que varias veces durante los tres años del mencionado régimen quiso sustituir con la república.

Obra de division la masonería, entraba en los planes de los poderes ocultos de la secta la existencia de masones y comuneros, pero las exigencias de éstos llegaron á atemorizar á aquéllos, que, temiendo un golpe de mano de sus antiguos auxiliares, quisieron desarmarlos disolviendo el ejército de Andalucía, manejado por Riego, Lopez Baños y Arco-Agüero, que á su vez eran instrumentos del Gran Oriente comunero que en Madrid regentaban Romero Alpuente, Istúriz y Alcalá Galiano.

Era Capitan General de Andalucía el General O'Donoju, que todavía no se habia trasladado á Méjico para consumar la traicion que hemos mencionado en el capítulo anterior. Y aunque como la mayor parte de los militares, estaba afiliado al bando comunero, no tuvo más remedio que dar traslado á Riego de la órden que disponia la disolucion del ejército de Andalucía, mirado como un peligro por los masones de la obediencia del Gran Oriente presidido por Argüelles.

La órden halló la resistencia que era de esperar de parte de los tres Generales arriba mencionados, y para impedir sus efectos suscribieron una exposicion á Fernando VII delatando á la masonería de Argüelles como un poder sometido á la influencia extranjera, que era necesario vigilar y tener á raya, para lo cual nada más á propósito que la continuacion del ejército de Andalucía, «verdadero baluarte contra todas las codicias extranjeras y posibles reacciones.»

Fernando VII, no obstante la mencionada representacion, reiteró la órden de disolucion del ejército de Andalucía, que se llevó á cabo, junta ó próximamente con la caida del Ministerio Argüelles;

con lo cual, si quedaron descontentos los comuneros, no quedaron satisfechos los masones de la ca-
marilla de Argüelles, aunque á decir verdad el poder no salió de manos de las lógias durante el período constitucional. Pues Argüelles unas veces,
otras Martinez de la Rosa, tan pronto Feliu como
el General San Miguel, la gobernacion del Estado
siempre andaba entre masones y masonizantes, y
los poderes ocultos de la secta nada perdian con
ello.

Los comuneros, sin embargo, tomaron á pechos
la disolución del ejército de Andalucía, y desde
aquel momento no se dieron punto de reposo en su
tarea de perturbar á España, y á este fin se sirvieron como de auxiliares de nuevas sociedades secretas, entre ellas la de los Carbonarios, que hizo
su aparicion en España merced á la propaganda
realizada en Cataluña por los italianos Pachiaroti
y D'Atelly, y en Valencia y Andalucía por otro carbonario apellidado Pechino.

La organizacion del carbonarismo es bastante
parecida al sistema triangular de Weissaupth, y
sólo difiere en que, en lugar de formarse los eslabones de la cadena masónica por tres afiliados, se
forma por veinte, que son los miembros que constituyen una *venta*, la que nombra un representante,
que con los diez y nueve de otras tantas *ventas*
forman una *venta* superior, y así sucesivamente
hasta formar la llamada *alta venta*, que es la que
gobierna y dirige á toda la secta carbonaria.

Además de ésta se introdujo en España otra, llamada *Europea*, de la que fué jefe en nuestra pátria
el General Pepé, fugitivo de Nápoles. Su objeto, se-

gun pomposamente anunció su autor, era la regeneracion de Europa, aunque en realidad sólo fué una de tantas conjuraciones para establecer entre los pueblos de la raza latina el sistema republicano.

A la sombra de los *Comuneros* nacieron otra multitud de sociedades más ó ménos secretas, siendo la principal de ellas la *Landaburiana*, fundada por Romero Alpuente, y que tomó su nombre del oficial de la Guardia Real, Landáburu, significado por sus ideas liberales y muerto por sus compañeros en una de las conspiraciones de la citada Guardia contra el régimen constitucional.

Los masones de Argüelles no se descuidaron, por su parte, en buscar auxiliares que sirvieran de contrapeso á los radicalismos comuneros, y á este fin fundaron, bajo la presidencia del Príncipe de Anglona, la sociedad titulada de los *Anilleros*, que logró tener parte en la gobernacion del Estado con el Ministerio Feliu-Bardaji, salido de su seno.

En rigor de verdad, los *Anilleros* no constituyeron una sociedad secreta propiamente dicha. Fueron más bien un bando político, como si dijéramos, el partido liberal-conservador respecto de los masones de Argüelles, á quien pudiéramos comparar con los fusionistas, y de los *Comuneros*, que podrian equipararse á los actuales republicanos.

Todas estas sociedades se hallaban unidas por un lazo comun, y así fué cosa frecuente ver pasar de las lógias de Argüelles á las *torres* de los comuneros, y de éstas á las *ventas* de los carbonarios ó á las reuniones de los *Anilleros*, á gran parte de los personajes políticos de aquellos tiempos, sin que por eso perdieran su carácter de masones, como hoy es frecuente ver pasar del partido liberal-conservador al fusionista, y de éste al republicano, y viceversa, á muchos de los personajes que viven y medran con la política, sin dejar por eso de ser todos liberales.

El caso era, entonces, como lo es ahora, llevar la confusion y las divisiones al pueblo español, teniéndole en agitacion constante, y distrayendo sus fuerzas para que no intentase ni intente una accion comun que le librara y le libre del liberalismo, á la manera de esos charlatanes que en la plaza pública distraen con mil juegos la atencion del auditorio para llevar á cabo con más facilidad sus operaciones de escamoteo.

XI.

DE 1821 Á 1823.

La necesidad de dejar el espacio suficiente en la presente obra para narrar los sucesos en que ha tomado parte la masonería desde 1868 á la fecha, y que son casi en su totalidad desconocidos, pues ningun escritor católico se ha ocupado en reseñarlos por falta de antecedentes, nos obliga á sintetizar nuestro relato respecto de los acontecimientos masónicos acaecidos hasta dicha época, y que con más ó ménos exactitud han sido reseñados por otros autores.

Por esta causa hemos de pasar una rápida y sucinta revista al período comprendido entre los años de 1821 á 1823, que no obstante su vertiginosa agitacion puede ser brevemente examinado, pues si sus accidentes fueron muchos, la síntesis de ellos puede reducirse á la lucha del más y el ménos del liberalismo, consistente entonces, como ahora, en querer unos llegar por el atajo á realizar los fines masónicos, mientras que otros, más avisados y por ende más peligrosos, no querian adelantar un paso hasta tener la seguridad de pisar en terreno firme para no exponerse á una caida que retrasase indefinidamente el plan de las lógias.

Masones y comuneros caminaban al mismo fin, pero como declara el mason Leandro Tomás Pastor en sus *Apuntes*, copiados en la primera parte de la presente obra, los primeros iban paso á paso realizando sobre seguro los fines de la masonería, mientras que los segundos, con sus agitaciones y turbulencias daban ocasion á reacciones y protestas del sentimiento católico, que ponian en peligro los propósitos sectarios, que en más de una ocasion estuvieron, por causa de las impaciencias comuneras, á punto de fracasar definitivamente.

Para impedir ese fracaso fundaron los masones, como queda dicho en el capítulo anterior, la sociedad de los *Anilleros*, y la dieron elementos para subir al poder, quedándose aquéllos en segundo término, dirigiendo sus movimientos detrás de la cortina, como decirse suele. Pero los comuneros, por su parte, habian soltado demasiadas prendas para detenerse á mitad de camino, y en vista de las dificultades que los masones les ponian para el pronto logro de sus fines, decidieron jugar el todo por el todo buscando en el establecimiento de la república el medio de destruir los obstáculos que se oponian á que llegasen á las últimas consecuencias revolucionarias, que por aquel entonces constituian la meta de las aspiraciones del liberalismo.

En esta empresa no caminaban solos los comuneros, sino que contaban con el apoyo de los enemigos de la Monarquía en Francia y en Italia, y en connivencia con los revolucionarios de estas dos naciones decidieron tentar la aventura, que á punto estuvo, en el primer tercio de este siglo, de trasformar de una manera radical las instituciones políticas de la raza latina.

El encargado de realizar este plan, en lo que á España se refería, fué Riego, que á la sazon se hallaba de Capitan General de Aragon, y eficazmente le ayudaron en su empresa Romero Alpuente é Istúriz, el que, despues, como tantos otros de los demagogos de 1820, ingresó en el partido moderado y fué uno de sus más conspícuos personajes.

La trama de Riego fué descubierta, y el castigo que recibió fué pasar á Lérida en situacion de cuartel; lenidad que demuestra la proteccion que los masones dispensaban á los comuneros, á quienes trataban, no como á enemigos, sino como á hijos mimados, áun en sus mismos extravíos, ó como á levantiscos, pero necesarios auxiliares en caso de una posible reaccion, como pudo verse cuando el espíritu puramente absolutista, en unos casos, y en otros el netamente católico, trató de poner término á la orgía masónica por medio de la fuerza, único recurso posible para que masones y comuneros soltasen la presa de que se habian apoderado.

Así se vió, no obstante sus divisiones domésticas, unirse á masones y comuneros para oponerse y desbaratar las conspiraciones que sigilosamente fraguaba Fernando VII con sus guardias para restablecer el régimen absoluto; y así se vió tambien cuándo la Junta Apostólica de Santiago y la Regencia de la Seo de Urgel buscaban el restablecimienio de ese mismo régimen para restaurar las instituciones católicas abolidas por los liberales.

En éstas circunstancias, masones y comuneros emulaban en crueldad y fiereza contra los absolutistas y católicos, como de ello dan testimonio los asesinatos del Venerable Obispo de Vich y de Vinuesa, Cura de Tamajon, el horrible suplicio ordenado por el mason Mendez Vigo en las personas de 51 indivíduos adheridos á la Junta Apostólica de Santiago y las enormes crueldades llevadas á cabo en Cataluña por los Generales Mina y Riego, ambos afiliados á la sociedad de los *Comuneros.*

Verdad es que una vez pasado el peligro volvian masones y comuneros á sus rivalidades intestinas, y que éstas fueron causa de que Argüelles, Gran Maestre de los masones y á la vez fundador de los comuneros, renunciase á su cargo, en el que le sustituyó D. Antonio Perez de Tudela, asociado con Calatrava y el General D. Evaristo San Miguel, que de las *torres* de los comuneros se volvió á las lógias de los masones, como de éstas pasaban á las primeras otros liberales en aquella época de cambios y evoluciones, muchos de ellos llevados á término, no por propio impulso, sino obedeciendo á las órdenes de los poderes ocultos de la secta.

En virtud de una de estas órdenes se fraguó en las *torres* de los comuneros una conspiracion encaminada á asesinar á los masones Conde de Toreno y Martinez de la Rosa, que á los ojos de la secta se habian hecho sospechosos de procurar la vuelta del régimen absoluto, paulatinamente y por medio de disposiciones que mermaran la soberanía de las Córtes. La sentencia no se llevó á cabo, pero sí dejaron de ser Ministros Toreno y Martinez de la Rosa, que se hicieron sustituir por un Ministerio *anillero*, para que, á modo de cabeza de turco, recibiera los golpes que los irritados comuneros querian asestar á·sus progenitores los masones.

Este Ministerio *anillero*, y con él la sociedad que le daba nombre, desapareció despues de las jornadas de Julio de 1822, en que los masones del Oriente Perez de Tudela, ántes de Argüelles, volvieron á encargarse de la desgobernacion del Estado por medio de un Ministerio que presidió D. Evaristo San Miguel, y bajo cuya dominacion se desarrollaron los sucesos que dieron por resultado la intervencion francesa, el viaje vergonzoso de Fernando VII á Sevilla, y, por último, la caida del régimen constitucional. Antes de este acontecimiento fundiéronse en uno los Orientes masónico propiamente dicho y comunero, bajo la direccion de un Supremo Consejo de que formaron parte D. Antonio Perez de Tudela, que luego delegó su autoridad masónica en Calatrava; D. Evaristo San Miguel, Romero Alpuente, que de Gran Maestre de los comuneros pasó á ser Presidente de la sociedad Landaburiana y luego ingresó de nuevo en la masonería llamada regular; Riego, Martinez de la Rosa, Mendez Vigo, el verdugo de los infelices prisioneros de la Coruña, y el Infante don Francisco, que en 1820 fué iniciado en la secta masónica á instancias de su mujer la Infanta doña Luisa Carlota, de cuyos manejos sectarios daremos, Dios mediante, en otro capítulo de la presente obra algunos pormenores.

Tambien perteneció á este Supremo Consejo el Jefe de policía de Madrid, Copons, furibundo absolutista en 1814, y despues, como tantos otros, acér-

rimo partidario del régimen constitucional de 1820
á 1823, y que luego, como el Conde del Montijo y el
de La Bisbal, cuando vieron que dicho régimen se
hundia, trataron de caer en blando volviendo á ser
absolutistas de la clase de templados, sin dejar por
eso de servir á las lógias. Antes bien, para mejor
hacerlo en los nuevos empleos que pensaban obtener á la vuelta del régimen absoluto, como ya lo hicieron antaño.

Algunos, y entre ellos los Condes del Montijo y
de La Bisbal, vieron frustrados sus propósitos, pero
otros los vieron coronados por el éxito, y desde sus
nuevos encumbramientos siguieron siendo instrumentos de las lógias desde las esferas del Gobierno
en el período de 1823 á 1831, que en el próximo capítulo nos proponemos examinar.

XII.

DE 1823 Á 1831.

La vuelta al régimen absoluto en 1823 no debe considerarse como una restauracion de las leyes y costumbres tradicionales de España, como muchos pretenden, deseosos, sin duda, de que la responsabilidad de los excesos que indudablemente cometieron los Gobiernos de Fernando VII durante el período histórico que abraza el presente capítulo, recaigan sobre el Catolicismo, que ningun arte ni parte tuvo ni podia tener en ellos.

La restauracion de 1823 fué pura y exclusivamente la del poder personalísimo, hasta cierto punto, del Rey Fernando VII, y si es verdad que una vez restablecido el poder absoluto, hubo persecuciones y áun atroces venganzas, unas y otras tuvieron por objeto tomar cruento desquite de los agravios inferidos á la Monarquía, pero en modo alguno castigar los ultrajes hechos á la Religion, para evitar

por medio de saludables escarmientos la repeticion de otros análogos.

Cambió, sí, el sistema político, pero no se restau-
raron en las leyes los principios católicos ó tradicionales, y esto dió orígen á que los Gobiernos que
siguieron á la abolicion del período constitucional
de 1820 á 1823, fueran odiados por los liberales y
mirados con prevencion por los católicos netos,
que al igual de aquéllos, fueron perseguidos cuando, vista la inutilidad de sus protestas y represen-
taciones, se alzaron en armas en 1827.

Verdad es que á tal estado de cosas contribuyó
no poco Francia, cuya intervencion para el restablecimiento del régimen absoluto obtuvo Fernando VII, con la condicion de que no habia de ser restablecido el Santo Oficio, ni llevarse á sus naturales
consecuencias el principio de la unidad católica, y
este vicio de orígen de los Gobiernos absolutistas
del último período del referido reinado fué causa
de que no se extinguieran en nuestra pátria los focos de perdicion que dejó la masonería, y que más
tarde habian de volver á inficionar á España con
sus deletéreos y mortíferos miasmas.

Cierto es tambien que por decreto de 1.º de Agosto de 1824, por otro de 25 de Setiembre y por un tercero de 9 de Octubre del mismo año, se dispuso la
disolucion de la masonería y la persecucion de los
masones que en el término de un mes no se hubie-
ren declarado como tales y retractádose ante sus
respectivos Prelados, pero aparte del castigo que sufrieron siete masones sorprendidos en trabajos activos en una lógia de Granada, los demás no fueron
inquietados sériamente, pues las mismas autoridades cuidaban de prevenirlos para que no fueran

sorprendidos cuando se entregaban á las prácticas de la secta.

La Fuente refiere á este propósito el caso de una lógia de Tarragona que se negó á sorprender el General Sarsfield, fundándose en que nada adelantaria con ello, pues tenia por cierto que, caso de ser sorprendida, no tardarian en llegar órdenes de Madrid suspendiendo el proceso, y esto, unido á la proteccion que las tropas francesas que ocupaban á Barcelona dispensaban á los masones, permitió á las lógias seguir funcionando, si no con el descaro que lo habian venido verificando durante el período constitucional, cuando ménos con la actividad suficiente para ir preparando el terreno á la vuelta al régimen constitucional, que algunos años más tarde se restableció sin nuevas intermitencias hasta la hora presente.

La única alteracion que sufrieron por aquel entonces los trabajos masónicos, fué la que impuso la emigracion de los miembros de su Supremo Consejo, que en lugar de dirigir los asuntos de las lógias desde Madrid lo verificaron desde Lóndres, por medio de una Junta, compuesta de Argüelles, Valdés, Canga-Argüelles y Alava, y desde París, por conducto de Martinez de la Rosa, Yandiola, Toreno y Marqués de Pontejos.

La comunicacion de la Junta masónica y revolucionaria de Lóndres con las lógias de España se verificaba por Gibraltar, y la de la Junta de París con las mismas lógias, por Cataluña y Baleares, por medio de emisarios secretos que trasmitian las órdenes de dichos centros á los masones residentes en España, y merced á estos hilos se fraguaron las conspiraciones de Torrijos, Valdés, Palarea,

Mina, Milans, Chapalangarra y Miyar. En esta última corrió gran riesgo de ser ajusticiado D. Salustiano Olózaga, ya iniciado en la masonería por don Evaristo San Miguel, pero logró salvar la vida fugándose al extranjero.

Con otro elemento de gran valía contaban las lógias en España cerca de las mismas gradas del Trono, y ese elemento no era otro que la Infanta doña Luisa Carlota, que, con su marido D. Francisco, servian de espías á las lógias en el mismo Palacio, y por hallarse al tanto de los Consejos que Fernando VII celebraba con sus Ministros, daban á los masones los avisos oportunos, ya para que eludieran las medidas que contra ellos, más como conspiradores que como masones, se adoptaban, ó para influir cerca del Rey á fin de que las suavizara en el caso de no ser posible hacerle desistir de ellas.

Los esfuerzos de la Infanta doña Luisa Carlota fueron en este sentido constantes y activos; pero como no podia llevar su influjo al ánimo del Rey sino por medios indirectos, trazó, de acuerdo cón las lógias, el plan de casar á su hermana menor doña María Cristina de Borbon con Fernando VII, pues dadó el ascendiente que por su carácter enérgico y su calidad de hermana mayor tenía sobre aquélla, fácil le era, por medio de doña María Cristina, dominar á un Rey achacoso y decrépito, más todavía que por la edad, por los vicios, que, segun es fama, habian quebrantado su salud y naturaleza.

Salióse con su intento la Infanta; se efectuó el matrimonio, y del efecto que produjo tal acontecimiento da cabal idea la copla popular que circuló por aquel entonces, con las consiguientes precauciones, y que copiada á la letra dice así:

«De Nápoles ha venido
la gloria á los liberales,
el infierno á los carlistas
y el purgatorio á los frailes.»

Y, efectivamente.

Así que contrajo Fernando VII su cuarto y último matrimonio, comenzaron á cambiar de faz los acontecimientos políticos, porque en realidad puede decirse que, apoderada doña María Cristina del ánimo del valetudinario Rey, y la Infanta doña Luisa Carlota del ánimo de su hermana, la verdadera Reina pasó á serlo la Infanta, ó mejor dicho, la secta masónica, á cuyo yugo estaban sometidos doña Luisa Carlota y su marido el Infante D. Francisco, en su calidad de masones activos y profesos.

Así pudo realizarse y así se realizó el cambio de sucesion á la Corona, que con perjuicio del Infante D. Cárlos arrancó doña Luisa Carlota á su cuñado en una de sus postreras enfermedades; así tambien se consiguió por los mismos ó parecidos medios la amnistía dada á favor de los liberales en 1831, y de este modo se preparó el terreno para que, á la muerte de Fernando VII, realizara la masonería los planes que habia comenzado á poner en ejecucion en el período constitucional de 1820 á 1823.

A la realizacion de dichos planes no contribuyó poco la caida de los Borbones de Francia en 1830 y su sustitucion por la rama de Orleans en la persona de Luis Felipe. Este pidió al Rey de España que le reconociera como Soberano de la nacion vecina, y en vista de su negativa, prestó á los emigrados liberales toda suerte de auxilios, incluso los pecuniarios por medio del banquero Laffite, lo que dió gran vida á las lógias, permitiéndolas estrechar el cerco que tenian puesto al régimen absoluto alrededor del lecho del agonizante Fernando VII.

XIII.

REORGANIZACION

DE LA MASONERÍA ESPAÑOLA EN 1833.

A la muerte de Fernando VII, y en los primeros dias del Ministerio Zea Bermudez, el *Supremo Consejo de la masonería española*, creado en 1811 para la jurisdiccion de España, fué convocado por su Gran Comendador D. Antonio Perez de Tudela, que desde 1822 se hallaba alejado de los trabajos de las lógias por la confusion que en ellas habian introducido los bandos políticos que se disputaron el poder durante el período constitucional de 1820 á 1823, para proceder á su reorganizacion en la forma marcada por las Constituciones de 1786, y como consecuencia de sus deliberaciones, quedó constituido en la siguiente forma:

Soberano Gran Comendador: D. Antonio Perez de Tudela.

Teniente Gran Comendador: D. Cárlos Celestino Mañan y Clark.

Vocales: D. Ramon María Calatrava, D. Evaristo San Miguel, el Infante D. Francisco de Borbon, don Mateo Seoane, D. Salustiano de Olózaga, el General Palafox, y como Secretario el mason Beraza, á quien Clavel, equivocadamente, atribuye juntamente, con el Conde del Montijo, la reorganizacion del Supremo Consejo en 1822.

Quedaron como miembros supernumerarios del mismo, el Conde de Toreno, Argüelles, Martinez de la Rosa, Mendizabal, Canga-Argüelles, Alcalá-Galiano, Istúriz, Romero Alpuente, Calvo Rozas, Olavarría, Ferrer y Rodil, y otros políticos militantes, con el fin y objeto de que la masonería apareciera alejada de la lucha de los partidos, aunque en realidad dirigiendo sus movimientos y valiéndose alternativamente para el logro de sus planes de los moderados ó de los exaltados, segun lo exigieran los acontecimientos y conviniera á los intereses de la secta.

Este alejamiento aparente duró tan sólo el tiempo necesario para reorganizar las Cámaras de los llamados en galiparla altos grados, y las lógias simbólicas, al objeto de borrar las divisiones que existian entre masones regulares y comuneros, y formar un solo cuerpo masónico bajo la direccion de un Supremo Consejo único, toda vez que con la muerte de Fernando VII podia darse por muerto y enterrado el régimen absoluto, y no era ya necesaria la formacion de otras sociedades secretas auxiliares de las lógias para la realizacion de sus fines.

Bastaba para ello tener en los dos partidos que se formaron al advenimiento de la Regencia de doña María Cristina, indivíduos afiliados á las ló-

gias y dispuestos á seguir sus instrucciones, deján-
doles en lo demás plena libertad para combatirse
y áun para despedazarse en el terreno de las me-
nudencias políticas, á reserva de permanecer unidos en aquellos asuntos que se refirieran á los principios esenciales de la secta y á su defensa frente á
las reivindicaciones católicas, en aquel entonces
simbolizadas en los partidarios de D. Cárlos.

Usando de esta libertad se repartieron los más
conspícuos masones los papeles que habian de re-
presentar en las futuras contiendas políticas, y por
una de esas incomprensibles y misteriosas evoluciones del humano entendimiento, ó quién sabe si
por caprichos de la suerte, si en esto procedieron
los masones por el método de la insaculacion, de-
fendido más tarde por el Marqués de Miraflores,
aparecieron como liberales moderados los demagogos del período de 1820 á 1823, Istúriz y Alcalá
Galiano, y como liberales exaltados, Argüelles y
Calatrava, que en dicho período habian aparecido
como liberales relativamente templados.

Los esfuerzos de unos y otros se encaminaron,
en primer término, á dar en tierra con el Ministerio
de Zea Bermudez y su llamado despotismo ilustrado, contra el cual comenzaron á protestar, siguiendo la ley de los viceversas, que parece ser la fundamental del liberalismo, el realista Quesada, el Conde de Puñonrostro y el Marqués de Miraflores, á los
que se agregó el General Llauder, á quien tambien
parecian pocas las libertades otorgadas por el nuevo régimen.

Estos esfuerzos, dirigidos por las lógias; terminaron con la caida del Ministerio Zea Bermudez y
la entrada en el poder del partido liberal moderado

con el Ministerio presidido por Martinez de la Rosa, uno de los miembros del Supremo Consejo reorganizado á la muerte de Fernando VII por su Gran Comendador D. Antonio Perez de Tudela. De este modo la gobernacion del Estado pasó, por decirlo así, á ser feudo perpétuo de los masones, que en el partido moderado estaban representados por Alcalá Galiano, Istúriz, Martinez de la ·Rosa y los demás sectarios que se afiliaron á dicho partido, y en el exaltado tenian á Calatrava, Argüelles, Seoane, Palafox y demás masones, que dentro del liberalismo representaban entonces las ideas más avanzadas.

No se crea por esto, sin embargo, que la masonería rechazó la cooperacion de otras sociedades secretas de antiguo establecidas. Se limitó á disolver la sociedad comunera, nacida de su seno, pero se sirvió de los carbonarios é iluminados, y en combinacion con unos y otros realizó no pocas venganzas y áun produjo movimientos de insurreccion contra los poderes constituidos que no eran de su agrado. Algunos escritores, y entre ellos D. Vicente de La Fuente, hablan de una sociedad titulada los *Isabelinos*, de cuyo Directorio formaban parte Calvo Rozas, Palafox, Romero Alpuente y Olavarría. Pero esta sociedad no tuvo el carácter de secreta, y fué más bien un grupo político contrario á la Regencia de doña María Cristina, y cuyos trabajos se encaminaron á lograr la abolicion del Estatuto, para lo cual fraguó algunas conspiraciones y hasta tuvo formado de antemano un Ministerio, de que habian de formar parte Perez de Castro, el General D. Jerónimo Valdés, García Herrero, Florez-Estrada y Chacon, designando para el cargo de Capitan

General á Palafox, y como Gobernador civil de Madrid á D. Evaristo San Miguel.

En esta conspiracion aparecen comprometidos los Infantes doña Luisa Carlota y D. Francisco, y de sus resultas fueron presos Palafox, Beraza, Olavarría y Romero Alpuente. Pero nada de eso prueba que los *Isabelinos* constituyeran una sociedad secreta, sino uno de los muchos bandos ó fracciones políticas en que se subdividieron los partidos moderado y exaltado para que en el turno del poder resultase agraciado mayor número de personas. Por otra parte, el hecho de ser masones algunos de ellos, como Beraza y San Miguel, con cargo activo en el Supremo Consejo reorganizado por D. Antonio Pérez de Tudela, prueba que la conspiracion fué pura y exclusivamente masónica y dirigida contra el Ministerio Martinez de la Rosa, que no obstante ser tambien mason, no atendia á sus *hermanos* como éstos deseaban ser atendidos, ó quizás sólo fué un pretexto para eximir á dicho Ministerio de la responsabilidad que sobre ellos habria de pesar con motivo de la matanza de los frailes, decretada por las lógias como uno de los medios más á propósito para impedir las reivindicaciones católicas posibles, y áun fáciles, mientras el pueblo español tuviera en los conventos el baluarte fortísimo que en ellos tuvo en los comienzos de la guerra de la Independencia.

Porque es de notar que la conspiracion de los llamados *Isabelinos* debia estallar el dia 25 de Julio de 1834, y la matanza de religiosos se realizó el dia 17 del mismo mes, circunstancia que permite sospechar si la parte sacrílega y criminal del programa de las lógias se adelantó en algunos dias por la impaciencia de los sicarios encargados de perpetrar el más horrible de los delitos qué manchan las páginas de la Historia contemporánea, tan fecunda en excesos y atropellos de todo género contra nuestra sacrosanta Religion y sus Ministros.

XIV.

LA MATANZA DE LOS FRAILES.

No pretendemos revelar ningun secreto al lector al afirmar en las presentes líneas que el horrendo y sacrílego crímen, recordado en el título con que las encabezamos, fué obra de las sociedades secretas, que friamente lo prepararon, y con premeditacion, alevosía y bárbaro ensañamiento lo llevaron á cabo, contando de antemano con la tolerancia del Ministerio moderado que por aquel entonces se hallaba al frente de la gobernacion del Estado.

Nuestro objeto se reduce á demostrar que tamaño y abominable delito no debe achacarse á ninguna sociedad transitoria y fugaz, de esas que, segun las declaraciones del mason Leandro Tomás Pastor, funda la masonería cuando trata de realizar «obras de tanto y tan violento esfuerzo», que no pueden efectuarse «sin la efusion de sangre», que las lógias no deben consentir que se promueva en sus «sagrados templos» ni que manche «la santa espada de la Orden, que sólo puede herir á la *ignorancia, á la ambicion* y á la *hipocresía* moralmente consideradas, excusando siempre el daño personal de los ignorantes, los ambiciosos y los hipócritas, en quienes ve las primeras víctimas de aquellos tres implacables enemigos.»

Así efectivamente suele proceder la masonería en sus períodos de conspiracion contra los poderes constituidos para sustraerse á las responsabilidades á que quedarian sujetos sus miembros y la secta misma, si no sacasen, en casos tales, las castañas del fuego con la mano del gato, como suele decirse. Para esos casos están esas otras sociedades que la masonería forma y disuelve, sin perjuicio de recoger el botin de los crímenes que de tal suerte prepara, y sin perjuicio tambien de hacer creer á los incautos que la masonería es una institucion «que sólo se sirve de instrumentos geométricos para, *sin destruir jamás, ir ampliando y perfeccionando siempre los edificios* de la *civilizacion humana,* es decir, las sociedades civiles en su marcha al optimismo, etc., etc.»

La matanza de los frailes, repetimos, no se realizó por ninguna de esas sociedades adjuntas á la masonería para servirla de verdugos, sino que fué la masonería misma la que llevó á cabo aquel horrendo crímen y la que se aprovechó del botin resultante, apostando á los individuos más desalmados de las lógias á las puertas de los locales donde se verificaban las subastas de los bienes *desamortizados,* con la órden de dejar tan sólo penetrar en ellos, no á los que hicieran el signo de *destreza* (que dice Jhon Thruth y copia La Fuente), sino á los que, al darse á conocer como masones, demostraran que tenian la suficiente habilidad para escamotear al Estado lo que éste habia escamoteado préviamente á la Iglesia.

No vale, pues, decir, como da á entender La·Fuente, que la matanza de los frailes fué preparada por la sociedad *Isabelina*, ni por los *Carbonarios* ni por los *Iluminados*, obrando por cuenta propia y como sociedades secretas independientes; porque los *Isabelinos*, como táles Isabelinos, no eran sino un bando político opuesto á la Regencia de doña María Cristina, y cuyos jefes, Calvo de Rozas, Palafox, Romero Alpuente y Olavarría eran masones, y pertenecian todos ellos al Grande Oriente, reorganizado por D. Antonio Perez de Tudela, cuando á la muerte de Fernando VII se fundieron en uno los Orientes masónico, propiamente dicho, y el comunero. Y en cuanto á los carbonarios, fuera de Cataluña, donde tuvieron algunas *ventas* independientes, en los demás puntos, y muy especialmente en Madrid, más que tales *ventas* constituyeron Cámaras masónicas del grado 9.°, que son las encargadas de ejecutar las venganzas decretadas por las Cámaras del grado 30, ó sea de *Caballeros Kadosch*. Y á este propósito debemos hacer notar, que tambien La Fuente habla de una sociedad de *Kodosch*, que supone y supone bien, fuera de *Kadosch*, que en hebreo significa *elegido*, como de una secta secreta é independiente, cuando es sabido que no es sino un grado de la masonería escocesa, y el grado terrible, por decirlo así, de la secta.

Respecto de los *Iluminados* debemos hacer constar, que tampoco constituyen una secta distinta de la masonería, sino que son tambien masones del rito de Weissaupth, y que sólo se diferencian de los demás masones en su organizacion, por el sistema triangular ya explicado al hablar de la conspiracion Richard contra la vida de Fernando VII.

No habia, pues, en España, en 1834, ni en 1835, años en que se perpetraron los asesinatos en las personas de los indefensos religiosos, otra sociedad secreta organizada con elementos bastantes para realizar tan sacrílegos delitos, ni que contara con la complicidad de las autoridades constituidas, más que la secta masónica, pues masones eran los *Isabelinos*, masones los que dirigian los trabajos de las *ventas* carbonarias, masones los *Iluminados*, y masones los Ministros, los Capitanes Generales de las provincias y los jefes políticos y delegados de éstos en las capitales y pueblos donde fueron asesinados los frailes, y saqueados y áun incendiados sus conventos.

Esto explica el método y la tranquilidad con que llevaron á cabo los sicarios de las lógias su horrible trama contra las Ordenes religiosas; esto explica tambien cómo en Madrid duró la matanza de los religiosos desde poco ántes del medio dia, que comenzó por el Colegio Imperial de la Compañía de Jesús, hasta las once de la noche del dia 17 de Julio, que terminó con el degüello de los frailes establecidos en el convento de San Francisco el Grande.

Y esto da, asimismo, la clave de aquella inexplicable conducta de los jefes y oficiales del regimiento de la Princesa, acuartelado pared por medio del convento de San Francisco, á cuyos religiosos moradores dieron todo género de seguridades en el sentido de que serían defendidos por la tropa, caso de ser atacados, y luego, cuando llegó el ata-

que de las turbas, se vieron rechazados á culata-
zos y áun á bayonetazos por esos mismos soldados con cuya defensa contaban, y obligados á volverse al convento, donde fueron bárbaramente asesinados.

En Málaga, en Barcelona, en Tarragona y en Zaragoza fueron las mismas lógias allí existentes las
que, sin intermediarios, excitaron al populacho al
asesinato de los frailes y á la destruccion de sus conventos; empresa sacrílega y criminal que en la última de las ciudades mencionadas dirigió personalmente un fraile apóstata y mason llamado Crisós-
tomo de Caspe, organista de Vitoria, que pocos dias
gozó del fruto de sus crímenes, pues tintas aún, puede decirse, sus manos sacrílegas en la sangre de
sus hermanos, fué cogido y fusilado por una de las
partidas que los carlistas habian puesto en armas.

No caben, por lo tanto, atenuaciones ni distingos
en la responsabilidad que cabe á la masonería en
los asesinatos de que fueron víctimas los frailes
en 1834 y 1835. Ni vale tampoco decir, en lo que á
Madrid se refiere, que tan vandálicos y sacrílegos
crímenes fueron productos de una conmocion popular, ó de la conspiracion que contra el ministerio
Martinez de la Rosa tenian preparada los *Isabelinos*.
Que no hubo tal conmocion popular, lo prueba el
hecho de que los conventos no fueron asaltados simultáneamente, sino por turno, y como si sólo
fueran unos mismos sicarios los encargados de
llevar á cabo tan execrable obra. Y que no fué tampoco producto de una conspiracion contra el Gobierno, lo demuestra el hecho elocuentísimo de que
el Gobierno no tomó ninguna de las medidas que
son de rigor en estos casos, ni consta en parte al-

guna que los autores de los asesinatos de los frailes acudieran á otros puntos que á los conventos, como indudablemente habría sucedido de tener por objeto la conjura procurar únicamente la caida del Ministerio.

El asesinato de los religiosos, el saqueo de sus conventos y el robo de los fondos depositados en la Comisaría de los Santos Lugares, de donde los sicarios se llevaron medio millon de reales, fueron los móviles de la sacrílega jornada del 17 de Julio de 1834 en Madrid, y análogos los que impulsaron despues á repetir los mismos crímenes en el resto de España á los séides de la masonería.

El crímen estaba preparado de antemano, como lo prueban los múltiples avisos que del peligro que corrian recibieron los Superiores de todas las Comunidades religiosas desde mucho ántes que aquél se perpetrara; masones eran los jefes del bando *Isabelino*, á quien se atribuye la ejecucion; maso· nes tambien los Ministros y demás Autoridades que, pudiendo haberlo impedido, no lo hicieron; masones los que se aprovecharon del crímen, y masones, por último, los que á través del tiempo trascurrido, buscan todavía atenuaciones y disculpas con que aminorar la responsabilidad que la Historia arroja sobre sus autores, ya que no les es posible eximirles de ella por completo.

¿Qué más elementos de prueba se necesitan, digan lo que quieran los escritores masones, para afirmar, con la seguridad de no poder en justicia ser desmentido quien tal afirme, que la matanza de los frailes es una partida de cargo que debe llevarse á la cuenta de los crímenes cometidos por la masonería?

XV.

DE 1835 Á 1840.

No entra en nuestros propósitos, ni no lo permiten los límites en que hemos determinado encerrar este modesto ensayo de la historia de la masonería en España, describir de una manera minuciosa los acontecimientos que se han sucedido en nuestra pátria durante el presente siglo, ni áun siquiera podemos hacerlo de todos aquellos en que más ó ménos, pero de una manera siempre activa y directa, ha intervenido la masonería; porque muchos de ellos son de sobra conocidos para que aquí los mencionemos, y en otros basta con haber demostrado que eran masones casi todos los personajes políticos que por aquel entonces se hallaban al frente de la gobernacion del Estado y los que aspiraban á sustituirlos, para que, sin más averiguacion, se dé por probada la ingerencia de las lógias en todos aquellos sucesos que tanto perturbaron á nuestra

9

infortunadísima pátria durante la minoridad de doña Isabel de Borbon y la regencia de su madre doña María Cristina.

Por esta razon sólo mencionaremos, como de pasada, la conspiracion masónica de Quiroga, Palarea y Cardero en Enero de 1835, que dió por resultado el asesinato del Capitan General de Madrid, Canterac, y la ignominia para el Gobierno y la guarnicion militar de esta capital, que resultó de entrar en tratos con un Teniente sublevado, al mando de escasa fuerza, y otorgarle, para que depusiera su actitud, todos los honores de la guerra, consistentes en permitirle atravesar á banderas desplegadas y tambor batiente con la fuerza que habia sublevado, por las principales calles de esta capital, hasta la carretera de Francia, para ir á incorporarse al ejército del Norte á las órdenes del General Mina, que premió el asesinato del General Canterac haciendo á Cardero su Ayudante de órdenes, con lo que se vió patente que el título de mason era entonces un salvo-conducto para cometer todo género de excesos.

Tampoco haremos más que mencionar, pasando por alto otros disturbios de menor cuantía, la conspiracion triunfante de 1836, en la que oscuros sargentos salidos de las lógias impusieron en el Palacio de la Granja á doña María Cristina la Constitucion de 1812, mientras que otros masones asesinaban en las cercanías de Madrid al Capitan General Quesada, que fué precisamente uno de los que más habian trabajado algunos años ántes, de acuerdo con las lógias, para derribar al Ministerio Zea Bermudez, por considerarlo poco liberal y nada en armonía con las corrientes progresistas que por aquel entonces dominaban en la superficie de la política, aunque en rigor de verdad no representaban, ni mucho ménos, como querian hacer creer los masones, los sentimientos de la inmensa mayoría del pueblo español, afecto á sus leyes y costumbres tradicionales.

Nuestro objeto principal en el presente capítulo es satisfacer, en lo que podemos hacerlo, á la pregunta que muchos escritores se han hecho acerca de si existia ó no la masonería en el ejército de D. Cárlos.

La pregunta puede considerarse contestada en sentido afirmativo, sin más que tener presente que una parte de los jefes y oficiales que fueron á engrosar las filas carlistas, lo hizo no por desafeccion manifiesta al régimen contitucional, al que habian servido en el período de 1820 á 1823, sino por agravios recibidos del nuevo régimen; que otros, como Maroto, iniciado con Espartero en las lógias del Perú, eran masones profesos, y que sin la existencia de esos masones en el ejército carlista no se conciben ni explican satisfactoriamente los manejos del mason Aviraneta, comisionado por los Gobiernos cristinos para llevar la confusion y el espíritu de discordia á los partidarios de Cárlos V.

Muchas y fundadas son las acusaciones que los carlistas han formulado contra el tal Aviraneta, Riperdá de tamaño reducido, que unas veces se presentaba como carlista y otras como demagogo de los más exaltados, cuando en rigor sólo era un espía de los Gobiernos masónicos de que constantemente se vió rodeada doña María Cristina, y que cobraba á buen precio el pago de sus servicios como carlista contrahecho y demagogo figurado.

Pero á buen seguro que si Aviraneta no hubiera encontrado dentro del campo carlista quien sirviera de instrumento á sus planes, éstos habrian fracasado en sus comienzos, y su autor hubiese tenido el fin que las leyes de la guerra imponen á los espías vulgares.

No sucedió así; luego fuerza es confesar que más traidores que Aviraneta, que por otra parte no hacia gran misterio de su oficio, fueron los que dentro del campo carlista le proporcionaban los medios de dividir á los partidarios de D. Cárlos y de llevar adelante los planes que en definitiva dieron por resultado el famoso convenio de Vergara.

La misma doña María Cristina declaró en varias ocasiones, que no habia dejado de tener inteligencias en el campo carlista, y el mismo Aviraneta señala como cómplices de sus planes á García Orejon, á D. Luis Arreche, oficial del 5.º batallon de Navarra, y á D. José Zabala, teniente del 2.º batallon de Guipúzcoa. Más habria, indudablemente, pero con los citados basta para demostrar que si la influencia de las lógias era decisiva en el campo liberal, no carecian tampoco de ella en el campo carlista.

Por otra parte, la conducta de Maroto, despues del convenio de Vergara, vino á justificar las concomitancias carlo-masónicas á que nos venimos refiriendo. Pues derribada doña María Cristina de la regencia, y colocado en ella Espartero, Maroto fué uno de los primeros en ofrecer todo su apoyo al nuevo Regente, á la cabeza de buen número de oficiales carlistas convenidos.

La *sargentada* de 1836, que impuso á doña María Cristina la Constitucion de 1812, tuvo como inmediata consecuencia la formacion de un Ministerio de masones activos, del que formaron parte, entre otros, Seoane, Calatrava, Ferrer, Rodil y Landero, este último, procedente de los antiguos comuneros; D. Salustiano Olózaga, mason tambien y miembro del Supremo Consejo, presidido por D. Antonio Perez de Tudela, como Calatrava y Seoane, fué, durante este Ministerio, Jefe político de Madrid. En este período de la dominacion masónica se llevaron á cabo bastantes asesinatos de prisioneros carlistas sin forma de proceso, y entre ellos merece citarse el del Coronel O'Donnell y cuatro oficiales sardos, en virtud de órdenes secretas que llevó á Barcelona el famoso Aviraneta. Los Generales Alvarez y Mina, ambos masones, y que ejercian mandos superiores en Cataluña, pudiendo evitar aquellos crímenes, no lo hicieron. Verdad es que á creer á Aviraneta, su pasividad se explica porque las órdenes para ejecutar los asesinatos mencionados partieron del centro masónico de Madrid y fueron comunicadas á Aviraneta por el propio Mendizábal, el Ministro desamortizador, á quien, por aquella circunstancia, acusó Aviraneta públicamente de haber sido el instigador del susodicho crímen.

La entrada de Seoane y Calatrava, miembros del Supremo Consejo de la masonería, en el Ministerio que se formó á consecuencia del motin de la Granja y la ausencia de Madrid del Gran Comendador Perez de Tudela, hizo necesaria la reorganizacion de dicho Supremo Consejo que quedó constituido bajo la presidencia de D. Cárlos Celestino Mañan, al que se le adjuntó, con el carácter de Teniente Gran Comendador, el Infante D. Francisco, siendo nombrados Vocales del Supremo Consejo, en sustitucion de Calatrava y Seoane, que pasaron á la categoría pasiva de supernumerarios, D. Manuel Perez Mozo, que murió siendo Intendente de Administracion militar, y D. Jerónimo Couder, que con el anterior siguió formando parte de aquel centro masónico hasta despues de la revolucion de 1868, fecha en que ambos fueron relevados de los trabajos masónicos activos en atencion á su ancianidad.

XVI.

DE 1840 Á 1854.

Tres factores masónicos extranjeros, además del Oriente de España y los grupos en que éste se dividió hácia el año 1844, influyeron en los asuntos políticos de nuestra pátria en el período que comprenden las fechas anotadas á la cabeza de estas líneas.

Estos factores á que nos referimos fueron el Oriente Lusitano, el Oriente Inglés y el Supremo Consejo de la masonería francesa, que desde 1811, y por la delegacion conferida al Conde de Grasse-Tilly por el Supremo Consejo de Charleston, pretendió durante mucho tiempo ejercer su protectorado sobre las lógias de España y hasta imprimirlas la direccion política que á los intereses de los dominadores de la nacion vecina convenian.

El Oriente inglés favorecia á los esparteristas ó *ayacuchos*, el francés á los que, andando el tiempo,

fueron moderados, y el lusitano á los revolucionarios, fuese el que fuera el pretexto que les sirviera
para levantarse en armas, aunque su predileccion
especial se manifestó siempre por los más avanzados. Esta triple influencia hizo sentir sus efectos en
el Oriente de España, que á su vez se dividió en tres
grupos, á saber: el que durante algun tiempo presidió el Infante D. Francisco por renuncia temporal
de D. Cárlos Celestino Mañan; el Oriente Hespérico
reformado, en que entraron los progresistas adversarios de Espartero, como Olózaga, y el que podemos llamar militar, donde se fraguaron y llevaron
á cabo los diversós pronunciamientos y motines
que estallaron en el período á que el presente capítulo se contrae, y muy especialmente el de Alicante
en 1844, el de Galicia en 1846, los de 1848, y, por último, los de Zaragoza y Vicálvaro en 1854, que determinaron la caida del Ministerio Sartorius y la dominacion progresista del bienio de 1854-56.

De este modo ninguno de los partidos y grupos
que de 1840 á 1854 se disputaron la posesion del
poder, no pocas veces á mano armada, se vió libre
de la influencia de las lógias, y todos ellos, aunque
contrarios en sus aspiraciones y fines políticos, fueron instrumentos de los poderes masónicos, que á
favor de aquellas divisiones iban abriendo las pa-
ralelas destinadas á estrechar de dia en dia el apre-
tado y durísimo cerco que hoy tienen puesto al Catolicismo y á nuestras venerandas tradiciones.

Por las causas indicadas en capítulos anteriores
no hemos de extendernos en la reseña de los sucesos políticos que por aquel entonces acaecieron.
Bastará decír, una vez explicada la organizacion
masónica de la época á que nos referimos, que obra

de las lógias fué la proclamacion de Espartero como Regente del reino, obra de las lógias su caida, obra de las lógias la declaracion de mayor, edad de doña Isabel de Borbon, y obra tambien de las lógias muchas de las negociaciones que se entablaron para su casamiento.

En este punto nos detendremos algo, porque con motivo de dichas negociaciones se vió de una manera clara y patente los resortes que pusieron en juego los Orientes extranjeros mencionados, para que su candidato á la mano de doña Isabel fuera el elegido con exclusion de los demás.

Cuatro, entre otros de ménos importancia, fueron los aspirantes que se presentaron para compartir con doña Isabel por medio de los vínculos matrimoniales el trono de España. El Conde de Montemolin, candidato de los partidarios de la fusion de las dos ramas de la casa de Borbon; el Infante don Enrique, hijo del Infante D. Francisco, y candidato de la masonería inglesa; el Duque de Montpensier, hijo de Luis Felipe, y candidato de la masonería francesa, y el candidato, por decirlo así, neutro, don Francisco de Asís, hijo tambien del Infante D. Francisco de Páula, y que fué el que, por las causas que más adelante verá el lector, se llevó la preferencia.

La candidatura del Conde de Montemolin fué rechazada desde luego por las lógias, y no bien vista por los carlistas netos, que no pasaban porque el sucesor de Cárlos V se sentase en el trono de España con la categoría de Rey consorte, sino con la de Rey efectivo con todos los derechos y preeminencias anejos á ese oficio. Por estas causas, y por otras que no caen bajo los dominios de la presente obra, dicha candidatura fué desechada, y quedaron frente á frente las dos masónicas del Duque de Montpensier y del Infante D. Enrique. A la primera puso su veto el Gobierno inglés, fundándose en las capitulaciones del tratado de Utrech, relativas á la no reunion de las dos coronas de España y Francia en una misma cabeza, no obstante las seguridades que se daban por parte de Francia, de que llegado el caso de las bodas de doña Isabel con el Duque de Montpensier, éste renunciaria á sus derechos eventuales sobre el trono de Francia.

Tampoco Luis Felipe pasaba porque el Infante D. Enrique fuera el preferido, no obstante la transaccion que propuso Inglaterra en el sentido de que doña Isabel se casara con el Infante D. Enrique, y la Infanta Doña Luisa Fernanda, hija segunda de doña María Cristina, con el Duque de Montpensier; y aunque no alegó claramente las razones de su oposicion, á nadie se le oculta que el motivo de ella fué la creencia fundada de que, una vez casado el Infante D. Enrique con doña Isabel, la influencia inglesa se sobrepondria á la francesa, lo que, como es de suponer, no entraba en los planes de un Rey que habia abrigado la esperanza de vincular en una rama de su familia el Trono de España.

En esta situacion las cosas, se presentó la candidatura de D. Francisco de Asís, que fué aceptada por Luis Felipe, en la esperanza de que, á causa del delicado estado de salud de doña Isabel, no tendria sucesion de su matrimonio con su primo D. Francisco, y, en este caso, una vez realizado el casamiento del Duque de Montpensier con la Infanta doña Luisa Fernanda, vendrian á ser estos dos cónyuges los sucesores inmediatos á la corona de España.

Por todas estas circunstancias fué doña Isabel de

Borbon esposa de su primo D. Francisco de Asís, y de este pleito matrimonial nació el ódio inextinguible que desde aquel entonces se profesaron recíprocamente el Infante D. Enrique y el Duque de Montpensier, ódio que, andando los tiempos, habia de producir la muerte del primero á manos del segundo, no obstante los vínculos del parentesco y las leyes de la *fraternidad* masónica.

Las previsiones de los que confiaban en que del matrimonio de doña Isabel con D. Francisco de Asís no resultaria descendencia, resultaron fallidas, pues dos años despues de haberse aquél efectuado, dió á luz doña Isabel un niño robusto, al decir de los partes facultativos, pero asfixiado. Este suceso, nada extraordinario tratándose de alumbramientos difíciles, dió, sin embargo, pábulo á las hablillas del vulgo. Pero sabido es con cuánta facilidad se acogen en los corrillos de la calle y en las tertulias de los cafés rumores absurdos, inverosímiles ó destituidos de fundamento.

El que tuvo alguno, fué el que supuso al Infante D. Francisco de Paula, empleando toda su influencia cerca de doña Isabel, su sobrina y nuera, para que ésta se afiliase en la masonería, en virtud, por supuesto, de instrucciones que aquél habia recibido á dicho fin de los poderes ocultos de la secta. Otros atribuyen á Olózaga la tentativa, y dicen que por haber querido hacer fuerza á la jóven Reina en este sentido, y no por haberla arrancado violentamentamente el decreto de suspension de Córtes, como la hicieron firmar los adversarios de Olózaga, fué éste destituido del cargo de Ministro. De aquí, segun los que acogieron como cierto este rumor, nació en Olózaga, respecto de doña Isabel, el rencor

que años más tarde le impulsó á organizar la revolucion que habia de arrojarla del trono.

Sea de todo esto lo que fuere, en lo que no cabe duda es en que el no haberse afiliado doña Isabel á la
masonería, debióse á un especial favor de Dios, pues
masones fueron sus más encopetados maestros,
masones los que la rodearon desde sus primeros
años, y masones la mayor parte de los Ministros
que tuvo durante su reinado.

Tambien es cosa averiguada que con los rumores de su negativa á ingresar en la masonería coincidió el primer conato de regicidio con que vió
amenazada su vida. Nos referimos á los dos tiros
que cerca de la Puerta del Sol, y en el año 1847, la
disparó desde un carruaje D. Angel de la Riva, que
á pesar de la habilidad relativa con que trató de ex-
culparse de su crímen, fué condenado á muerte,
sentencia que, por influencias masónicas, favoreci-
das por la generosidad que entonces demostró doña Isabel, fué conmutada por la pena de cuatro
años de destierro, reducidos despues á un mes solamente.

Figuran tambien, entre los acontecimientos que
tienen relacion más ó ménos directa con la masonería en el período que comprende este capítulo, el
proyecto que concibió el Sacerdote D. José María
Moralejo para restablecer la Orden de los Templarios. La tentativa no dió los resultados que su autor se prometia, y más que como proyecto encaminado á restaurar con móviles sectarios una Orden condenada por la Iglesia, debe considerarse
como divagacion de un cerebro débil y enfermo.

Ya hemos dicho que el pronunciamiento de Solís

y Rubin de Oroña en Galicia por el año 1846 fué llevado á cabo con el auxilio del Oriente lusitano. Aquí solamente añadiremos, á modo de ampliacion, que en el mencionado pronunciamiento figuró D. Antonio Romero Ortiz, iniciado en una lógia portuguesa.

A esta circunstancia se debe que los masones D. Francisco Panzano y Almirall y D. Leandro Tomás Pastor, en la representacion que hicieron á nombre de uno de los grupos en' que hoy se divide la masonería española, contra él reconocimiento de potencia regular masónica á favor del Oriente que en 1882 presidia D. Antonio Romero Ortiz, dijeran que los antecedentes masónicos de éste no constaban en njnguna parte. Y claro está que no constaban en los archivos de las lógias españolas, porque tanto D. Antonio Romero Ortiz como otros muchos personajes políticos, se iniciaron en lógias de obediencias extranjeras, y de aquí el que no se pueda probar la calidad masónica de muchos de esos personajes, no obstante ser tenidos por masones en las lógias y haber procedido como tales masones en los diversos puestos oficiales que han desempeñado.

D. Antonio Romero Ortiz no se hallaba en ese caso, porque él mismo se encargó de demostrar que era mason, al aceptar y ejercer el cargo de Gran Comendador y Gran Maestre del Supremo Consejo y Oriente de España, como sucesor, por renuncia de éste, de D. Práxedes Mateo Sagasta.

Otra dificultad existe para poder comprobar la calidad masónica de muchos de los personajes políticos de quien se sabe que han pertenecido á la secta, aunque sus nombres no figuren actualmente en los registros de las lógias, ó por haberse dado de baja en las mismas ó por convenir á los poderes ocultos de la masonería guardar el secreto en este punto.

La dificultad á que nos referimos consiste en la destruccion de los archivos de gran número de lógias, que se llevó á cabo, de acuerdo con la Gran Lógia de Inglaterra, en 1848, cuando á consecuencia de las medidas de rigor que el Ministerio Narvaez empleó contra los autores de los motines y pronunciamientos de aquel año, creyeron los masones que habia comenzado una época de persecucion contra ellos y se apresuraron, como es natural, á destruir las pruebas que podian comprometerles.

Este extremo de la destruccion de los archivos masónicos se halla comprobado en un *Balaustre*, como se dice en la jerga masónica, dirigido en 31 de Octubre de 1881 por el Gran Oriente que á la sazon presidia D. Antonio Romero Ortiz, al Gran Comendador del Supremo Consejo de Charleston cuando éste pidió los antecedentes masónicos de los miembros que constituian aquel Oriente para deducir la legitimidad con que ejercian su jurisdiccion en España. Y aunque en las aseveraciones del Oriente Romero Ortiz hubo bastante exageracion, porque no fueron todos los documentos del archivo de la masonería española los destruidos, sino únicamente los de aquellas lógias que más se distinguieron por sus trabajos de conspiracion, la falta de los mencionados datos sirve á las mil maravillas, á muchos de los personajes que desde aquella fecha han figurado y aún figuran en primera línea en la política, para negar su procedencia masónica, aunque, despues de todo, su negativa de poco sirve, porque ya lo dijo quien ni puede engañarse ni engañarnos: «*Por sus frutos los conocerás.*»

Otro de los acontecimientos en que se vió de una manera clara y palpable la intervencion de la masonería en la época á que se contrae el presente capítulo, fué el regicidio frustrado que llevó á cabo el indigno sacerdote D. Martin Merino en la mañana del 2 de Febrero de 1852.

Por segunda vez, y contra las previsiones de la masonería francesa, que esperaba la muerte próxima de doña Isabel para que el Duque de Montpensier subiera al trono de España, tuvo aquélla sucesion en la persona de la actual Infanta del mismo nombre. Este acontecimiento impulsó á las lógias á determinar la muerte de la jóven Reina, calculando que en la larga minoridad de una Princesa que sólo contaba cuarenta dias, nada más fácil que hacer pasar la regencia de las manos de D. Francisco de Asís á las del Duque de Montpensier, y quizás la misma Corona, y para lograrlo fué designado el Cura Merino, que realizó, en la parte que pudo, el crímen que se le habia encomendado, aprovechando la primera salida de doña Isabel para asistir en la Real Capilla á la Misa de Purificacion, y luego al templo de Atocha á dar gracias á Nuestra Señora por su feliz alumbramiento.

Que al intentar el Cura Merino asesinar á doña Isabel obraba como instrumento de las sociedades secretas, es cosa que nadie ha puesto en duda; no falta escritor, como el Sr. La Fuente, que con todos sus pelos y señales dé cuenta del sorteo que se verificó entre la terna escogida para dar muerte á doña Isabel, y llega hasta decir que en el sorteo hubo trampa, pues en el ánimo de los que prepararon el crímen estaba que su ejecutor fuera el Cura Merino, en quien reconocian condiciones de exaltacion y de reserva para llevarlo á cabo y no delatar á sus cómplices en el caso de ser aprehendido.

Se ha dicho tambien que el Cura Merino no era mason, sino carbonario; pero esto de los carbonarios es una socorrida muletilla de los masones, cuando tratan de eludir la responsabilidad de los crímenes que perpetran. Sin contar que los carbonarios, como los comuneros y como el *Tiro nacional*, sociedad secreta en que pensamos ocuparnos en la tercera y última parte de la presente obra, son ramas de un mismo tronco y todas ellas proceden de la masonería, á la que sirven de brazos ejecutores de sus venganzas, dirigidos por masones, que á la vez de su carácter de carbonarios, ó de comuneros ó de indivíduos del *Tiro nacional*, reunen el de miembros activos de las lógias y casi siempre con puesto preeminente en sus Supremos Consejos.

Las declaraciones del mason Leandro Tomás Pastor respecto de los medios de que se vale la masonería cuando necesita llevar á cabo «la efusion de sangre», no dejan el menor asomo de duda acerca de este particular, y viene á establecer de una manera clara y evidente la responsabilidad que cabe á la secta masónica en todos los crímenes que cometen las demás sociedades secretas.

Que á una de éstas, si no á la propia masonería, perteneció el Cura Merino, es cosa que salta á la vista si se tiene en cuenta que no fué impulsado á cometer su crímen, ni por demencia, ni por resentimientos personales, ni por ninguna clase de arrebato. Lo cometió con premeditacion, á sangre fria, y por más esfuerzos que se hicieron para que delatase á sus cómplices, ninguna confesion se le pudo arrancar sobre este extremo. Es evidente que este silencio del Cura Merino obedeció á uno de esos terribles juramentos que se prestan en ciertos grados de la secta, y de los que sabe el que los presta que no ha de ser nunca eximido, ántes bien, no ignora que su quebrantamiento será, en la mayoría de los casos, inútil, pues la organizacion de las *Tras-Lógias* encargadas de vigilar á los miembros de las lógias es tal, que suele ocurrir el caso, y varias veces ha ocurrido, de que, pensando el mason arrepentido de ejecutar la comision que se le ha confiado, revelar á un agente de la autoridad el secreto de que es depositario, se encuentra con que sus revelaciones tienen por oyente á uno de los miembros de la secta que se propone delatar. Porque éstos existen en todas las clases sociales, y no todos figuran ostensiblemente como afiliados á la masonería y sociedades secretas, sus derivadas, para mejor tender sus redes en la sociedad que llaman profana y vigilar con más éxito á los masones encargados de algun cometido importante.

Con todos estos antecedentes y dada la actitud que observó el Cura Merino en el acto de cometer su crímen y despues de haberlo cometido hasta su muerte, y teniendo en cuenta el interés de las lógias en que ocupara el Duque de Montpensier el Trono de España, es indudable que la masonería, y sólo la masonería, fué la cabeza que dirigió el brazo regicida de Merino. Pero sin que de esto se pueda deducir que nosotros afirmamos, ni áun siquiera

10

que pretendemos insinuar que el Duque de Montpensier, en cuyo favor realizaban esos trabajos las
lógias, tuviera, no ya participacion, pero ni conocimiento del crímen que se trató de perpetrar en la
persona de doña Isabel de Borbon.

A veces ocurre, y no pocas, que las lógias pro-
curan el encumbramiento de una persona porque
saben que ésta ha de servirlas, pero no siempre
comunican al que piensan elevar á un preeminente puesto los medios de que se piensan valer para
lograrlo. Y en este caso es de creer que se halla-
ría el Duque de Montpensier en aquellas circunstancias, aunque en otras posteriores no demos-
trase mucho cariño que digamos á su egrégia cu-
ñada.

Quédannos por examinar, en el período de tiempo que comprende el presente capítulo, los sucesos
que precedieron á la revolucion de 1854, y que se
reducen, en la parte que en ellos tomó la masonería, á la preparacion del pronunciamiento de Vicálvaro, organizado por los masones del elémento militar; pues disuelto el Gran Oriente Hespérico, que
fundó Olózaga para derribar á Espartero, y dispersos los miembros del Supremo Consejo, que alternativamente, y segun lo permitian las circunstancias,
presidian D. Cárlos Mañan y el Infante D. Francisco,
el movimiento masónico, reducido á trabajos de
conspiracion, tuvo como centro á los Generales
San Miguel, Dulce, Mesina, O'Donnell y demás conjurados, que constituyeron el núcleo conocido en la
Historia con el título de los *Doce hombres de corazon.*

Las reuniones de este Directorio se verificaban

en casa del Duque de Sevillano, y en una lógia que La Fuente dice situada en la calle de Jacometrezo, y que nosotros creemos fué la que por entonces, y algunos años despues, estuvo establecida en la calle del Carbon, y á la que pertenecieron D. Angel Fernandez de los Rios, Calvo Asensio y algunos otros jóvenes más ó ménos aprovechados que entonces comenzaban á figurar en política.

De esta lógia no existen ya documentos, porque algunos fueron incorporados á los archivos de otras lógias y desaparecieron en uno de los motines de la secta ocurridos hace algunos años en el *templo* masónico de la plaza del Cármen; y de otros se asegura que fueron objeto de un minucioso expurgo de parte de la policía en una de las visitas domiciliarias verificadas allá por el año 1864, cuando abortó la conspiracion llamada del cuartel de la Montaña, y ya no existian cuando el encargado de su custodia los llevó á la lógia *Francos Caballeros,* despues de la revolucion de 1868.

La persona que nos ha facilitado estos pormenores asegura que es lástima que tales documentos hayan desaparecido, pues con ellos y con los otros que, de acuerdo con el Gran Oriente inglés se quemaron en 1848, se podria formar una larga lista de nombres conocidísimos en las armas, en las letras y en la política.

Algunos de esos nombres han llegado hasta nosotros, pero como el aserto no ha venido acompañado de los documentos justificativos correspondientes, preferimos no publicarlos á exponernos á cometer alguna injusticia ó á descubrir pecados que pueden llamarse ocultos desde el punto y hora en que no pueden demostrarse por un testimonio

impreso, y visto el interés que sus autores han tenido en borrar hasta las más pequeñas huellas de
la profesion de sus anteriores errores masónicos,
por más que sigan siendo contumaces en sus errores liberales.

XVI.

DE 1854 Á 1868.

La revolucion de 1854, en cuyos pormenores no entraremos por no ser nuestro objeto hacer la reseña de la historia contemporánea y sí sólo la de los sucesos relacionados con ella, en los que de una manera directa y comprobada intervino la masonería, trajo con su triunfo la reapertura de los trabajos, por decirlo de algun modo, técnicos, de las lógias, y volvió á funcionar su Supremo Consejo, cuyos miembros habian andado dispersos desde 1848 á consecuencia del fracaso de las intentonas revolucionarias del mencionado año. En una de ellas fué asesinado el Capitan General de Madrid, Fulgosio, segun unos de un trabucazo que le disparó un paisano, aunque no ha faltado quien asegure que el autor del disparo fué un militar de los comprometidos despues en el pronunciamiento de Vicálvaro, y que más tarde, como General, figuró en un episodio desgraciado de la guerra de África.

El Supremo Consejo de la masonería española volvió á quedar constituido bajo la presidencia de D. Cárlos Celestino Mañan, D. Jerónimo Couder, D. Manuel Perez Mozo, D. Francisco Javier Parody, D. Clemente Fernandez Elías, D. Juan de la Somera y D. Ramon María Calatrava. Como miembros supernumerarios figuraron D. Salustiano Olózaga, D. Joaquin Aguirre, Espartero, Luzuriaga, Madoz, Infante, y otros personajes notables del partido progresista y de la fraccion política que ya entonces comenzó á conocerse con el nombre de union liberal. Istúriz, Alcalá Galiano y los demás prohombres procedentes de las lógias, que bajo la jefatura del General Narvaez formaban ya en las filas del partido moderado, se habian retirado de los trabajos activos de la secta, aunque sin hacer retractacion expresa, á lo ménos públicamente, de sus errores, y más bien por disentimientos meramente políticos con los masones progresistas, que por renuncia de los principios sustanciales y comunes á unos y á otros liberales, máxime si se hallan unidos por los vínculos *fraternales* de la secta.

La accion masónica se dejó sentir de un modo manifiesto en los asuntos del Estado, como en 1820, y bien se demostró su pernicioso influjo en las persecuciones de que fué objeto la Iglesia, en la inclusion como bienes nacionales de muchos notoriamente excluidos por el Concordato, y más que en nada, en los esfuerzos que realizó la secta para romper la Unidad Católica al discutirse la base segunda de la reforma constitucional.

La Milicia Nacional, elemento grotesco de perturbacion durante el bienio progresista, hacia las elecciones de sus jefes y oficiales entre los miembros más activos de las lógias. Así resultaron elegidos jefes de ella Becerra, Sixto Cámara, Calvo Asensio y otros muchos que fueron, por decirlo así, el plantel de los revolucionarios que en 1868 habian de dar al traste con la dinastía reinante.

Su Comandante General, D. Evaristo San Miguel, no se daba punto de reposo en la tarea de organizar aquellas fuerzas refractarias á toda disciplina,, y el General Espartero la mimaba con la solicitud de un cariñoso padre, apoyándose en ella para contrabalancear en lo posible las consecuencias que presentia de la influencia que tenia sobre el ejército el General O'Donnell, y esto dió ocasion á que uno de los periódicos satíricos mejor escritos, ó el mejor escrito sin duda alguna, el inolvidable *Padre Cobos*, pusiera en solfa aquel movimiento vertiginoso de la Milicia Nacional en los siguientes y muchas veces recordados versos:

«¡Viva el Duque! A la revista;
¡Viva el Duque! A la parada;
¡Viva el Duque! A pasar lista;
¡Caramba! Parece nada
Y cansa el ser progresista.»

En honor de la verdad, y no obstante los desórdenes, excesos, motines, incendios y asesinatos, el levantamiento carlista que se malogró por la mala direccion de los jefes que se pusieron á su cabeza y las demás calamidades propias de toda época revolucionaria, ocurridos durante el bienio progresista, este período no llevó á los ánimos el terror que produjo la dominacion constitucional de 1820 á 1823. La causa de esta relativa serenidad nacia del convencimiento, cuya exactitud se encargaron los hechos de demostrar, de que aquella orgía política duraria sólo el tiempo necesario para que el General O'Donnell afirmase su ascendiente en el ejército, ganase á su causa á los progresistas templados y á los moderados más dúctiles, y una vez con los elementos civiles puramente precisos para quitar á su dominacion el carácter de una dictadura militar, dar en tierra con Espartero, sus milicianos y el predominio de los bullangueros de los barrios bajos, que, al mando del torero Pucheta, venian á ser para las Córtes Constituyentes lo que el *club* de los Jacobinos y los *comités* de salud pública fueron para la Convencion francesa durante la época del Terror.

Y así sucedió, efectivamente. O'Donnell derribó á Espartero, disolvió á cañonazos las Córtes Constituyentes y desarmó á la Milicia Nacional, despues de tres dias de lucha, correspondientes al 14, 15 y 16 de Julio de 1856, y esto bastó para que las cosas volvieran á correr por los cáuces normales del liberalismo, con satisfaccion de las personas que sólo miran los acontecimientos por el lado del órden puramente material, sin importárseles un comino de los desórdenes morales que en estos períodos de relativa calma se consolidan y arraigan, sirviendo de puntos de partida para nuevos avances revolucionarios.

No se crea, sin embargo, que lo efímero de la dominacion progresista en el período á que nos referimos fué obstáculo para que las lógias llevaran á la práctica los planes que dada la situacion de España en aquellos tiempos podian realizar. Por lo pronto, habian conseguido, como ya hemos dicho, poner en tela de juicio la Unidad Católica, ensan-

char la desamortizacion, echar abajo no pocas iglesias y conventos, y, sobre todo, hacer entrar en
la vida pública al partido republicano, poniendo
en las Córtes Constituyentes á votacion nominal
la forma de gobierno; hecho que abrió en los ya
mermados atributos de la Monarquía la brecha
que debia ser causa de su derrumbamiento en 1868·

Además, el período de libertad absoluta de que
disfrutó la secta durante el bienio progrèsista, fué
aprovechado por ella para organizar el carbonarismo, en la prevision de que fuera preciso volver á
los tiempos de conspiraciones y revueltas que precedieron á 1820 y 1833. Para ejercer el cargo de jefe
de todas las *ventas* carbonarias fué nombrado don
Nicolás María Rivero, y en ellas se afiliaron todos
ó la mayor parte de los que, andando el tiempo,
han figurado en primera, y áun en segunda línea,
en los diversos grupos republicanos.

Tambien durante el bienio progresista echó en
España la masonería la simiente del socialismo,
cuyos frutos comenzaron á recogerse pocos años
despues en los sucesos de Arahal y de Loja, y que
fueron, por decirlo así, los primeros ensayos de las
últimas concentraciones que espera la secta para
realizar la reconquista de Jerusalen y el establecimiento del llamado Santo Imperio, segun se enseña á los iniciados en el grado 32 de la masonería
escocesa.

Puede decirse, por lo tanto, que si las lógias no
realizaron grandes cosas durante el bienio progresista, no fué porque perdieran el tiempo, sino porque lo dedicaron á preparar el terreno á mayores
empresas, realizadas ya en parte para desdicha de
nuestra infortunada pátria.

El período comprendido entre los años 1857 y 1863 no se señala en la historia de nuestra pátria por ningun acontecimiento en que ostensiblemente tomase parte la masonería, aunque no falta quien la atribuya participacion en el fracasado alzamiento carlista de San Cárlos de la Rápita y en el abandono de Méjico por las tropas que al mando del General Prim fueron allí para poner sobre el Trono mejicano, en combinacion con el ejército francés, al desdichadísimo Príncipe Maximiliano de Austria.

Para demostrar que la masonería no fué ajena al primero de dichos acontecimientos, se apoyan los que tal suponen en que realmente los sucesos de San Cárlos de la Rápita fueron una verdadera emboscada tendida por los liberales á los partidarios del Conde de Montemolin; en las famosas cartas de *Juan á Jáime*, que se suponen escritas por el General Prim al General Ortega, y en el triste y rápido fin que tuvieron el Conde de Montemolin, su esposa, y el Infante D. Fernando.

A decir verdad, no existe documento alguno que demuestre la participacion directa de la masonería en este asunto. Pero si se admiten como auténticas las cartas de *Juan á Jáime*, y se tiene en cuenta que el primero era mason, ya cabe la presuncion racional de que las lógias no fueran ajenas al descalabro que entonces sufrieron las esperanzas carlistas. Que el General Ortega fué engañado, es cosa que está fuera de duda; que Montemolin y su hermano D. Fernando lo fueron tambien, es indudable, pues su prision, el acto de su renuncia al Trono de España y su libertad, todo parecia previsto y preparado como el desenlace de una comedia.

Tambien es innegable que para las lógias era

más conveniente que los derechos invocados por el Conde de Montemolin estuvieran representados por su hermano D. Juan, cuyo liberalismo era público y manifiesto en aquellos tiempos. De esto puede deducirse que la masonería buscó que aquellos derechos fueran á parar á D. Juan por renuncia de sus hermanos, y que las lógias, irritadas al ver que aquéllos revocaban su renuncia, echasen por el atajo, buscandó por medio del veneno lo que no habian podido conseguir por la vía de la renuncia.

Pero lo repetimos, todas esas circunstancias que concurrieron en la abortada intentona de San Cárlos de la Rápita, como las que rodearon la súbita muerte del Conde de Montemolin y la de su mujer y su hermano, pueden considerarse como indicios vehementes de que la masonería anduvo en ello; pero no pueden ser admitidas en clase de prueba plena y terminante, como algunos han pretendido.

Algo parecido sucede con el abandono de Méjico por la expedicion que mandaba el General Prim. Este ya sabemos que fué mason; Juarez tambien lo era, y nada de extraño tiene que ambos se entendieran para la evacuacion de Méjico por las tropas españolas, ya espontáneamente, ó lo que es más factible, obedeciendo á órdenes de los poderes directores de la secta. Todas las presunciones están por la afirmativa, pero tampoco existe una prueba inconcusa de que así sucediera.

La ruptura de relaciones parlamentarias entre lós progresistas y los dos partidos, la union liberal y el moderado, á la sazon turnantes en el poder, se manifestó en la vida masónica en 1864 por la suspension de trabajos en el Supreno Consejo, que presidia D. Cárlos Mañan y Clark, por entender los poderes ocultos de la secta que habia llegado la ocasion de proceder en forma revolucionaria para derrocar á los poderes públicos, y el caso, por lo tanto, de que la masonería encargase al carbonarismo la tarea de exterminar á los *fanáticos*, á los *ignorantes* y á los *hipócritas*, ya que segun las confesiones del mason Leandro Tomás Pastor «la santa espada de la Orden sólo puede esgrimirse contra la *ignorancia*, el *fanatismo* y la *supersticion* moralmente consideradas».

O en otros términos:

Que la masonería habia dispuesto que llegase la hora de *repartir leña*, segun se dice vulgarmente, y para esto nadie más á propósito que la sociedad de Carbonarios ó Leñadores, que tambien así se llaman los *buenos primos*, para llenar aquel cometido.

El *Gran Primo* ó Gran Maestre de los carbonarios lo era, como ya hemos dicho, D. Nicolás María Rivero, y bajo su direccion comenzaron los trabajos de conspiracion republicana, paralelamente con los de rebelion militar, que corrian á cargo de don Juan Prim, y los de conjuracion progresista, encomendados á D. Salustiano de Olózaga, con la cooperacion del Directorio de dicho partido, que tenia sus reuniones en la redaccion de *La Iberia*.

Cada uno de estos tres elementos revolucionarios trabajaba aisladamente, y áun en ocasiones procurando cada uno de ellos eliminar á los otros dos de sus proyectos, pues los militares, en un principio, aspiraban sólo á un cambio de Ministerio, los progresistas del elemento civil llegaban hasta el cambio de dinastía, y los republicanos, como es natural, no se contentaban con ménos que con una variación radical en la forma de gobierno. La masonería auxiliaba por igual á todos ellos, en la seguridad de que cualquiera de las tres tendencias revolucionarias que venciese habia de servir á sus planes, aunque, á decir verdad, sus propósitos tendian al cambio de dinastía primero, como período de preparacion á mudanzas más radicales. Por eso puede afirmarse que la masonería llamada regular fué, desde los primeros momentos en que se iniciaron los trabajos revolucionarios, montpensierista, y de aquí el que no pocas veces contuviera á los carbonarios, representantes en la secta de la tendencia republicana, mientras que alentaba á los elementos del ejército para que, prescindiendo de los populares, llevasen á cabo un pronunciamiento decisivo, que se limitara al destronamiento de doña Isabel y al entronizamiento del Duque de Montpensier, escamoteando, por decirlo así, la revolucion, á demócratas y republicanos.

Para éstos eran insuficientes los esfuerzos del General Prim, pues la mayoría del ejército seguia al general O'Donnell, y de aquí que á ganar á éste, para realizar los pensamientos de la secta, se encaminaran con preferencia los trabajos de las lógias.

A punto estuvieron de conseguirlo en 1865 cuando los sucesos conocidos en la Historia con el título de noche de San Daniel, pero sus trabajos fracasaron, porque doña Isabel llamó á O'Donnell para formar Ministerio, y el Conde de Lucena rompió los tratos en que andaba con los progresistas, por aquello de que más vale pájaro en mano que ciento volando.

A decir verdad, las lógias no pueden quejarse de la union liberal, pues en su tiempo consiguieron que la España oficial reconociera el reino de Italia, lograron que se apoderasen de las cátedras de la Universidad los TEXTOS VIVOS, que inficionaron de los errores modernos á la juventud de aquel tiempo, y obtuvieron para la prensa, fuera de los asuntos que se rozaban con las instituciones meramente políticas, una licencia de que fueron tristes ejemplos las groseras injurias y soeces calumnias que por aquel entonces se propalaron contra un santo Prelado y alguna Comunidad religiosa dedicada á la enseñanza. Que estos favores no impidieron á las lógias trabajar en favor de la revolucion es tambien cierto, pero aparte de ser cosa sabida que así paga el diablo á quien le sirve, no es ménos cierto que la accion de la masonería llamada regular no se determinó francamente en sentido hostil á las instituciones vigentes hasta que en 1867 volvieron á anudarse los tratos que entre progresistas y unionistas habian mediado en sentido revolucionario en los fines y comienzos respectivamente de los años de 1864 y 1865.

Por estos tiempos habia establecida en Madrid una sociedad titulada *Banco de propietarios*, de fundacion masónica, y al frente de la que se hallaban D. Manuel Ruiz Zorrilla y D. Joaquin Aguirre. Esta sociedad fué la que facilitó los fondos para el pronunciamiento de los regimientos de Calatrava y Bailén el 3 de Enero de 1866, y para la sangrienta jornada del 22 de Junio del mismo año.

En ambas quiso la masoneria conservadora que la insurreccion tuviese un carácter exclusivamente militar, pero respecto de la segunda no pudieron lograrlo, porque los manejos de los masones de la obediencia lusitana, en cuyo número se encontraba

Martos, y los carbonarios, á cuyo frente se encontraba Rivero, adelantaron un dia el movimiento y fueron causa de su fracaso, pues no habiendo recibido los regimientos de Astúrias y de Isabel II, ni los artilleros acuartelados en el Retiro la señal convenida, tuvo tiempo O'Donnell de enviar á sus acuartelamientos emisarios de confianza que sacaran á la calle dichas fuerzas, no para adherirse al movimiento, sino para combatirlo.

En esta triste jornada perecieron asesinados por los insurretos muchos jefes y oficiales, las calles quedaron sembradas de muertos y heridos en la contienda, y O'Donnell hizo fusilar á cincuenta y ocho indivíduos de las clases de sargentos, cabos y soldados del ejército, y á dos paisanos. Pero todos los jefes de la sublevacion, de Alférez para arriba, se salvaron, y tambien lograron fugarse el General Pierrad, que mandaba á las fuerzas sublevadas, aunque éstas no le hicieron gran caso, y Sagasta, Martos, Castelar y demás prohombres revolucionarios del elemento civil. Que en esto anduvo la mano de la masonería ni que decir tiene. El signo de *destreza*, que diria Jhon Thurt, puede mucho en ciertas ocasiones.

El que estas líneas escribe tuvo ocasion de juzgarlo tres dias despues de aquella triste jornada, cuando en la casa de huéspedes que habitaba, y que aún existe, aunque dedicada á otra industria, en la plaza de San Gregorio, núm. 5, fué preso el Comandante D. Sandalio Pastor y Poveda, uno de los que estuvieron al frente de los grupos de tropa sublevados.

Preso, como hemos dicho, el mencionado Comandante, la dueña de la casa, deshecha en llanto y teniendo noticias de los fusilamientos que se estaban verificando en aquellos dias, comenzó á lamentar por anticipado el fin, que segun ella aguardaba á su huésped. Pero éste, sereno é imperturbable, cual si su prision fuera cosa de poca monta, se volvió sonriendo hácia la patrona y la dijo las siguientes palabras, cuyo alcance comprendimos algunos años más tarde:

—Señora, no se apure Vd., que de ésta no muero.

Y efectivamente, cuando en 1868 triunfó la revolucion volvimos á ver, con el empleo de Coronel, al Comandante D. Sandalio Pastor, que con tanta seguridad habia afirmado al ser preso, en los momentos en que eran conducidos al suplicio los sargentos, algunos de ellos por él seducidos, que de aquella no moriria.

A las mismas influencias que salvaron la vida al Comandante Pastor hay que atribuir el que no fuera cogido veinte veces prisionero el General Prim, cuando desde Villarejo de Salvanés atravesó casi media España para entrar en Portugal. Muchas fueron las columnas combinadas que salieron en su persecucion; ésta duró veintidos dias, al cabo de los cuales entró en Portugal D. Juan Prim con su gente por Encinasola, punto que horas ántes evacuaron los carabineros encargados de cerrar aquel paso. Verdad es que varios de los jefes que mandaban aquellas columnas eran masones, y así se comprende todo, como dicen en ciertas comedias.

Con el fracaso de la revolucion del 22 de Junio de 1866 salieron de España, en calidad de emigrados, casi todos los jefes de aquella sangrienta intentona, y dicho se está que todos ó la mayor parte de los masones de alguna importancia.

Uno de los pocos que se quedaron en Madrid fué D. Nicolás María Rivero, *Gran Primo* de los carbonarios, por no aparecer contra él cargo alguno de resultas de aquellos trágicos sucesos. Así se desprende del hecho de no figurar su nombre entre los de Sagasta, Martos, Castelar y demás conspícuos revolucionarios, sentenciados entonces á muerte por los delitos de sedicion y rebelion á mano armada contra las instituciones vigentes.

La excepcion con que fué agraciado Rivero se prestó, áun entre los mismos revolucionarios, á no pocas maliciosas suposiciones y picantes comentarios.

El más extendido fué el que atribuia la excepcion referida á la proteccion de Gonzalez Brabo, por haber sido éste tambien carbonario en los tiempos de su juventud. En honor de la verdad debemos decir que esto del carbonarismo de Gonzalez Brabo no lo hemos visto comprobado en ningun documento fidedigno. La Fuente lo afirma en su *Historia de las sociedades secretas,* pero sin aducir prueba alguna de su aseveracion.

En cambio de D. Nicolás María Rivero sabemos que fué carbonario, porque así se lo dijo, sin que aquél lo negara, D. Francisco Pí y Margall en la sesion de Córtes que se celebró en uno de los últimos dias del mes de Diciembre de 1870. Y por cierto que al hacer tal declaracion el Sr. Pí, tambien manifestó que él habia pertenecido á dicha secta, pues dijo que el Sr. Rivero se habia negado á firmar con su *nombre de guerra* un documento del carbonarismo que ambos debian suscribir.

11

De donde se deduce, que si el **Sr. Rivero** era el *Gran Primo* de la secta, no andaría muy lejos de serlo el Sr. Pí y Margall, que tambien ponia su firma al par de la de aquél en los documentos del carbonarismo.

Y dicho esto, sigamos examinando la situacion en que quedó la masonería despues de la revolucion fracasada del 22 de Junio de 1866.

El Supremo Consejo, como más arriba hemos manifestado, no funcionaba desde el año 1864, por haber delegado temporalmente sus poderes en las *ventas* carbonarias y lógias militares encargadas de hacer la revolucion.

Unas y otras siguieron trabajando sin interrupcion para minar al ejército y allegar fuerzas con que realizar sus perturbadores propósitos. Pero desde que la union liberal fué desposeida del poder, la masonería regular, cuyos jefes se hallaban en Francia y Suiza, volvió á tomar la direccion de los trabajos revolucionarios para llevarlos al término que se habia propuesto, y que no era otro que la proclamacion del Duque de Montpensier como Rey de España.

La masonería ibérica, llamada así porque sus miembros estaban bajo la obediencia del Oriente lusitano y trabajaban con los portugueses, no por la union, sino por la federacion ibérica, se oponia á los planes de la masonería llamada regular, y juntamente con los carbonarios trabajaba á favor de la república, ó cuando ménos á favor de la Monarquía democrática representada por un Coburgo ó un Príncipe italiano de la Casa de Saboya, que sirviera á aquélla de puente.

Esta diversidad de criterios no impedia que ma-

sones regulares, ibéricos y carbonarios, coincidie-
ran en el punto esencial, que era el destronamiento
de doña Isabel, y para ello extendieron á la marina los trabajos masónicos realizados en el ejército.
El terreno preparado de suyo para los planes de
las lógias, pues sabido es que en la marina abundan los masones, dió los frutos que aquéllas se
proponian, y meses ántes de que estallara la revolucion, no era para nadie un secreto que la mayor
parte de los buques estaban comprometidos en ella.

Otro foco de conspiracion masónica lo fueron las
islas Canarias, á donde el Gobierno de O'Donnell
primero, y despues el de Narvaez, cometieron la
torpeza de enviar á los jefes y oficiales sospechosos de simpatizar con la revolucion. A mayor abun-
damiento envió, para que formasen parte del único batallon que en aquellas islas se hallaba en armas, á los artilleros sublevados el 22 de Junio de
1866 que se libraron de mayores penas.

Con estos elementos y con la estancia del Infante D. Enrique, de algunos de los Diputados y Sena-
dores deportados á consecuencia de la exposicion
que hicieron á doña Isabel acusando al Gobierno
de haber dado un golpe de Estado contra las Córtes, no convocándolas á su debido tiempo, y de los
Generales Serrano, Caballero de Rodas, Serrano
Bedoya, Letona y otros, no hay que decir si en las
islas Canarias se conspiraria de lo lindo, ni si se
establecerian comunicaciones con los emigrados
en Portugal, en Inglaterra y en Francia, por medio
de los buques que de paso para dichas naciones
hacian escala en alguna de las mencionadas islas.

De ellas salieron el 14 de Setiembre de 1868 los
Generales deportados, y cinco dias más tarde daba

el General Topete, á bordo de la *Zaragoza*, el grito ¡viva España con honra! que sumergió en un abismo insondable de vergüenzas al pueblo español, y fué el comienzo del reinado de la masonería, sin intermitencias ni soluciones de continuidad hasta la época presente, como el lector podrá apreciar, Dios mediante, en la tercera y última parte de este modesto ensayo.

FIN DE LA SEGUNDA PARTE.

TERCERA Y ULTIMA PARTE.

Accion masónica en todos los acontecimientos políticos
de España desde 1868 hasta nuestros dias.

I..

LA MASONERÍA EN CUBA.

Antes de entrar en el relato de los sucesos en que
ha intervenido la secta masónica desde 1868 hasta
nuestros dias, entendemos ser de necesidad dar
noticias al lector de los gérmenes que produjeron
el grito separatista de Yara, que coincidió con el
establecimiento en España del Gobierno provisional, primero de los frutos que dió de sí el árbol ne-
fasto de la revolucion de Setiembre.

Los trabajos masónicos realizados en la isla de
Cuba datan de los comienzos de la guerra de la
Independencia, pero no puede decirse que la secta
se hallase por completo organizada hasta 1860,
fecha de la fundacion del Gran Oriente de Colon,
bajo los auspicios del Supremo Consejo de Charleston.

Ya en 1837 funcionaban algunas lógias, aunque
escasas en número, y de ellas salieron los prime-

ros trabajos separatistas, siendo el más importante la intentona del General D. Narciso Lopez, que en 1849 pagó con la vida su traicion contra la madre pátria.

El bienio progresista y el mando de los Generales Dulce y Serrano dieron alientos á la secta, pero hasta la fecha mencionada de 1860 no puede decirse con fundamento que existiera en la isla de Cuba una organizacion masónica declaradamente hostil contra España. El Oriente de Colon, establecido con completa independencia de la masonería de España fué, por decirlo así, el plantel del filibusterismo, que ocho años más tarde habia de manifestarse en guerra parricida contra la pátria, aunque fuerza es confesar que sus trabajos se llevaron tan sigilosamente, que áun á muchos de los revolucionarios de Setiembre cogió como explosion subitánea é impensada la rebeldía, que llevaba un largo período de preparacion friamente meditada.

Verdad es que el Oriente de Colon ocultó con el mayor cuidado sus intenciones separatistas, y dió como disculpa de su organizacion independiente de la Península razones de distancia de la Metrópoli, que exigian una jurisdiccion, por decirlo así, autónoma, á fin de que la resolucion de los asuntos de la secta en la gran Antilla fuera pronta y ejecutiva, cual no podria serlo si dichos asuntos se sometieran á la aprobacion de los poderes masónicos de la madre pátria.

Esta especiosa explicacion sólo era una pantalla puesta á sus trabajos separatistas, porque en realidad el apresuramiento con que procuró el Gran Oriente de Colon ser reconocido por los demás Supremos Consejos del mundo como potencia masónica independiente, no llevaba otro objeto que el de obtener más tarde el reconocimiento de su independencia política, y la condicion de beligerantes, que en realidad, si no oficialmente, cónsiguieron más tarde de la república de los Estados-Unidos.

A una gran parte de los masones peninsulares se ocultaron cuidadosamente tales propósitos, pues la ayuda que con fuertes sumas de dinero prestó el Orienté de Colon á los revolucionarios de aquende los mares, se cubrió con el pretexto de recabar para aquella colonia igualdad de derechos y la misma suma de licencias liberales que para sí reclamaban en la Península los progresistas y demócratas. Algunos de éstos, sin embargo, se hallaban, como vulgarmente se dice, en el secreto, y entre ellos parece probable que figurara el General Prim, de ser cierta la acusacion que se le dirigió más tarde, de andar en tratos oficiosos con los Estados-Unidos para la venta de la gran Antilla.

Fuera de éstos, iniciados en el verdadero plan de las lógias cubanas, los demás, y muy especialmente los Gobiernos y sus autoridades delegadas que se sucedieron en el período comprendido entre el establecimiento del Oriente de Colon en 1860 y la insurreccion de Yara en 1868, puede decirse que caminaron á ciegas, lo que por otra parte no es del todo de extrañar, dada la reserva con que los miembros del Supremo Consejo y Gran Oriente de Colon llevaban á cabo sus trabajos contra la integridad de la pátria.

Unicamente la Autoridad eclesiástica, centinela vigilante de la causa de la verdad y de los intereses de España, dió la voz de alerta respecto de la naturaleza de aquellos trabajos, como lo demuestra la circular expedida en Agosto de 1868 por el Gobernador eclesiástico de la diócesis de la Habana, señor Orberá, poniendo de manifiesto la malicia de la secta masónica y los peligros que se seguirian contra la madre pátria de no poner coto á su infernal propaganda por los medios coercitivos establecidos en las leyes contra las sociedades secretas.

Desgraciadamente la voz del Pastor diligentísimo se perdió en el vacío, y el Capitan General de la isla de Cuba, General Lersundi, preocupado con la gravedad de los sucesos políticos que amenazaban desarrollarse en España, no prestó la atencion debida á las exhortaciones del Prelado, y aunque es cierto que fueron sorprendidas algunas lógias, la cabeza de todas ellas, ó sea el Supremo Consejo y Oriente de Colon, no fué objetó de las medidas de represion que exigian las circunstancias.

Y cuenta que la accion del mencionado Supremo Consejo en la guerra separatista no pudo ser más directa, pues pocos dias ántes de la insurreccion de Yara se reunieron todos sus miembros, y bajo la presion de los más terribles juramentos de la secta se comprometieron á ponerse al frente de la rebeldía, hasta perecer en la demanda. Juramento que cumplieron en todas sus partes, como lo demuestra el hecho de haberse puesto todos ellos al frente de partidas filibusteras, y no abandonando su criminal empresa hasta que, sin excepcion alguna, puede decirse hallaron en la muerte el castigo que merecia su traicion.

II.

REORGANIZACION DE LA MASONERÍA EN ESPAÑA DURANTE LOS COMIENZOS DE LA REVOLUCION DE 1868.

Con el triunfo de la revolucion de Setiembre de 1868 volvieron á reunirse los masones dispersos, y regresaron á España los emigrados, y ya no en pacífica, sino en turbulenta posesion del reino, reorganizaron su Supremo Consejo en la forma siguiente:

Soberano Gran Comendador, Cárlos Celestino Mañan y Clark.

Ilust.·. Dip.·. Teniente Gran Comendador, Jerónimo Santiago Couder.

Secretario general, Manuel Perez Mozo.

Ministro de Estado del Santo Imperio, Simon Gris Benitez.

Tesorero del Santo Imperio, Juan Montero Telinge.

Capitan de Guardias, Juan de la Somera.

Hospitalario, Miguel Ferrer y Garcés.

Canciller y Secretario adjunto, Leandro Tomás Pastor.

Maestro de ceremonias, Clemente Fernadez Elías.

Bajo la obediencia de este Supremo Consejo, y con diversos grados masónicos, figuraban los Generales Serrano y Prim, D. Práxedes Mateo Sagasta, D. Manuel Becerra, D. Nicolás María Rivero, no obstante su calidad de *Gran Primo* de los carbonarios, D. Juan Moreno Benitez, D. Juan Alvarez Lorenzana, y, en una palabra, y por abreviar, todos ó casi todos los Ministros, Subsecretarios, Directores generales, Gobernadores civiles, Capitanes Generales, entre ellos el de Madrid, Sr. Izquierdo, y cuantas personas dirigian la política desde los principales puestos oficiales.

Con estos elementos no hay que decir si España se cubriria de lógias, ni tampoco que la accion masónica llegó á penetrar hasta en las poblaciones de menos importancia, convertidas casi todas ellas en focos de impiedad y en otros tantos campamentos levantados para combatir á la Religion y á sus Ministros.

El programa masónico expuesto en la Exposicion dirigida al Gobierno provisional á mediados de Octubre de 1868 por el Supremo Consejo de la masonería regular de España, no deja duda acerca de las intenciones de las lógias, y de él entresacamos, como prueba de su ódio sectario contra la Religion católica, las proposiciones siguientes:

1.ª Libertad de cultos.

2.ª Supresion de las Ordenes religiosas y de las Asociaciones de caridad anejas á ellas.

3.ª Secularizacion de cementerios.

4.ª Incautacion de todas las alhajas, ornamentos sagrados y preciosidades artísticas, quedando sólo en las iglesias los objetos necesarios al culto bajo inventario y más estrecha responsabilidad de los Cabildos catedrales y Clero parroquial, constituidos en meros depositarios de los mismos.

5.ª Matrimonio y registro civil.

6.ª Sujecion al servicio de las armas para los seminaristas y ordenados *in sacris*.

7.ª Reduccion de las iglesias de España á un número determinado de catedrales y parroquias, pasando las demás á la categoría de edificios enajenables del Estado en clase de bienes nacionales.

8.ª Abolicion del celibato eclesiástico.

Y así por el estilo hasta 14 proposiciones, todas ellas encaminadas á la destruccion de la Iglesia.

La Exposicion del Supremo Consejo de España pasó á formar parte del programa político del Gobierno provisional, aunque con algunas atenuaciones nacidas del temor de soliviantar repentinamente los ánimos de los católicos, y muchas de sus cláusulas, como la libertad de cultos, la supresion de las Ordenes religiosas y Asociaciones de caridad á ellas anejas, el registro y matrimonio civil, derribo de iglesias é inventario de las alhajas, ornamentos y preciosidades artísticas de las catedrales, como paso prévio para su incautacion por el Estado, se comenzaron á ejecutar bajo la direccion de los Ministros de la Gobernacion, Gracia y Justicia y Fomento, debiendo á esto D. Manuel Ruiz Zorrilla su posterior eleccion para el cargo de Gran Comendador del Supremo Consejo de España.

Sabido es el efecto que estas impías medidas pro-

dujeron en los ánimos de los católicos. A la excita-
cion que causaron se debió la muerte del Gobernador civil de Búrgos, que, haciendo alardes de impiedad, hasta el punto de entrar, segun refirieron, con
el sombrero puesto y fumando en la catedral, procedió al inventario de las alhajas de aquella santa iglesia metropolitana; tarea en que le sorprendió su
desdichado fin. Es de advertir que el Sr. Perez de
Castro, que así se llamaba el mencionado Gobernador, era mason, y como tal encargado de dirigir
los trabajos de las lógias burgalesas.

No fué el Supremo Consejo de España el único
Oriente masónico que pretendia ejercer la jurisdiccion de la secta á raiz de la revolucion de Setiembre de 1868. Otro Oriente, llamado Nacional, pretendió disputársela; y al frente de la nueva agrupacion
se puso D. Ramon María Calatrava, que fundándose en su avanzada edad, se habia separado del Supremo Consejo presidido por Mañan y Clark, al
reorganizar éste la masoneria española. En rigor,
Calatrava no fué sino el instrumento de un tal Pedro María del Castillo, que expulsado poco despues
del Oriente que habia fundado, ingresó de nuevo en
la secta con el nombre de Manuel Hiraldez Acosta,
segun afirma el mason Leandro Tomás Pastor en
sus repetidas veces citados *Apuntes históricos de la
Orden de Caballeros Francmasones en la lengua ó
nacion española.* A Calatrava sucedió en la direccion del Oriente Nacional el Marqués de Seoane,
hijo de D. Mateo Seoane, que años atrás habia figurado como miembro del Supremo Consejo presidido por Mañan.

Otros dos Grandes Orientes, desprendimientos
del Lusitano-Unido, surgieron tambien por aquel

entonces, el llamado *Ibero* y el *Hispano*, presididos por el mason D. Juan Utor y Fernandez, que más tarde pasó á ser Gran Secretario del Supremo Consejo y Oriente de España, bajo la presidencia de don Práxedes Mateo Sagasta, D. Antonio Romero y Ortiz y D. Manuel Becerra.

Posesionada del poder político la masonería, no se contentó con ejercer su influencia decisiva en la gobernacion del Estado, sino que además quiso presentarse á los ojos del público como uno de los organismos oficiales, por decirlo así, de la nacion, y para ello aprovechó la primera ocasion que se le ofreció para pasear por las calles de Madrid el personal y atributos de la secta.

Esta ocasion se la proporcionó el entierro del Brigadier Escalante, que pertenecia al Oriente Lusitano-Unido. El entierro fué presidido por el General Topete, y formó parte del duelo el Supremo Consejo de la masonería de España, y del cortejo casi todos los masones de Madrid con sus insignias masónicas. Por cierto que *La Epoca*, periódico conservador, al dar cuenta del acto, afirmó que el terror que inspiraba á muchos la masonería no era justificado, y poco la faltó para colocar la secta entre las asociaciones beneméritas, y como quien dice, al nivel de la Sociedad de San Vicente de Paul, suprimida poco ántes por el Gobierno provisional.

Un periódico unionista, *El Diario Español*, censuró en tono burlesco la exhibicion masónica en que nos ocupamos; pero el periódico *La Reforma*, órgano de la secta, replicó que no eran los políticos de la union liberal los que ménos favores debian á los masones, y que, por lo ménos, las cuchufletas de *El Diario Español* tenian cierto sabor de ingratitud.

Lo cual demuestra, como ya hemos hecho constar en capítulos anteriores, que no hay un solo partido de los liberales, fieros ó mansos, que no tenga su orígen en las lógias, ni pueda, por lo tanto, verse libre, en justicia, de la nota de masonismo.

III.

LA MASQNERÍA ESPAÑOLA EN 1870.

No bastaba ya á la masonería, una vez triunfante la revolucion de Setiembre, ver planteado su programa desde las más elevadas esferas del Gobierno, ni tampoco gozar de la libertad omnímoda de exhibirse y propagarse, que con la proclamacion de los famosos derechos individuales establecidos en la Constitucion de 1869 habia conquistado. Necesitaba algo más: el poder político efectivo, ejercido por el Supremo Consejo de la secta, sin delegaciones ni intermediarios.

Contaba, es cierto, la masonería, con numerosos afiliados en los puestos más preeminentes de la gobernacion del Estado, comenzando por la persona del Regente y concluyendo por el Alcalde de Madrid, en lo que á la capital del reino se referia. Pero áun así y todo, unos por haberse olvidado de que á la secta masónica debian su encumbramiento, y otros por las preocupaciones que consigo lleva el mando, si bien en todo cuanto conducia á realizar los fines, por decirlo así, doctrinales de la secta, se mostraban sumisos á sus mandatos, en lo que toca á lo que pudiéramos llamar cuestion de estómago, no solian atender á tantas y tantas peticiones de empleos como sobre ellos llovian.

El pueblo masónico, en una palabra, como se dice enfáticamente en los documentos de la secta, se hallaba desatendido, y reclamaba, tras los derechos ndividuales, el pedazo de pan que le permitiera disfrutar, sin penas ni sobresaltos, las libertades conquistadas.

Para subvenir á estas necesidades de la humana naturaleza, era preciso convertir las oficinas del Estado, de la provincia y del municipio, en otros tantos viveros masónicos, llevando á ellas, no sólo á los masones de primera fila, sino á los de segunda y áun de tercera y cuarta, en términos de que pudiera decirse, como despues se dijo, que, desde el Presidente del Consejo de Ministros hasta el último portero de las oficinas del Estado, eran *hermanos*.

Buscó el Supremo Consejo de la masonería española el hombre que necesitaba para realizar tales fines, y despues de rechazar á los Generales Serrano y Prim, por considerar que tenian demasiada personalidad propia y no sería fácil el convertirlos en meros instrumentos de las lógias, no sólo en lo esencial, sino en lo secundario, se fijaron en D. Manuel Ruiz Zorrilla, ávido de entusiasmos populacheros, y que habia dado muestras de sus aptitudes para ingresar en la masonería, cuyo principal objeto no es otro que el de destruir, si tal pudiera, á la Religion católica, con su decreto relativo al inventario de las alhajas de las iglesias.

Ruiz Zorrilla, sin embargo de que ya merecia serlo, no era todavía mason cuando dictó aquellas disposiciones, pero las lógias, que las habian inspirado, comprendieron que habian encontrado en el entonces Ministro de Fomento un instrumento apropiado para la ejecucion de sus fines.

De aquí nació la idea de conferirle el cargo de Gran Comendador de la masonería española, y á este fin, en el corto plazo de tres dias, fué iniciado con el grado de *aprendiz*, hecho *compañero* y *maestro*, y recibió todos los demás grados de la secta hasta el 33, que le fué conferido por un *triángulo* de Inspectores Generales, que propusieron su candidatura para el cargo de Gran Comendador del Supremo Consejo, fundándose en las razones que expresa el documento que á continuacion trascribimos.

Dice así:

«A LA G.·. D.·. G.·. A.·. D.·. U.·.

» *Masonería española.—Familia española.—Ciencia, Libertad, Trabajo, Fraternidad, Solidaridad.— Deus meumque Jus.*

»A los VVen.·. y demás HH.·. de la Lóg.·.....
»Queridos hermanos: Visto el triste estado de desunion en que se halla la masonería española: Visto las graves dificultades con que está luchando para llevar á cabo su reorganizacion: Visto la imposibilidad de realizarla hasta que una mano fuerte y vigorosa empuñe el Gran Mallete: Visto las ele-

vadas circunstancias profanas y masónicas que
posee nuestro Muy Ilustre y Querido Hermano Manuel Ruiz Zorrilla, Soberano Gran Inspector General grado 33: Considerando que es necesario extender la Orden, fuerte y poderosa, por toda España:
Considerando, que no obstante las buenas intenciones y cualidades que reune nuestro Ilustre y Querido Hermano Cárlos Mañan *(Romano)*, el tiempo
ha demostrado que es impotente para llevar adelante sus buenas intenciones, tanto en España como
fuera de ella: Considerando que es contrario á lo
que los deberes de la masonería prescriben exponer á los HH∴ á la persecucion, *sin ofrecerles al
mismo tiempo proteccion y ayuda*: Considerando
que nuestro H∴ Ruiz Zorrilla puede, en un corto
espacio, *con su elevada posicion*, sus virtudes y actividad realizar el gran pensamiento de la Orden,
la Soberana Gran Cámara del grado 33 en sesion
extraordinaria y permanente, ha decretado:

»1.° Que nuestro Ilustre y muy querido Hermano Cárlos Mañan y Clark *(Romano)* cese en el desempeño del cargo de Sob∴ Gran Comd∴ y Presidente de esta Cám∴, quedando ésta muy satisfecha
del celo con que lo ha desempeñado.

»2.° Que el H∴ Ruiz Zorrilla, que actualmente
preside la Asamblea Constituyente española, sea
nombrado para sucederle.»

El documento cuyos párrafos pertinentes al asunto á que se refiere el presente capítulo acabamos
de copiar, está fechado á 20 dias de Julio de 1870,
y lo firman el Teniente Gran Comendador del Supremo Consejo, D. Jerónimo Couder *(Nephtali)* y
el Gran Secretario D. Manuel Perez Mozo *(Pelayo I)*,

que con arreglo á otros artículos del citado *Balaus-tre* fué confirmado en dicho cargo, agregándole, en calidad de adjunto, á D. Clemente Fernandez Elías, en sustitucion de D. Leandro Tomás Pastor, á quien tambien el Supremo Consejo declaró en situacion pasiva.

Los excluidos protestaron de la exoneracion de que eran objeto, y aún se propusieron levantar un Supremo Consejo contra el que los habia destituido de sus cargos, pero los poderes directores de la secta les obligaron á conformarse, y áun les exigieron que, en clase de Vocales, siguieran perteneciendo á la Cámara presidida por Ruiz Zorrilla; prueba evidente de que en el plan de dichos poderes entraba confiar la direccion de los trabajos masónicos en España al Presidente de las Córtes Constituyentes.

Meses ántes de este acontecimiento ocurrió el desafio del Infante D. Enrique con el Duque de Montpensier, fratricidio masónico que prepararon las lógias llamadas Ibéricas, para ver si por este medio inutilizaban la candidatura del segundo para el Trono de España.

Ya hemos dicho las causas del ódio que de antiguo profesaba el Infante D. Enrique al Duque de Montpensier, y de este ódio se aprovechó la masonería ibérica para excitar al primero á injuriar públicamente, y por medio de un impreso, al segundo, que, por su parte, no necesitaba mucho para llegar á vías de hecho con su irascible pariente.

El Infante D. Enrique no necesitaba tampoco de las excitaciones de las lógias ibéricas para buscar ocasion de llevar á su primo al *terreno del honor*, pero por si acaso, la masonería ibérica le hizo con-

cebir la esperanza de que, descartada la candidatura del Duque de Montpensier para el Trono de
España, el advenimiento de la república era inevitable, y para entonces las citadas lógias se com-
prometian á trabajar á fin de que fuera nombrado
Presidente de la república española el citado Infante, que en vez de este premio halló la muerte
desastrosa de que todo el mundo tiene noticia.

El fallecimiento del Infante D. Enrique dió motivo
para otra exhibicion masónica. Su cadáver fué expuesto públicamente durante tres dias, y los masones, con sus distintivos y armados de espadas, dieron guardia al féretro y le acompañaron al cemen-
terio, haciendo ostentacion de todos los atributos de
la secta.

El Duque de Montpensier salió del paso con una
condena de corto destierro y la accesoria de pagar
una indemnizacion de 30.000 pesetas á la familia
del difunto. Lo cual prueba que la masonería llamada regular no se descuidó tampoco en dispensar
á uno de sus más conspícuos miembros la proteccion mútua establecida en sus estatutos.

IV.

LA MUERTE DE PRIM.

Mucho se ha hablado del misterio que todavía rodea al crímen que sirve de título á las presentes líneas, y no ha faltado en estos últimos tiempos quien haya atribuido á la masonería la perpetracion del susodicho delito, aunque, á decir verdad, los escritores á que nos referimos más bien han procedido guiados por intuicion razonable que por datos exactos y positivos que tuvieran respecto del mencionado acontecimiento.

Don Vicente de *La Fuente,* en las últimas páginas de su *Historia de las sociedades secretas,* escritas en los mismos momentos en que acababa de perpetrarse el asesinato de D. Juan Prim, hace algunas indicaciones generales en el sentido indicado. Posteriormente *Leo Taxil* ha señalado tambien á la masonería como instigadora del crímen de que se trata, pero ni el uno ni el otro han podido suministrar una prueba de carácter verdaderamente convincente en demostracion de sus afirmaciones. Verdad es que ni *La Fuente* ni *Leo Taxil*, el uno por no hallarse en todas las interioridades de la secta, y el otro por el natural desconocimiento de sucesos ocurridos en país extraño y envueltos en el profundo misterio que convenia á los que en el asesinato de D. Juan Prim intervinieron, podian extenderse en pormenores que, por las razones expuestas, tenian que ignorar seguramente. Nosotros, más afortunados en este punto, podemos suministrar, gracias á las narraciones que hemos oido á muchos sectarios, algunos datos ignorados hasta la fecha, y á nuestro juicio muy suficientes para poder señalar con verdadero conocimiento de causa á los instigadores é instrumentos del delito. de que se trata.

Para ello, y como antecedente prévio de esta investigacion, hay que tener en cuenta la situacion política en que se encontraba España en 1870, con motivo de las influencias que se cruzaron para adjudicar el Trono de España, vacante de resultas de la revolucion de Setiembre de 1868.

Tres eran las tendencias que por aquel entonces se manifestaban respecto de este asunto, y cada una de ellas contaba con el apoyo de una fraccion masónica, como ya habia ocurrido años anteriores con motivo del casamiento de doña Isabel de Borbon.

La masonería, por decirlo así, conservadora, apoyaba la candidatura del Duque de Montpensier; la democrática se inclinaba á favor de D. Fernando de Coburgo, padre del entonces Rey de Portugal; la progresista habia presentado la candidatura del

General Espartero, y la republicana, dicho se está que trabajaba porque la Monarquía fuera sustituida por aquella forma de gobierno.

La fraccion masónica que á tal aspiraba quiso explotar la ambicion del General Prim procurando atraerle á sus fines, con la promesa de elevarle al cargo de Presidente de la república. Algunos afirman que estas proposiciones fueron escuchadas por el General con una benevolencia rayana en el consentimiento; y no falta quien asegure que hasta mediaron tratos formales entre Prim y algunos conspícuos republicanos para llegar á la solucion que éstos deseaban por el método de la eliminacion, aplicado sucesivamente á todos los candidatos al Trono de España que se fueran presentando.

El fracaso de las candidaturas de D. Fernando de Coburgo, del Duque de Génova y del Príncipe de Hohenzollern dió fuerza á la existencia de dichos tratos, cuyo rumor se extendió entre los republicanos de fila, que llegaron á tener por cosa indudable la proclamacion de su forma de gobierno predilecta, despues de una breve dictadura ejercida por el General Prim, á modo de puente entre la Regencia del General Serrano y el establecimiento de la república.

Por aquel entonces se fundó en España una sociedad denominada *Tiro Nacional*, que tenia por objeto aparente la union de los trabajadores para lograr la emancipacion del llamado cuarto estado por medio del planteamiento de las ideas socialistas; pero que en realidad no era otra cosa que una de esas asociaciones secretas auxiliares de la masonería; cuando ésta quiere eludir la responsabilidad de los crímenes que prepara.

Su fundador era un tal Joaquin Viralta, muy conocido en Cataluña por sus exageraciones revolucionarias y áun por sus más que dudosos antecedentes, al décir de personas que tenian motivos para saberlo. Viralta sentó las bases de su proyecto creando en Madrid una Junta provisional, de la que formaron parte en un principio los militares D. Mariano Foncillas, D. Enrique Arredondo, D. Nicolás Estébanez, D. Eduardo Lopez Carrafa, D. Mariano Peco y otros; pero todos ellos se fueron separando poco á poco de la nueva secta así que se convencieron de que su objeto era esgrimir el puñal, que hiere en la sombra, más que el fusil revolucionario, cuyos disparos retumban en los motines populares.

El reglamento orgánico del *Tiro Nacional* fué publicado por *La Iberia* á mediados del año de 1870, y de este modo se hizo público que la nueva sociedad se hallaba formada por simples afiliados, jefes de grupo y de distrito, estos últimos miembros de la Junta directiva encargada de dar impulso á sus trabajos.

La Fuente, cuya *Historia de las sociedades secretas* contiene datos muy incompletos en lo que se refiere á la masonería en 1870, despues de copiar el reglamento del *Tiro Nacional*, dice que desde el mes de Setiembre del referido año no se volvió á hablar de la existencia de la mencionada asociacion, cuando precisamente puede decirse que desde entonces comenzó la actividad de sus trabajos revolucionarios y el período de ejecucion de sus abominables planes.

Viralta fué destituido del cargo de Presidente de la sociedad que habia fundado, y en su lugar fué elegido el Diputado republicano Paul y Angulo, cuya exaltacion revolucionaria rayaba en delirio de re-

sultas de un violento ataque de viruela negra que
puso en peligro su vida y afeó notablemente su
rostro, y á consecuencias de la pérdida de su fortuna, empleada, segun él, en proporcionar á D. Juan
Prim los medios para trasladarse desde Inglaterra
á Cádiz á tiempo de deshacer la trama montpensierista, que tenia por objeto reducir la revolucion
de Setiembre de 1868 á un cambio de dinastía.

El General Prim, segun Paul, se habia comprometido varias veces á establecer en España la república, y de la falta de cumplimiento á esta
promesa hacia derivar el agitador revolucionario
el ódio inextinguible que comenzó á manifestar
contra el Conde de Reus. Pero la verdad es que en
ese ódio se hallaba mezclada la cuestion de intereses, pues Paul y Angulo reclamó en diversas ocasiones al General Prim las sumas que habia gastado en fletar un buque que lo trasportase á España
en Setiembre de 1868, y el Conde de Reus parece
que se negó á satisfacerlas, por entender que no se
trataba de un servicio personal y sí de un sacrificio
hecho por la causa de la revolucion. No obstante
esto, el General Prim estuvo en más de una ocasion dispuesto á facilitar á Paul la suma que le pe-
dia, pero no en concepto de devolucion, sino á
condicion de que abandonase sus planes revolucionarios y se adhiriera á la causa de la Monarquía
democrática. Paul se negó y fundó el periódico titulado *El Combate*, rabiosamente demagogo, desde el
cual no cesó de injuriar al General Prim y á cuantos habian votado la candidatura de D. Amadeo de
Saboya para el Trono de España.

En la exaltacion delirante de Paul y Angulo hallaron las lógias revolucionarias un instrumento

adecuado para la ejecucion de sus planes, y de este convencimiento nació la idea de elegirle Presidente de la sociedad secreta *El Tiro Nacional,* cuyas tendencias habian sido causa de que se alejaran de ella los militares más arriba citados, por no estar conformes con los siniestros proyectos de exterminio subterráneo que en la misma se discutian. Como muestra de los tales proyectos, baste decir que durante algunas sesiones se discutió en sério el propósito de hacer volar el Ministerio de la Guerra y el Congreso de los Diputados.

La muerte del General Prim fué acordada por *El Tiro Nacional* en la sesion celebrada durante la noche del 16 de Noviembre de 1870, horas despues de haber sido elegido para el Trono de España don Amadeo de Saboya.

La proposicion partió de Paul y Angulo, fué apoyada por el conocido revolucionario Guisasola, y aprobada por los jefes de distrito que concurrieron al acto.

De los propósitos de Paul estaba enterado don Manuel Ruiz Zorrilla, pues segun aquél dijo en la reunion citada, el Presidente de las Córtes Constituyentes le habia advertido aquella misma tarde que el Gobierno estaba sobre la pista de sus proyectos y decidido á hacer sentir á Paul y Angulo todo el rigor de la ley en el momento en que llegaran á manifestarse por algun síntoma exterior.

No obstante esa vigilancia, el crímen se consumó en las primeras horas de la noche del 27 de Diciembre de 1870, y Paul, despues de haber estado oculto dos dias en una casa de la calle de la Abada, pudo salir para el extranjero, gracias al influjo del signo masónico, que de tantos riesgos libra á los afiliados á la secta.

V.

ANARQUÍA MASÓNICA.—DISOLUCION DEL GRAN
ORIENTE DE ESPAÑA

El advenimiento de la Monarquía saboyana, y
despues el de la república, llevó á las lógias la perturbacion que éstas habian traido á la política, y
así como España se vió despedazada en múltiples
cantones, que á punto estuvieron de destruir la unidad de la pátria, del mismo modo las lógias se des-
ligaron de la obediencia del Gran Oriente, formando
diversos grupos masónicos, cuyos jefes disputaban
á los demás la jurisdiccion de la masonería en España.

Ruiz Zorrilla habia emigrado de España, despi-
diéndose del Supremo Consejo de la secta, como
decirse suele, á la francesa; Carvajal, Teniente
Gran Comendador de la misma, se habia visto

arrollado por los bandos, que entre sí se combatian, y Mañan y Clark, el legítimo Gran Comendador segun los observantes de las litúrgias masónicas, cansado ya de hacer el papel de comodin, unas veces elevado al cargo de jefe de la secta y otras relevado del mismo, segun convenia á las necesidades de la política, habia acabado por retirarse definitivamente de los trabajos masónicos.

En tal situacion, y previendo los poderes ocultos de la secta que de seguir así las cosas la masonería se destruiria á sí propia en España, como los liberales lo estaban haciendo en el terreno político, dispuso la suspension de los trabajos de las lógias hasta que, encauzadas las pasiones desbordadas de sus afiliados, pudiera establecerse un Gobierno regular que llevase á término los fines y propósitos de la masonería.

Esta órden se comunicó á las lógias en el siguiente documento, que en los anales masónicos se conoce con el título de Balaustre rojo, por hallarse impreso con tinta de ese color, y acerca del que no creemos necesario hacer comentario de ninguna clase, pues su sola lectura basta para que el lector se forme cabal idea de la situacion de la secta masónica durante el año de 1873 y primera mitad del año 1874.

Dice así el mencionado documento:

«AD UNIVERSI TERRARUM ORBIS SUMMI ARCHITECTI GLORIAM.

»DEUS MEUMQUE JUS

»GRAN ORIENTE DE ESPAÑA

»30.º DÍAS DE SIVAU A.'. M.'. 5634, 15 JUNIO DE 1874 E.'. V.'.

»*El Sup.'. Cons.'. del gr.'. 33 del Rito Escoces Antiguo y Aceptado de libres Masones para la jurisdiccion de España en Madrid, á todos los GG.'. OO.'. de ambos hemisferios.*

»IIL.'. Y PPod.'. HERMANOS:

»El Supremo Consejo de Poderosos Grandes Inspectores Generales de la Orden, constituido en la Capital de la Nacion Española, con estricta sujecion á todo lo prescrito en las Constitucionas y Estatutos de estos Grandes y Supremos Cuerpos, deliberadas, hechas y ratificadas en 1.º de Mayo de 1786, os dirige su voz, obedeciendo á las causas más dolorosas é inauditas, hasta el presente caso, en el sagrado Instituto.

»Repugnante le es comenzar rasgando los velos que su prudencia le habia obligado á conservar sobre ciertos hechos, cuya vista no podia ménos de ofender en su conciencia á todo Mason regular; pero es preciso, cuando de esos hechos se arma el más abominable de los cismas que los enemigos de la Ord.'. han promovido jamás en su deseo de destruirla, acreditando al mismo tiempo cuantas calumnias se han inventado contra ella.

»Cualquiera que sea la antigüedad de los trabajos masónicos en España, lo cierto es que, ya por las duras persecuciones que casi constantemente los perturbaron, ya por desvíos de las prescripciones de las leyes básicas de la Ord.·., jamás llegaron á constituir un Gr.·. Or.·. con toda la regularidad necesaria para que fuese reconocido, y por tanto respetada y mantenida su soberanía en este país por las demás nacionalidades masónicas. Así es que no ha figurado el Gr.·. Or.·. de España en el concierto de los poderes Soberanos de la Ord.·. ni tomado asiento en sus Congresos, ni han dejado de ejercer jurisdicción en este país numerosos GG.·. OOr.·. extranjeros.

»La revolucion de Setiembre de 1868 vino á remover el primer obstáculo señalado, dando toda la apetecible libertad á estos trabajos, y varios SSob.·. GG.·. IIns.·. GGen.·. reunidos en el deber de aprovecharla, se propusieron evitar el segundo, arreglando estrictamente á las leyes fundamentales de la Ord.·. sus procedimientos. Con este objeto excitaron el celo de los demás SSob.·. GGr.·. IIns.·. GGen.·. para que se les uniesen, y juntos, proceder á la liquidacion del derecho de responder al llamamiento que la ley de 1786 hace al más antiguo en este grado.

»Algunos, desconociendo su deber de contribuir al mejor cumplimiento de dicha ley, negaron su concurso, en lo cual se consideró la renunciación de cualquier derecho que les pudiese asistir; pues por su falta de fe, acreditada en su inexcusable sueño que los alejaba del puesto á que por la ley y sus HH.·. eran llamados, no habian de quedar sin cumplimiento ni aquélla ni los derechos de éstos. Así se procedió entre los congregados á la liquidacion expresada, y resultó en el Sob∴ Gr∴ Ins∴ Gen∴ ROMANO.

»Bien conocian aquellos SSob∴ GG∴ IIns∴ GGen∴ la pretendida irradiacion de estè Il∴ H∴, que los cismáticos de hoy, respondiendo á los de 1841, han publicado en el número 6.º de su órgano titulado *Boletin de la Mas∴ Simb∴ del Gr∴ Or∴ de Esp∴*; pero conocian tambien toda la injusticia y toda la irregularidad de aquel acto y de quienes lo produjeron en servicio de los enemigos de la revolucion de Setiembre de 1840, cuyo principal móvil y más sólido apoyo no pudieron ménos de ver en los trabajos de la Masonería Escocesa. Por esto despreciaron aquella irradiacion, como este Sup∴ Cons∴ la ha despreciado y la desprecia, seguro de que todo Mason medianamente conocedor de las leyes del Rito, con sólo ver su forma, no podrá concederle más que igual desprecio.

»El Gr∴ Ins∴ Gen∴ ROMANO procedió seguidamente á constituir el Sup∴ Cons∴ del gr∴ 33, con arreglo á dichas Constituciones de 1786; siendo el Sob∴ Gr∴ Comend∴ por llamamiento de las mismas, y nombrando los demás GGr∴ OOf∴ en la forma que ellas previenen.

»¿Pudo perder este alto cargo, que habia recibido de la ley básica de la Ord∴, sino por alguna de las causas señaladas en la misma, esto es, por muerte, por resignacion ó por cambio de residencia sin intencion de volver, ó segun los Estatutos generales, en virtud de una sentencia dictada por el Supr∴ Cons∴ del gr∴ 33 en el correspondiente proceso, y confirmada por la Asamblea general de SSob∴ GGr∴ IIns∴ GGen∴?

»Ninguno de estos cuatro casos ocurrió, y sin embargo, el Sob.·. Gr.·. Comend.·. ROMANO fué depuesto. ¿Por qué, por quién y cómo?

»El acta publicada en el mismo número 6.º del citado *Boletin*, responde á estas tres preguntas, y ella sola basta para mostrar á los ojos de todo Mason conocedor de las leyes y procedimientos de la Ord.·., cuán irregular, injusto, arbitrario y cismático fué aquel hecho; pero hay otros antecedentes y datos que importa sean igualmente conocidos.

»Apenas constituido aquel Supr.·. Cons.·., el Sob.·. Gr.·. Comend.·. ROMANO vió con dolor que en él se habian alojado, no sólo ciertas preocupaciones nacidas del tiempo en que, bajo la presion del régimen absoluto, el punto objetivo de la Masonería Española habia sido obligadamente la política, sino otras importadas por varios ilustres Miembros, que, habiendo recibido su educacion masónica en ritos reformados, no habian llegado á conocer en toda su pureza el Escocismo. Por esto creyó deber aplazar, y aplazó, el dar conocimiento de la instalacion de dicho Supr.·. Cons.·. á los de las demás naciones, hasta que purificado de tan sensibles males, fuese digno de su reconocimiento.

»Desde luego comprendió que esto difícilmente se podria obtener mientras que la constitucion definitiva del país no viniese á calmar la agitacion de los partidos políticos, que perturbaba la severidad de los trabajos masónicos, desviándolos de las leyes y de los más importantes principios del sagrado Instituto, en vez de permitir su mejoramiento.

»A combatir tan perniciosas influencias y sus deplorables efectos dedicó especialmente sus cuidados en aquella trabajosa espectativa; pero sus esfuerzos, lejos de conseguir el apetecido resultado, no hicieron más que sublevar contra su legítima autoridad los espíritus interesados en desmoralizar la sagrada Ord.·. y corromper la puridad del Rito Escocés antiguo, que es su más poderosa defensa. Necesitaban una ocasion para desembarazarse de ella, y el mismo celo infatigable con que la ejercia, fué precisamente el que vino á satisfacer ese deseo.

»El servicio de la Ord.·. reclamó la autoridad del Sob.·. Gr.·. Comend.·. en algunas provincias del N.·., y no estimando prudente denegarla, lo expuso al Supr.·. Cons.·. regularmente reunido, y éste, atendiendo á la naturaleza de aquel servicio, á que no habia pendiente asunto alguno y á que debian trascurrir tres lunas para volverse á reunir, fuera del caso que un acontecimiento extraordinario ó imprevisto lo exigiese, le concedió (aunque no la necesitaba) su licencia para prestar personalmente dicho servicio en aquellas provincias, acompañado del Gr.·. Ins.·. Gen.·. MOISÉS, que ejercia las funciones de Gr.·. Secr.·. por el estado de decrepitud y habituales padecimientos del Il. H.·. PELAYO.

»¿Se pretenderá negar estos importantísimos hechos, porque no se mencionan en el acta de 20 de Julio de 1870, publicada en el mismo número 6.º del Boletin citado, y destruyen cuanto en ella se refiere al Sob.·. Gr.·. Comend.·. ROMANO y al Sob.·. Gr.·. Ins.·. Gen.·. MOISÉS?—Véase su irrecusable confirmacion en el Boletin Oficial del Gr.·. Or.·. de España de 15 de Diciembre de 1871, producida por los mismos que en dicha acta los desconocieron.

»Lo que no puede, por lo ménos, dejar de ponerse en duda es la autenticidad de esa acta, siquiera sea en lo que afecta á los Ill.·. HH.·. NEPHTALÍ y

PELAYO, que interrogados sobre ella en el Sup.·. Cons.·. aseguraron desconocerla, mientras que recordaron la licencia concedida al Sob.·. Gr.·. Comend.·. y al Il.·. H.·. MOISÉS, por más que en el acta se hizo la olvidasen á los pocos días de haberla autorizado con su firma.

»Tampoco es ménos de dudar, por la misma razon de desconocimiento, robustecida con otros muchos abusos comprobados de sus respetables firmas, la autorizacion que á estos mismos Ill.·. HH.·. se atribuyó del Bal.·. circulado con la misma fecha de aquella acta y en su consecuencia, cuyo Bal.·. importa mucho se recuerde, y á la letra dice así:

'A.·. L.·. G.·. D.·. G.·. A.·. D.·. U.·.—*Masonería Universal.—Familia Española.—Ciencia, Libertad, Trabajo, Fraternidad, Solidaridad.—Deus meumque Jus.*—A los Ven.·. y demas h.·. de la Lógia....—Queridos h.·. Visto el estado de triste desunion en que la Mas.·. española se encuentra: Vistas las graves dificultades con que se lucha para su reorganizacion: Vista la imposibilidad de hacerla mientras no empuñe el Gr.·. Mallet.·. una mano fuerte y vigorosa: Vistas las altas prendas profanas y Mas.·. que concurren en nuestro muy Il.·. y Q.·. h.·. Manuel Ruiz Zorrilla Sob.·. Gr.·. Ins.·. Gen.·. grado 33°. —Considerando que es preciso extender la orn.·. fuerte y poderosa por toda España: Considerando que á pesar del buen deseo y buenas condiciones que concurren en nuestro Il.·. y Q.·. h.·. Cárlos Mañan *Romano*, el tiempo ha demostrado que es impotente para conseguir su buen deseo, así en España como en el extranjero: Considerando que es contra lo que los deberes Mas.·. prescriben exponer á los h∴ á persecuciones sin ofrecerles al propio tiempo apoyo y proteccion: Considerando que nuestro h∴ Ruiz Zorrilla, puedé en poco tiempo con su alta posicion, sus virtudes, y su actividad realizar el gran pensamiento de la orn∴ La Sob∴ Gr∴ Cám∴ del 33°, en sesion extraordinaria y permanente ha decretado: 1.°—Que nuestro Il∴ y Muy Q∴ h∴ Cárlos Mañan y Clarkc *Romano* cese en el cargo de Gr∴ Sob∴ Comend∴ y Presidente de la misma Cám∴ quedando ésta muy satisfecha del celo con que lo ha desempeñado: 2.°—Que se nombre para sucederle al h∴ Ruiz Zorrilla, que hoy preside la Asamblea Constituyente española: 3.°—Que reunida esa Lógia y dado cuenta de este Balaustre en sesion extraordinaria y magna reunida al efecto, se elija en votacion secreta Gr∴ Maestre de la Gr∴ Lóg∴ Simb∴ indicando al dar cuenta de la votacion y nombramiento, el número y calidad de los votos y nombres de los votantes, pues la eleccion debe hacerse por sufragio universal: 4.°—Que ese cuerpo Mas∴ nombre desde luego, y conforme á Estatutos, los representantes para la Gr∴ Lóg∴ que deberá reunirse el dia 10 de Agosto:—5.° y último, que queda relevado de todo cargo nuestro quer∴ h∴ Leandro Tomás Pastor *Moisés,* cuyas virtudes se propone utilizar esta Gr∴ Cám∴ en su dia, continuando como Gr∴ Srio∴ de honor de la misma y del Gr∴ Or∴ de España el Il∴ y Q∴ Manuel Perez Mozo *Pelayo,* y como Gr∴ Srio∴ efectivo el Il∴ y Q∴ h∴ Clemente Fernandez Elías, que desempeñaba este cargo anteriormente.—Dado al Or∴ de Madrid á los 21 dias del m∴ m∴ Tamuz del a∴ d∴ l∴ v∴ l∴ 5630 (E. V. 20 Julio 1870).

—*Deus meumque jus.* — El Sob∴ Ten∴ Gr∴

Comend.·.—Jerónimo Couder.—El Il.·. Gr.·. Secr.·. Manuel Perez Mozo.'

»¿No es este documento privativo del club? ¿Puede verse en él la expresión de un Supr.·. Cons.·. del gr.·. 33?

»Sea lo que fuere de la autenticidad de aquella acta y este Bal.·., lo cierto; lo que ningun Mas.·. medianamente ilustrado en las leyes y procedimientos de la Ord.·. puede poner en duda, es que desde la fecha de estos documentos, 20 de Julio de 1870, pues que produjeron todos los efectos á que iban dirigidos, aquel Supr.·. Cons.·. y cuantos trabajos se continuaron por el mismo ó bajo sus auspicios, fueron completamente irregulares.

»Así lo demostraron en aquel Cons.·. los Ill.·. HH.·. CINCINATO y CATON DE UTICA, cuando se les dió asiento en él y tuvieron conocimiento de tan lamentables hechos. Por esto no quisieron admitir de aquel Cuerpo el título del gr.·. 33 que les habia conferido, y buscaron la regularizacion de este gr.·. en los que tenian y no habian perdido por la ley la facultad de concederlo; cuya regularizacion obtuvieron del legítimo Sob.·. Gr.·. Comend.·. y de los SSob.·. GGr.·. IIns.·. GGen.·. á quienes no hubo alcanzado la irregularizacion que llevaban consigo aquellos hechos.

»Seguidamente tomaron tres importantes acuerdos con el mismo Sob.·. Gr.·. Comend.·. y demás SSob.·. GGr.·. IIns.·. GGen.·., debiendo todos arreglar á ellos su conducta:

»1.º Que era preciso hacer todo lo posible por evitar que las legítimas consecuencias de los cismáticos hechos de 20 de Julio de 1870 fuesen conocidas de quienes los hubiesen recibido y cumplimentado como buenos, mientras no se tuviesen los medios de repararlas, consiguiendo volver el Supr.·. Cons.·. á la regularidad perdida, y á la pureza del Rito Escocés antiguo los Cuerpos y trabajos masónicos de su jurisdiccion, que tanto se iban separando de él con prácticas é implantaciones de ritos réformados.

»2.º Que para el mejor cumplimiento del anterior acuerdo, los Ill.·. HH.·. CINCINATO y CATON DE UTICA continuaran en dicho Cuerpo, sin que esto perjudicase á su regularidad; procurando en él contener y áun remediar cuanto les fuese posible el cisma, y prómover la idea de una Asamblea general de SSob.·. GG.·. IIns.·. GGen.·. que lo destruyese, y en la que el Supr.·. Cons.·. pudiera ser por medio de su reconstitución regularizado.

»3.º Que á estos mismos fines pudiesen volver tambien el Sob.·. Gr.·. Comend.·. ROMANO y el Sob.·. Gr.·. Ins.·. Gen.·. Moisés, de cualquier modo y con cualquier carácter que se les abriesen las puertas, sin que tampoco perjudicase á su regularidad, ni á la conservacion de la alta dignidad de que por la ley se hallaba investido el primero.

»Así volvieron á dicho Cons.·. los Ill.·. HH.·. CINCINATO y CATON DE UTICA, y en la Ten.·. ordinaria de Octubre de 1871, llamó el segundo la atencion acerca del acta de aprobacion de las *Constituciones de la Francmasonería española*, que impresa se habia unido á las mismas, porque habia visto en ella su nombre como firmante, cuando ni siquiera habia tenido noticia de la Gr.·. Ten.·. extraordinaria á que se hacia referencia, ni sabia que dichas

Constituciones, ni en todo (que era lo procedente), ni en la parte que se suponia, se hubiesen visto aún, ni mucho ménos discutido ni aprobado.

»Lamentó el silencio con que se acogieron estas declaraciones, y aseguró haber otros GG∴ Ilns∴ GGen∴ que podian hacerlas suyas, mayormente los Ill∴ HH∴ Junio Bruto y Porlier, que estaban muy lejos de la residencia del Cons∴ á la fecha de la supuesta Ten∴

»Demostró que con aquellas *Constituciones,* salvas las frecuentes contradicciones que las hacian impracticables, el Gr∴ Or∴ de España podria profesar un rito especial y privativo del mismo; pero de ningun modo el Escocés antiguo, con el cual pugnaban en puntos muy esenciales. En su consecuencia pidió que el Cons∴ se dedicase á la discusion y reforma de dichas *Constituciones* hasta armonizarlas entre sí mismas y con las leyes del rito; declarándose para ello en Ten∴ permanente, y que una vez concluido tan importante trabajo, se convocase la Gr∴ Asamblea de SSob∴ GGr∴ IIns∴ GGen∴ para someterlo á su mayor suma de luz y autoridad. Todo fué por unanimidad acordado, pero apenas emprendidos estos trabajos, los Ill∴ HH∴ Caton de Utica y Cincinato se vieron en la necesidad de combatir una nueva manifestacion del *cisma,* que primero á espaldas del Cons∴, y despues frente á frente con él, quiso comprometer la Francmasonería española en las apasionadas luchas de los partidos políticos.

»Desde entonces estos Ill∴ HH∴ no fueron citados á trabajos; Junio Bruto continuaba ausente; Porlier se ausentó tambien, y tampoco se contó con Nephtalí, porque protestó de las resoluciones tomadas èn ausencia de tantos y tan respetables miembros del Cons.·.

»El cisma buscó otros apoyos en nuevas exaltaciones, hechas siempre en el mismo espíritu político y con las propias aspiraciones profanas que habian inspirado los tristemente célebres documentos de 20 de Julio de 1870; pero no tardó en volver á estar vigilado á influido á consecuencia de los acuerdos contra él tomados, pues los referidos miembros del Cons.·. fueron reemplazados en él por los SSob.·. GGr.·. IIns.·. GGen.·. Moisés y GRAVINA, y por el mismo Sob.·. Gr.·. Comend.·. ROMANO.— Véase el acuerdo publicado en el *Boletin Oficial del Gr.·. Or.·. de España* de 15 de Diciembre de 1871, por el cual los mismos que habian depuesto al Sob.·. Gr.·. Comend.·. ROMANO y al Gr.·. Ins.·. Gen.·. *Moisés,* en 20 de Julio de 1870, privándoles—sin oirles—de todos sus derechos, volvieron á franquearles las puertas de aquel Cons.·., declarando *no haber lugar á la acusacion de tan Ill.·. HH.·., que habian obrado en bien y honor de la Ord.·.*

»Estos Ill.·. HH.·., viendo que el cisma pretendia haberse legalizado durante su ausencia de los trabajos, con dichas *Constituciones,* protestaron contra ellas, por cuanto se habian hecho y adoptado sin su intervencion ni conocimiento, y las consideraban contrarias á las leyes básicas de la Ord.·. Constantes en estas protestas y cuidadosos de aprovechar cuantas ocasiones sé presentaban para dar con la frecuente contradiccion que hacia dichas *Constituciones* impracticables, llegaron á obtener el acuerdo de su reforma. Es verdad que en cuanto al modo de realizarla hubieron de ceder á exigencias que lo desviaban de las inalterables prescripciones del

Rito Escocés antiguo, y áun de las mismas *Constituciones* en lo que se referian á su reforma, pues no se designaban los artículos reformables, y se entregaban para reforma total á una Asamblea general del Gr.·. Or.·., en la que se hallasen confundidos diferentes ritos; pero no creyeron deber insistir contra esto, comprometiendo su propósito de desembarazarse de dichas *Constituciones* y llegar á la Gr.·. Asamblea de Sobb.·, GGr.·. IIns.·. GGen.·., que con esta ocasion sería convocada.

»Sabian muy bien que aquella Asamblea general del Gr.·. Or.·., cuando éste se hallaba en completa desorganizacion y hondamente trabajado por las respectivas aspiraciones de diversos ritos y partidos políticos, lejos de poder cumplir con su cometido, gastaria pronto sus fuerzas en luchas interiores, y no tardaria en acudir por la perdida luz al Sob.·. Cuerpo del gr.·. 33. Así sucedió en efecto, y acerca de dicha Asamblea general del Gr.·. Or.·. no hay más que una cosa que convenga añadir á lo apuntado en el Bal.·. del Supr.·. Cons.·. fecha 12 de Diciembre de 1873: sus miembros escoceses, por un acto espontáneo, llamaron á las puertas de la Gr.·. Asamblea de Sobb.·. GGr.·. IIns.·. GGen.·., pidieron luz, y obtenida, ratificaron solemnemente sus juramentos de obediencia, y de guardar y hacer guardar fielmente el Rito Escocés antiguo en toda su pureza.

»Todo anunciaba el próximo restablecimiento de la regularidad perdida en 20 de Julio de 1870; pero desgraciadamente el *cisma* establecido entonces, lejos de desaparecer, no hizo más que ocultarse por medio de un cambio de conducta: no pudiendo resistir á la luz de la Gr.·. Asambléa de

Sobb.·. GGr.·. IIns.·. GGen.·., apeló al retraimiento.

»Apenas instalada y declarada en Ten.·. permanente esta Asamblea en 25 de Octubre de 1872, el Il.·. H.·. Cavour 1.º manifestó que las atenciones de su alto puesto en la sociedad política le hacian imposible asistir á sus trabajos, y que en igual caso se hallaba el Il.·. H.·. Gonzalo de Córdova, que venia ejerciendo el cargo de Ten.·. Gr.·. Comend.·. Y en efecto, desde aquella fecha no volvieron á presidirla ni á tomar asiento en ella.

»En igual alejamiento se declaró de hecho el Il.·. H.·. Caton 2.º, que se hallaba investido del cargo de Gr.·. Min.·. de Estado del Santo Imperio.

»Poco tiempo despues la abandonó el Il.·. H.·. Abderrhaman, alegando por causa: que habia perdido la fe masónica. Seguidamente el Il.·. H.·. Aquiles resignó el cargo de Gr.·. Tes.·. del Santo Imperio, con motivo de haber de ausentarse del Or.·., lo que efectuó sin que en lo sucesivo haya tenido á bien avisar siquiera su regreso.

»Es de notar que todos estos HH.·. y Fortaleza, que ántes de la instalacion de la Asamblea se hubo retirado del Con.·. declarando que no queria hacer más parte del Instituto, habian sido exaltados al Subl.·. gr.·. 33, despues del golpe arbitrario del 20 de Julio de 1870, á excepcion de Cavour 1.º, que como ya se ha visto, lo fué en aquella misma fecha sin el indispensable concurso (por lo ménos) del Sob.·. Gr.·. Comend.·. Romano y de los GGr.·. IIns.·. GGen.·. Moisés, Junio Bruto, Porlier y Gravina.

»Por el mismo tiempo habia sido tambien admitido como Gr.·. Ins.·. Gen.·. y miembro del Cons.·. el h.·. Prim 1.º, quien abandonó igualmente la Asamblea desde que se recibieron en ella las graves acusaciones elevadas contra el mismo por la Lóg.·. de que era Ven.·. y por el Sob.·. Gr.·. Ins.·. Gen.·. ORESTES.

»Este Il.·. H.·. la abandonó tambien á los pocos dias, siendo infructuosos cuantos oficios se practicaron para atraerle al cumplimiento de sus deberes.

»Poco despues recibió la Asamblea un Bal.·. del Il.·. H.·. JUAN BRAVO, participándole su resignacion del cargo de Gr.·. Maest.·. adjunto, cargo en cuyo desempeño habia tenido la ocasion de experimentar cuán grandes eran la consideracion y cariño que le profesaban dicha Asamblea y cada uno de sus Ill.·. Miembros en particular. A este Bal.·. siguió otro de CAVOUR 1.º comunicando el nombramiento de Gr.·. Maest.·. adjunto en el Il.·. H.·. TIBERIO GRACO.

»Desde entonces la conducta del Il.·. H.·. JUAN BRAVO fué muy semejante á la de los demás que habian abandonado sus puestos, pues rara vez volvió á vérsele en los trabajos de sus cariñosos HH.·. los SSob.·. GGr.·. IIns.·. GGen.·.

»Otros BBal.·. de los Ill.·. HH.·. GONZALO DE CÓRDOVA y CAVOUR 1.º dieron á conocer á la Asamblea la resignacion del cargo de Ten.·. Gr.·. Comend.·. hecha por el primero, y el nombramiento efectuado por el segundo para el mismo cargo en la persona del ya nombrado Gr.·. Maest.·. adjunto, el Il.·. H.·. TIBERIO GRACO.

»La Asamblea no pudo menos de felicitarse viendo reunidos en tan digno H.·. estos dos cargos que el *cisma* habia desnaturalizado y separado. Esperaba que inspirándose en ella, al presidirla como Ten.·. Gr.·. Comend.·., llevaria su espíritu al Cuer-

po de su presidencia como Gr.'. Maest.'. adjunto,
y lo mantendria hasta el completo restablecimiento
de la pureza del Rito Escocés antiguo y la perdida
regularidad del Gr.'. Or.'.

»Esta esperanza fué pronto confirmada con importantísimos hechos: el mismo Il.'. H.'. promovió
en la Asamblea de SSob.'. GGr.'. IIns.'. GGen.'. la
anulacion de cuanto se opusiese á las Leyes básicas de la Ord.'. ó se desviase de la pureza del Rito
Escocés antiguo, é igualmente recabó del Cuerpo
de su presidencia como Gr.'. Maest.'. adjunto, la
declaracion de nulidad de cuanto no estuviese conforme con los Estatutos generales de la Ord.'. Desde entonces no faltó más que deducir y practicar
las consecuencias de estos acuerdos; pero no podia
hacerse sin muy detenidas deliberaciones, cuando
en el ánimo de la Asamblea estaba el propósito de
no perturbar las conciencias y evitar todo perjuício
á los HH.'. y TTall.'. que durante la irregularidad
habian, sin conocimiento de ella, recibido sus grados y patentes constitutivas. A este fin creyó de alta conveniencia legalizar *todo lo legalizable*, comenzando por los grados de SSob.'. GGr.'. IIns.'.
GGen.'. y altos puestos que se habian conferido en
época y forma irregulares. Con este propósito, y
deseando proceder de acuerdo con los mismos
exaltados, les repitió sus cariñosas excitaciones,
encareciéndoles el deber de la asistencia á los trabajos; pero el único resultado que produjeron fué
presentar al Il.'. H.'. OBED la ocasion de pedir que
se citase igualmente al Il.'. H.'. GRACO, diciendo
que hacia más de dos años habia sido injustamen-
te alejado del Cons.'. y privado de sus derechos
masónicos. El Gr.'. Ins.'. Gen.'. CATON DE UTICA,

que por acuerdo de la Asamblea ejercia interinamente el cargo de Gr.·. Min.·. de Estado, recordó al Il.·. H.·. Obed, que si él mismo no tuvo parte en el hecho á que se referia, no la habia tenido ninguno de los SSob.·. GGr.·. IIns.·. GGen.·., congregados; pues todos se hallaban á la sazon alejados de aquel Cons.·. que tomó el acuerdo contra el Il.·. H.·. Graco, cuyo Cons.·. fué precisamente el mismo de que era Gr.·. Secr.·. á consecuencia de la arbitrariedad de 20 de Julio de 1870, en la que tanta participacion tuviera el propio Graco; que aquel acuerdo habia recaido en un proceso tristemente célebre; que muchos de los presentes habian oido más de una vez encarecer su justicia á los Ill.·. HH.·. Pelayo 1.º, Metelo y Orestes, y que recientemente habia sido justificado por un gravísimo acto del mismo H.·. Graco, pues mientras el Il.·. H.·. Obed acudia en su favor á la Asamblea de SSob.·. GGr.·. IIns.·. GGen.·., aquel H.·., en vez de hacer personalmente lo mismo, acababa de acudir contra ella á la Gr.·. Lóg.·. Simb.·., como en otras ocasiones lo habia hecho ya contra el Il.·. H.·. Orestes, erigiéndola así en juez de los actos de los GGr.·. IIns.· GGen.·. y del Sob.·. Cuerpo del gr.·. 33, en los que sólo pueden conocer los SSupr.·. CCons.·. de las demás naciones. En su consecuencia pidió que constando, como constaba á la Asamblea dicho hecho, se sirviese legalizar y confirmar definitivamente aquel acuerdo, y que en su dia *sometiese éste con todos sus demás actos al fallo de los SSupr.·. CCons.·. del gr.·. 33, que eran los que exclusivamente podian juzgarlos.* Así fué acordado.

»Desde entonces el Il.·. H.·. Obed adoptó una actitud especial en la Asamblea. Esta, sin conseguir su constante deseo de atraer á su seno los Ill.·. HH.·. injustificadamente alejados de ella, y sin poder, por esto mismo, llegar á la regularizacion de los grados y cargo que lo necesitaban, vió con dolor que sus trabajos se resentian del estado valetudinario de algunos de sus respetables miembros y de la falta del número necesario de GGr.·. IIns.·. GGen.·. para la indispensable division de los servicios en las convenientes comisiones.

»Acudiendo al remedio de este mal, acordó por unanimidad conceder el gr.·. 33 á los cuatro HH.·. que á juicio de la misma, expresado por unanimidad de votos, lo mereciesen por su carácter y saber, y por el gr.·. que poseyeran. A continuacion se propusieron los HH.·. BEZALEEL, ARIG, MINA y PADILLA.—BEZALEEL y MINA fueron unánimemente aceptados. PADILLA y ARIG obtuvieron tambien todos los votos de la Asamblea, á excepcion del de OBED, que lo dió negativo, fundándolo en que estos dos HH.·. habian contribuido á la formacion del proceso contra GRACO, y en otras razones que, no sólo se juzgaron insuficientes como la expresada, sino que abierta la competente informacion, fueron acreditadas de calumniosas. En vista de este resultado, el Il.·. H.·. OBED prorrumpió en denuestos contra los mismos HH.·. y apostrofando á la Asamblea en los términos más inconvenientes y violentos, sin atender á las amonestaciones del Il.·. Presidente se salió de ella, protestando que se separaba para siempre del Instituto. La Asamblea, visto el párrafo 4.º de las Constituciones de 1786, segun el cual la causa del voto negativo ha de ser juzgada suficiente para que impida la admision del candidato, acordó tambien la exaltacion de dichos dos

HH.·. Los cuatro prestaron el juramento del gr.·. y tomaron asiento; pero el Il.·. H.·. Padilla, tal vez porque llegase á conocer las ofensas que le habia inferido Obed al oponerse á su exaltacion, desatendió las citaciones sucesivas, y no volvió á tomar parte en los trabajos. De importancia fué para éstos el concurso de dichos tres nuevos GGr.·. IIns.·. GGen.·.; pero al poco tiempo hubo de lamentarse la falta de otra cooperacion de más trascendencia, y sin la cual, no sólo era muy dificil, sino imposible, que la Asamblea pudiese llegar por el camino que se habia trazado á la reconstitucion del Gr.·. Or.·. de España en toda la pureza del Rito Escocés antiguo, estirpando, sin daño de nadie ni pérdida de material alguno aprovechable, las exóticas implantaciones yorkinas y francesas, con que la arbitrariedad cismática de 20 de Julio de 1870 lo habia desnaturalizado.

»Para llegar á este fin por tan prudentes medios, era de absoluta necesidad á la Asamblea tener en su seno la autoridad creada en aquella fecha: contando con la obediencia que debian prestarle los Cuerpos simbólicos é inefables naturalizados por el cisma en dichos ritos, la miraba como el indispensable conductor de su accion regeneradora.

»El Il.·. H.·. Tiberio Graco, en cuyas manos se hallaba esa autoridad, como se ha dicho, fué tambien alejándose de la Asamblea para dedicar su atencion á la política y al cumplimiento de los deberes de los altos puestos que obtuvo en el Gobierno del país.

»Y no fué la falta del concurso de tan Il.·. H.·., todo lo que halló de lamentable en las consecuencias de sus graves ocupaciones: por no poder con-

sagrar toda la atencion que requeria el ejercicio de
su autoridad, cuando era solicitada fuera de aquella Asamblea, produjo, por evidentes sorpresas, algunos actos de manifiesta irregularidad, que con-
tradiciendo el pensamiento de Ja Asamblea aceptado por el mismo, podian ser un dia nuevos apoyos
y medios de accion para el *cisma*: tales fueron los
nombramientos de Gr.·. Secr.·., Tes.·. y otros cargos de la Gr.·. Lóg.·. Simb.·.

»La Asamblea no pudo ménos de convenir en que
aquella situacion era insostenible, y que para salir
de ella, sin faltar á su propósito de evitar todo medio violento, no habia más que un recurso, cual
era: que el Il.·. H.·. CAVOUR 1.º, supuesto que, á consecuencia de los sucesos políticos habia cambiado
de residencia pasando á país extranjero, y no era de
esperar volviese pronto á ocupar el puesto, que
tambien su representante descuidaba, resignase el
cargo de Gr.·. Comend.·. ó diese por terminado su
tiempo, siendo así que habian trascurrido desde la
fecha en que lo recibió, 20 de Julio de 1870, los tres
años proscritos en las CConst.·. decretadas por el
mismo.

»En este sentido le dirigió la Asamblea el más
atento y cariñoso Bal.·. significándole que esperaba
de su amor al Instituto no retardase la resolucion
indicada, por exigirla los más grandes intereses de
la Ord.·.

»Esta era en efecto la esperanza de la Asamblea, y
su propósito, una vez obtenida la resignacion, proceder á la reconstitucion del Sup.·. Cons.·. con arreglo á lo prescrito para el caso en las CConst.·. de
1786; pero el Il.·. H.·. CAVOUR 1.º ni siquiera se sirvió contestarle, como tampoco le hubo contestado

14

á otro atento y cariñoso Bal.·. que le dirigió con motivo de su cambio de residencia.

»Tan injustificable silencio dió, por último, lugar á que la Asamblea conviniese en la necesidad de adoptar una resolucion definitiva, y para ello requirió la asistencia del Il.·. H.·. TIBERIO GRACO.

»En aquella solemne Ten.·. se propuso el abatimiento de CCol.·. del Gr.·. Or.·. como irregular desde que venian imperando los cismáticos hechos de 20 de Julio de 1870, para venir á su reconstitucion, comenzando desde luego por la del Supr.·. Cons.·. del gr.·. 33.

»El Il.·. H.·. TIBERIO GRACO pidió y obtuvo el aplazamiento de aquella proposicion, comprometiéndose á obtener, en un breve término, la contestacion del I.·. H.·. CAVOUR 1.º, á las indicaciones que le habia dirigido la Asamblea.

»En efecto, el mismo Il.·. H.·. TIBERIO GRACO la reunió el dia 28 de Setiembre de 1873 y le dió cuenta de una carta autógrafa del Il.·. H.·. CAVOUR 1.º, quien le participaba que hacia mucho tiempo tenia el inquebrantable propósito de renunciar todos sus cargos Mas.·.; que no lo habia realizado por atender al consejo de algunos amigos; pero que siendo un propósito inquebrantable, deseaba que á la mayor brevedad posible se le diese cumplimiento, y que para determinar la forma se pusiese de acuerdo con el H.·. MALTRANILLA (gr.·. 30).

»Oida dicha carta, la Asamblea la tuvo por bastante; pues las CConst.·. de 1786 no someten á solemnidad alguna las resignaciones de los GGr.·. CComend.·.; siendo por tanto buena cualquiera forma en que se hagan constar á los SSupr.·. CCons.·.

»Al mismo tiempo no pudo ménos de declarar

inconveniente la indicacion hecha al Il.·. Il.·. Tiberio Graco, de ponerse de acuerdo con el H.·. Maltranilla; extrañando que Cavour 1.º desconociese
que Tiberio Graco, prescinciendo de los cargos
que él mismo le habia conferido, sin más que por
su carácter de Sob.·. Gr.·. Ins.·. Gen.·., no debia
ir á ponerse de acuerdo con un grado inferior, mucho ménos en un asunto como éste, que por su naturaleza era privativo de los Supremos Cuerpos de
SSob.·..GGr.·. IIns.·. GGen.·.

»Seguidamente la Gr.·. Asamblea, constante en su
propósito de llegar por los medios ménos sensibles
á la purificacion del rito y la regularizacion del
Gr.·. Or.·., legalizando *todo lo legalizable,* para lo
cual contaba desde luego con la abnegacion de sus
Ill.·. Miembros, procedió á la reconstitucion del
Supr.·. Cons.·. del gr.·. 33, en la forma legal que se
indica en el Bal.·. de 7 de Octubre de 1870.

»Aquella Gr.·. Asamblea acordó que no obstante
la perfecta instalacion del Supr.·. Cons.·. continua-
ria su Ten.·. permanente hasta la completa reconstitucion del Gr.·. Or.·., para lo cual sería una facilidad notable la progresiva descomposicion en que
se hallaba éste.

»Los Presidentes de las CCám.·. de los ggr.·. 32 y
31 expusieron que estaban en completa desorganizacion y desiertas. Lo mismo expuso el Presidente de
la Cám.·. capitular del 30, y la Asamblea acordó
que ínterin se reconstituian regularmente estas tres
CCám.·., el Supr.·. Cons.·. asumiese sus respectivas funciones.

»El Presidente del Cap.·. general expuso tambien
que, no sólo se hallaba casi desierto, sino que
áun entre sus pocos Miembros los habia que re-

presentaban CCap.·. que no estaban en trabajos.

»Numerosas LLóg.·. SSimb.·. acudian al Supr.·. Cons.·. contra los actos del Gr.·. Secr.·. inter.·. de la Gr.·. Lóg.·. Simb.·. *Arquímedes*, que habia dirigido al Supr.·. Cons.·. la plan.·. siguiente:

'A.·. L.·. G.·. D.·. G.·. A.·. D.·. U.·.—Lugar de un sello en seco de la Gr.·. Log.·.—Al Supr.·. Cons.·. del 33 y último gr.·. del Rito Esc.·. ant.·. y acep.·. del Sermo. Gran Oriente de España, envía y desea. —El Gran Secret.·. interino de la Gr.·. Lóg.·. Simb.·. —S.·. F.·. U.·.—SSob.·. GGr.·. IInsp.·. GGen.·.: Creyendo faltar á un deber de conciencia si por más tiempo dilatase el elevar hasta vosotros mi respetuosa voz, así como no pudiendo nunca perdonarme la responsabilidad que me impusieran los incalculables perjuiéios que al órden pueden resultar, de una morosidad y contemplacion imperdonables, me decido hoy á llamar á las puertas de ese Sap.·. Consej.·. para que, abiertas éstas, pueda exhalar los ayes del dolor masónico que me abruman.—Hace dos meses, Ill.·. y SSob.·. IIns.·. GGen.·., que sólo el celo probado de algunos, muy pocos masones, ha podido sostener la inmensa pesadumbre de la reorganizacion masónica, en cuanto se refiere al simbolismo. Para ello contábamos con la legítima ayuda y proteccion de nuestras reconocidas Autoridades masónicas; pero al ver que esto nos falta, al notar la indiferencia con que por quien menos que nadie debia, son mirados los asuntos de esta Gr.·. Lóg.·., hasta el extremo de no poder obtener, á veces, una firma interesante, sino despues de muchos dias, cuando el que suscribe ha tenido el sentimiento de ver que, despues de estar tres horas confundido en

una antesala, entre porteros y postulantes, han sido
preferidos á él, que iba de servicio masónico, otros
dignísimos HH.·. que iban sencillamente de visita,
cuando el que suscribe ve con dolor paralizadas
las tareas de todas las CCom.·. de la Gr.·. Lóg.·.
por no completarse á su debido tiempo el cuadro de
sus respectivos OOf.·., á pesar de las reiteradas
instancias que han sido hechas al que podia reme-
diarlo: considerando el increible perjuicio y consiguiente paralizacion que sufren los trabajos de
reorganizacion en los momentos en que las disposiciones de la Com.·. de Jus.·. conjuntamente
con la de Hac.·. debian contribuir á la definitiva
regularizacion de algunos TTall.·., que sin esto,
no quizá sin algun fundamento, busquen luz en
otro centro: considerando que, segun de los trabajos de esta Gr.·. Secret.·. se desprende, hay
TTall.·. en la lengua de España que pretendiéndose
hijos del Oriente de España, sólo acatan y obede-
cen órdenes de personas que, siendo muy dignas,
no son competentes para ello, y acreditan no ser
tan buenos masones, como de ellos debiera esperarse: considerando que de seguir la Gr.·. Secret.·.
en el abandono en que hoy se encuentra por su primera autoridad, el Orden todo ha de resentirse y la
responsabilidad en que yo incurriria si no señalase
estos males á quienes los puede remediar, y no
queriendo el que suscribe incurrir en ella, acude á
vuestra Autoridad, superior á la de todos, para pedir que inmediatamente, y para evitar mayores
males, pongais esta Gr.·. Secret.·. y sus trabajos bajo vuestra inmediata proteccion y dependencia, sin
perjuicio de lo que haya lugar en derecho masónico.—Ruego al G.·. A.·. D.·. U.·. que proteja vues-

tros trabajos y prospere el Orden, saludándoos con los n.·. s.·. y b.·. q.·. m.·. s.·. c.·.—Trazado en la Gr.·. Secret.·. de la Gr.·. Lóg.·. Simb.·. á los 30 dias de Agosto de 1873 (e.·. v.·.)—El Gr.·. Secret.·. Int.·.—*Arquímedes.*—Un sello que dice *Pedro Narice*—30 —Otro sello y contraseña.—Secretaría de la Gr.·. Lóg.·. Simb.·.'

»Tal era el estado del Gr.·. Or.·. de España cuando la Gr.·. Asamblea acordó expedir el Bal.·. de 12 de Diciembre de 1873, arreglando sus disposiciones á los preceptos y principios de las CConst.·. de 1786 y de los EEstat.·. GGen.·. de la Francm.·. escocesa, examinados y sancionados por el Gr.·. Or... de Nápoles en 23 de Diciembre de 1820, cuyos EEstat.·. fueron adoptados en España el siguiente año 1821, y continuaron observados hasta el 20 de Julio de 1870.

»Bien sabia la Asamblea el efecto que debia producir aquel Bal.·. en los espíritus que, mal hallados con toda ley, venian diciéndose escoceses y solicitando los más altos grados de este rito, y al propio tiempo llevaban á los Cuerpos Simb.·. é IInef.·. las aspiraciones de independencia y soberanía propias del de york y del francés; pero no les daba importancia ante la sensatez de la inmensa mayoría, ansiosa del momento en que la perfecta purificacion del rito y la estricta observancia de las leyes y doctrinas masónicas restableciesen la regularidad del Gr.·. Or.·. y le diesen la legal organización y la fuerza depuradora que necesitaba para eliminar las pasiones políticas y otras aspiraciones Prof.·. que venian desnaturalizando y perturbando la severidad de los TTrab.·. MMas.·.

»Por esto mismo, cuando hubo visto en una publicacion titulada *Boletin del Gr∴ Or∴ de España* una série de artículos firmados por MOISÉS—30, en los que con las más falsas aseveraciones se atacaba al Supr∴ Cons∴ del gr∴ 33 y se ponian en duda las CConst∴ de 1786, se habia limitado á declarar la irregularidad de dicha publicación y de cualquiera otra que no apareciese expresamente autorizada por el Supr∴ Cons∴; prohibiendo á todos los CCuerp∴ y MMas∴ de su obediencia contribuir de modo alguno á ellas.

»Por lo mismo tambien no se ocupó del apoyo que aquella propaganda cismática encontró desde luego, segun la misma publicación, en la Lóg∴ *Mantuana* y alguna otra, y particularmente en los HH∴ MALTRANILLA, ANNIBAL, JULIO I, CAYO GRACO y ARQUÍMEDES; no obstante estar revestidos del gr∴ 30 los tres primeros y del 31 los dos últimos, cuyo grado, en virtud del acuerdo ántes referido, recibieron del mismo Sup∴ Cons∴ prestando el solemne juramento en su presencia y manos del Illmo∴ Dip∴ Gr∴ Comend∴ JUNIO BRUTO.

»Lo que sí vió con profundo sentimiento fué que el Gr∴ Ins∴ Gen∴ PERTUSA, rompiendo todos sus juramentos y principalmente los que habia hecho al tomar asiento en el Supr∴ Cons∴, y violando el acuerdo de la Gr∴ Asamblea relativo á las publicaciones, abandonó su puesto con la declaración de que *estaba cansado de masonería,* y se fué á colaborar con el H∴ ARQUÍMEDES en la publicacion de otro *Boletin masónico,* creado por éste como Gr∴ Secr∴ Int∴ de la Gr∴ Lóg∴ Simb∴ y á expensas de los fondos de ésta, segun se expresaba en su prospecto. Habiendo sido además acusados de hallarse, hacia tiempo, unidos en los cismáticos tra—

bajos, siendo los que principalmente los excitaban; la Asamblea acordó la suspensión de sus derechos MMas.·., con el objeto de contenerles en su camino, mientras la luz de la regularidad, que iba pronto á ser hecha en todas partes, les diese á conocer sus errores y les mostrase la línea de su deber.

»Tal vez no se equivocase la Asamblea al concebir esta esperanza respecto del H.·. Pertusa; pero acerca de Arquímedes su error fué tristemente completo, pues desobedeció la órden del Sob.·. Gr.·. Comend.·. Tiberio Graco, negándose á entregar la Gr.·. Secretaría de la Gr.·. Lóg.·. Simb.·. al triángulo comisionado por el mismo para hacerse cargo de ella, triángulo del que formaba parte el Gr.·. Ins.·. Gen.·. Mina, Gr.·. 1.er Vlg.·. de la Gr.·. Lóg.·. Simb.·., única dignidad que se conservaba de los que fueron nombrados por aquel Cuerpo; se declaró en abierta rebelión, y á los pocos dias publicó un libelo altamente calumnioso contra el Sup.·. Cons.·., y en particular contra varios de sus Ill.·. Miembros, quienes no se ocuparon de él, teniendo por bastante el fallo que debia merecer de cuantas personas sensatas lo leyesen.

»Al mismo fallo dejaron tambien otras subversivas é injuriosas publicaciones, tales como la titulada 'Un programa.—Al pueblo masónico', que apareció con las firmas de *Mariano Foncillas, Francisco Novales, Manuel Ricord, Sergio Martinez del Bosch, José María Maruri, Blas Lujan, Juan Barales, Fernando Suarez Inclan, Francisco Cabrero, Emilio Corral Martin, Francisco de Arce, Cárlos Alejandro Donon*, titulándose todos simplemente MMaes.·. MMas.·., y abandonando así sus nombres MMas.·. y ggr.·. superiores que muchos de ellos tenian, cuales eran: PERTUSA, gr.·. 33; MALTRANILLA, gr.·. 30; ANNIBAL, gr.·. 30; CAYO GRACO, gr.·. 31; DANTON, gr.·. 3.º, etc.

»Llegaron los dias señalados en el Bal.·. de 12 de Diciembre para la instalacion del Cap.·. Gen.·. y de la Gr.·. Lóg.·. Simb.·.

»Comenzaron los TTrab.·. preparatorios para la de este último Cuerpo con la asistencia de los legítimos representantes de la mayor parte de las LLóg.·., que si no eran todas las del Rito Escocés que existen en España, eran cuantas en las tristes circunstancias en que se hallaba el país, pudieron acudir de las que no habian sido irregularizadas por las activas sugestiones de la indicada agrupacion cismática. En aquellos TTrab.·. preparatorios, el Maes.·. Mas.·. (Ven.·.) DANTON, que habia figurado entre los firmantes del referido programa, declaró que si prestó aquella firma hubo sido de buena fe, creyendo no faltar, sino contribuir, al mejor servicio de la Ord.·. uniéndola á las de HH.·. revestidos de tan altos grados; pero que habiendo conocido felizmente su error, protestaba de él y suplicaba la necesaria indulgencia, con la que fué cariñosamente aceptado.

»Mas no por esto quedó allí sin defensor el *cisma*, pues el Cab.·. Kad.·. FULTON usó de la palabra para hacer su causa; pero atajado en su camino por el Sob.·. Gr.·. Ins.·. Gen.·. ALLAN-KARDEC desde el sitial de Gr.·. 1.er Vig.·., que accidentalmente ocupaba, llamando la atencion del Il.·. Dip.·. Gr.·. Comend.·. acerca de las subversivas y cismáticas doctrinas que el H.·. FULTON emitia, y viendo por otra parte que no habia producido el efecto de su evidente propósito, salió del Temp.·., despues de lo cual continuaron y se terminaron los TTrab.·. de instalacion, no sólo sin otro incidente que los perturbase, sino con toda la severa regularidad propia de tan solemnes actos.

»El Supr.·. Cons.·. expidió á dichos dos Cuerpos las Patentes que á la letra dicen así:

'Este Supr.·. Cons.·. de SSob.·. GGr.·. IIns.·. GGen.·. de la Ord.·., que por los artículos 8.° y 12.° de los Estatutos y Constituciones deliberadas, hechas y ratificadas en 1.° de Mayo de 1786, se halla revestido de la Soberanía masónica en la nacionalidad española:—Por cuanto, de su órden y llamamiento, los legítimos representantes de los CCap.·. Rosa Cruz del Rito Escocés antiguo, constituidos en el territorio de su exclusiva soberanía masónica, que se hallan sometidos á ésta, se han congregado é instalado en Gran Consejo ó Capítulo general, bajo la presidencia del Pod.·. Sob.·. Gr.·. Comend.·. y en su lugar del Illmo.·. Diputado Gr.·. Comend.·., con el concurso de los Ill.·. Miembros de las SSubl.·. CCám.·.—Por tanto, expide á favor de dicho *Gr.·. Capítulo General* esta *Patente constitutiva.*—Y de conformidad con lo dispuesto en el art. 6.° de los mencionados EEstat.·. y CConst.·. de 1786, que dispensa á este Supr.·. Cons.·. de ejercer siempre su autoridad directamente hácia los grados inferiores al 17°, sin perjuicio de la reserva establecida en el mismo artículo é ínterin se constituyen la Subl.·. Gr.·. Lóg.·. de Perfeccion y el Gr.·. Consejo de Príncipes de Jerusalen, delega en dicho Gr.·. Cap.·. Gen.·., segun se halla instalado, lo bastante de su autoridad constituyente y legislativa, en cuanto corresponde á los referidos grados inferiores al 17°

hasta el 4.º inclusive.—Asimismo, y con las indicadas *limitaciones* y *reserva*, extiende esta delegacion á lo concerniente al mencionado grado 17º y aun el 18º, si bien al ejercerla respecto de estos dos grados el Gr.·. Cap.·. Gen.·. expresará siempre hacerlo por comision y en nombre de este Supr.·. Cons.·.—En virtud de esta *Patente*, y bajo las condiciones de la misma, dicho Gr.·. Cap.·. Gen.·., *tal como se halla instalado,* usará el título de *Soberano*, y ejerciendo todas las altas funciones de Gr.·. Or.·. respecto de los mencionados grados desde el 4º hasta el 18º inclusives, otorgará las Patentes Constitutivas á los Cuerpos de nueva creacion en los referidos grados, y las de afiliación á los que erigidos por la autoridad de otros GGr.·. OOr.·. regulares, se pongan bajo nuestra legítima soberanía: percibirá los derechos de Patentes y las cotizaciones que todas las LLóg.·. de Perfeccion y CCap.·. deben pagar al Gr.·. Or.·.: deliberará y hará los Reglamentos ó Constituciones que le hayan de regir en su naturaleza de tal seccion del Gr.·. Or.·. y aquellas con arreglo á las cuales se haya de organizar para conocer en lo puramente litúrgico y disciplinario de los referidos grados; cuyas Constituciones ó Reglamentos someterá á la revision y aprobacion de este Supr.·. Cons.·.— Deliberada, hecha y ratificada, etc.

»Este Supr.·. Cons.·. de SSob.·. GGr.·. IIns.·. GGen.·. de la Or.·. que por los arts. 8.º y 12.º de los Estat.·. y CConst.·. deliberadas hechas y ratificadas en 1.º de Mayo de 1786 se halla revestido de la Soberanía masónica en la nacionalidad española.—Por cuanto de su órden y llamamiento los legítimos representantes de las LLóg.·. SSimb.·. del Rito Escocés antiguo que se han constituido en el territorio de su exclusiva Sob∴ Mas∴ y se hallan sometidos á ésta, se han congregado é instalado en Gr∴ Lóg∴ Simb∴ bajo la presidencia del Pod∴ Sob∴ Gr∴ Comend∴, y en su lugar del Illmo∴ Dip∴ Gr∴ Comend∴, con el concurso de los Ill∴ Miembros del Sob∴ Cap∴ Gen∴ y de las SSubl∴ CCám∴—Por tanto expide á favor de dicha Gr∴ Lóg∴ Simb∴ esta *Patente constitutiva*, y de conformidad con lo dispuesto en el art. 6.º de los mencionados Estatutos y Constituciones, que le dispensa de ejercer siempre directamente su autoridad hácia los grados inferiores al 17º, con el objeto de que dicha Gr∴ Lóg∴ Simb∴, *tal como se halla instalada*, pueda ejercer todas las altas funciones de Gr∴ Or∴ respecto de los tres primeros grados simb∴, *sin perjuicio de la reserva establecida en el mismo citado artículo 6.º*, y por el tiempo que este Supr∴ Cons∴ lo estime conveniente, delega en ella lo bastante de su autoridad constituyente y legislativa en cuanto concierne á los tres primeros grados.—En virtud de esta delegacion la misma Gr∴ Lóg∴ Simb∴ otorgará las Patentes Constitutivas á los TTall∴ de nueva creacion, y las de afiliacion á los erigidos por otros GGr∴ OOr∴ regulares, se pongan bajo nuestra Soberanía: percibirá los derechos de dichas Patentes, y las cotizaciones que todos los TTall∴ deben pagar al Gr∴ Or∴, deliberará y hará los Reglamentos ó Constituciones que le hayan de regir en su naturaleza de seccion del Gr∴ Or∴, y aquellos con arreglo á los cuales se haya de organizar para conocer en lo puramente litúrgico y disciplinario de los tres referidos grados; cuyas Constituciones ó Reglamentos se someterán á nuestra revision y aprobacion.—Deliberada, hecha y ratificada en... etc. '

»La Gr∴ Lóg∴ de Administracion fué tambien instalada, y comenzó á funcionar con arreglo á las prescripciones del Bal∴ de 12 de Diciembre de 1873, siendo sus primeros acuerdos: Que no se exigiese nada á las LLóg∴ y CCap∴ por razon de cotizaciones anteriores al 1.º de Enero del corriente año, y que liquidándose lo que anteriormente hubiese cotizado, se tómasen por tipos, á los que hubiesen de ajustarse los demás, el Cap∴ y la Lóg∴ que ménos hubiesen cotizado, y se abonase el 25 por 100 de las cotizaciones sucesivas hasta el completo reintegro del excedente de dichos tipos á las LLóg∴ y CCap∴ que en mayor cantidad hubiesen cotizado.

La Gr∴ Asamblea de SSob∴ GGr∴ IIns∴ GGen∴, despues de estos satisfactorios resultados de sus largos é incesantes ttrab∴, viendo restablecido en el Gr∴ Or∴ de España el imperio de las leyes básicas de la Or∴ y asegurada en él la observancia del Rito Escocés antiguo, libre de toda implantacion extraña, creyó llegado el dia de dar por terminada su Ten∴ permanente, y así lo acordó, dejando al Supr∴ Cons∴ del gr∴ 33 en toda la autoridad y la plenitud de las funciones que le disciernen las CConts∴ de 1786, con arreglo á las cuales habia sido, como se ha dicho, solemnemente instalado en 28 de Setiembre de 1873.

»Entre tanto, la agrupacion cismática, que desde la instalacion de la Gr∴ Lóg∴ Simb∴ venia siendo ostensiblemente encabezada por el Cab∴ Kad∴ FULTON, reconociendo su importancia para impedir los progresos de este Gr∴ Or∴, ni siquiera para perturbar en parte alguna la regularidad de sus ttrab∴, promovió una conferencia con el Illmo∴ Dip∴ Gr∴ Comend∴ y algunos SSob∴ GG∴ IIns∴

GGen.·.; protestando para conseguirla su obediencia al Sup.·. Cons.·. y su fidelidad al Rito Escocés
antiguo.

»No sólo una, sino varias, fueron las que le concedió el amor fraternal, que, á pesar de su conducta antimasónica, les profesaban; esperando que el
paso dado al acercarse á ellos, era el primero en
el camino de su regularizacion, impulsados por su
conciencia. Pero así esta esperanza como aquellas
conferencias quedaron por último sin efecto; habiéndose obstinado el Cab.·. Kad.·. FULTON, y algunos de los que le acompañaban, en imponer al
Sup.·. Cons.·. (esto á pesar de la obediencia que le
protestaban), que disolviese la Gr.·. Lóg.·. Simb.·.
convocada por el mismo é instalada con las solem-
nidades dichas, sin alegar otra razon que la de no
haber asistido ellos, ni tenido parte en la eleccion
é instalacion de sus GGr.·. DDig.·. y OOfic.·...

»El Illmo.·. Dip.·. Gr.·. Comend.·. y los SSob.·.
GGr.·. IIns.·. GGen.·. que le acompañaban, sin perder nunca su actitud benévola y cariñosa, se esfor-
zaron en hacerles comprender lo inadmisible de
tal pretension, asegurándoles que procuraban olvidar hasta el haberla oido, y se separaron de ellos
amonestándoles á que en vez de continuar en su actitud contra la Gr.·. Lóg.·. Simb.·., procurasen ponerse en condiciones de tomar parte en sus trabajos, pues en ella era donde habian de discutirse y
acordarse las proposiciones que habian presentado en aquellas conferencias, toda vez que habian
desistido de algunas y admitido en otras la depu-
racion de las exageraciones que las hacian contrarias al rito.

»El Sup.·. Cons.·., conocedor de aquellas conferencias y su resultado, benévolo siempre como el Illmo∴ Dip∴ Gr∴ Comend∴ y los GGr∴ IIns∴ GGen∴ que las habian celebrado, y continuando en su propósito de no sólo no cerrar, sino que ni dificultar el camino de la regularizacion á cuantos quisieran seguirlo al volver de sus errores, esperó del mismo peso de éstos y del tiempo el efecto que no habian conseguido sus cariñosas y autorizadas amonestaciones. Y es indudable que así hubiera sucedido de no ocurrir un hecho cuya sola presuncion habria sido calificada de grande indignidad en cualquiera que la hubiese manifestado.

»Los cismáticos acudieron como último recurso á Cavour 1.º, contando seguramente con que, hecho en tres dias consecutivos aprendiz Mas∴ en la Lóg∴ *Mantuana*, Comp∴ y Maes∴ en la *Caridad*, gr∴ 15 en un Or∴ irregular, y 33 y Gr∴ Comend∴ por una fraccion cismática del Sup∴ Cons∴ del Gr∴ Or∴ de España, segun la ya citada acta de 20 de Julio de 1870, y todo esto en medio de las grandes atenciones de su alta posicion política, no era de creer poseyese los conocimientos mmas∴ necesarios para estar á cubierto de una sorpresa.

»Y en efecto Cavour 1.º fué grandemente sorprendido, pues no es de creer que de otro modo hubiese olvidado el referido Bal∴ de la Gr∴ Asamblea de SSob∴ GGr∴ IIns∴ GGen∴ amonestándole á declarar terminado el tiempo de su cargo de Sob∴ Gr∴ Comend∴ por las razones en él expresadas; ni la mencionada carta que habia dirigido á su legítimo representante, como Ten∴ Gr∴ Comend∴ y Gr∴ Maest∴ adj∴ Tiberio Graco, participándole su inquebrantable propósito de dejar todos sus cargos mmas∴ y significándole su deseo de que esta dejacion tuviese cuanto ántes cumplido efecto, ni de quién y cómo hubo recibido su cargo de Sob.·. Gr.·. Comend.·. en la citada fecha de 20 de Julio de 1870; ni las inquebrantables prescripciones de las leyes básicas de la Francmasonería escocesa al firmar un Bal.·. fechado en 1.º de Enero del corriente año 1874 y presentado al Sup.·. Cons.·. en su Ten.·. de 5 de Febrero, por el Sob.·. Gr.·. Ins.·. Gen.·. JUAN BRAVO, cuyo Bal.·. á la letra es como sigue:

'A.·. V.·. T.·. O.·. S.·. A.·. G.·.—*Ordo ab Chao.*— *Deus meumque Jus.*—Al Sup.·. Gran Consejo del 33 y último grado del Rito Esc.·. ant.·. y acep.·. del Gran Or.·. de España saludamos y enviamos—S.·. E.·. P.·.—Nos CAVOUR PRIMERO (M. R. Z.) por la voluntad del pueblo más.·. Sob.·. Gran Comend.·.;—Considerando que el estado de alejamiento en que voluntariamente nos encontramos puede perjudicar á los intereses que nos están encomendados en el Or.·.;—Considerando que el período de tres años de que hablan las Grandes Constituciones del Gran Or.·. de España para el mandato de Gran Comend.·. se ha extinguido, sin que la voluntad del pueblo más.·. ni del Sup.·. Consejo nos haya sido significada;—Considerando que no nos es posible fijar la duracion de nuestra ausencia de la residencia de la Capital del Gran Or.·. de España, y deseando que esta nuestra situacion no embarace por más tiempo la marcha orgánica de la Mas.·. Española;—Voluntariamente y para la mayor gloria del Or.·., damos por terminado nuestro mandato, devolviendo al pueblo más.·. la suprema dignidad de Gran Comend.·. de que fuimos por él investidos.—Al suplicar á ese Sup.·. Consejo lo haga así presente al pueblo mas.·. español, le rogamos se digne aceptar los fervientes votos que desde nuestro retiro hacemos por la prosperidad y grandeza de la institucion y por el brillo y gloria del Gr.·. Or.·. de España.—Con el amor de nuestro corazon os saludamos con l.·. n.·. s.·. y b.·. q.·. n.·. s.·. c.·. Dado en nuestro Gabinete particular en Palencia el dia primero de Enero del año mil ochocientos setenta y cuatro de la Era Vulgar.—*Deus meumque Jus.*—Manuel R. Zorrilla.— C. 1.º— '

»El Sup.·. Cons.·. hubiese querido poder tambien olvidar los indicados precedentes de este Bal.·. para no ver en él más que la irregularidad masónica en que se halla concebido y trazado desde su cabeza hasta su antefirma y en triángulo azul con el número 33; que todo esto podia ser imputable á un abuso hecho de su falta de conocimientos masónicos; pero era imposible este olvido, y, sin embargo, constante siempre en su actitud benévola, no acordó acerca de tan censurable documento sino que se uniese al expediente del Il.·. H.·. que lo habia autorizado con su firma, para si en algun tiempo llegaba á tomar asiento en este Sob.·. Cuerpo le fuese mostrado ántes, dándole por medio de la indispensable regularizacion de sus ggr.·. la necesaria luz para el conocimiento y abjuracion de los errores en que resultaba inducido.

»Mas no se limitaron á dicho Bal.·. los efectos de la sorpresa padecida en aquel Il.·. H.·.; pues los hubo de más tristes consecuencias.

»Al mismo tiempo que dirigiéndose, como se ha visto, al Sup.·. Cons.·., reconocia su existencia y

autoridad, sin que obstasen á ello las negaciones
de las leyes básicas del Rito Escocés antiguo, que
en tal documento aparecen, prescindió por completo de esa autoridad, desconociendo la perfecta legalidad de la Gr.·. Lóg.·. Simb.·. por ella convocada,
instalada y revestida del necesario poder constituyente, pues dispuso la convocatoria á otra Gr.·.
Lóg.·. Simb.·., expresando ser su objeto que se pre-
sentase en ella su renuncia del cargo de Gr.·.
Maest.·.

»En esta disposicion prescindió tambien del Il.·.
H.·. á quien habia conferido su representacion y
dado á conocer á la Gr.·. Asamblea[de SSob.·. GGr.·.
IIns.·. GGen.·., como Ten.·. Gr.·. Comend.·. y Gr.·.
Maest.·. Adj.·., pues la cometió al Il.·. H.·. JUAN
BRAVO, quien prescindiendo igualmente del Sup.·.
Cons.·., se valió á su vez para su cumplimiento del
Gr.·. Ins.·. ARQUÍMEDES, sin considerar la actitud
y estado en que se hallaba, y sólo por cuanto obra-
ba en su poder la Gr. Secr.·. de aquella Gr.·. Lóg.·.
Simb.·., compuesta de diferentes ritos, que ántes
hubo existido, habiéndole sido confiada interina-
mente, y alzádose con ella contra la misma autoridad que se la confió, y contra la más inviolable del
Sup.·. Cons.·. que habia decretado la suspension
de sus derechos masónicos.

»Inmenso asombro produjo en este Sob.·. Cuerpo la noticia de tan grave acto, y no fué menor el
que causó la intervención que en él tuvo el Sob.·.
Gr.·. Ins.·. Gen.·. JUAN BRAVO, aquel celoso Mas.·.
escocés, que en su Bal.·. de 21 de Diciembre de 1872
habia dicho á CAVOUR 1.º:

'Pongo respetuosamente en vuestras manos la

renuncia del alto cargo de Gr.·. Maest.·. Adj. de la Mas.·. Simb.·. *dependiente* del Srmo.·. Or.·. de España, con que os dignásteis honrarme.—Al dimitir, honda pena me abruma; pero mi delicada salud y gravísimas atenciones, cada vez en mayor número, me imponen esta resolucion, meditada y pesada una y otra vez en el santuario de la conciencia propia.—He conservado y conservo incólumes esa gran fe que jamás se extingue en las almas buenas, cuyas aspiraciones inmortales son la libertad y el progreso humanos, y el más profundo respeto á los Estatutos generales del Ord.·., arca santa de nuestras creencias y doctrinas, las cuales no pueden sufrir alteracion ni menoscabo, ínterin no sea convocada y acuerde otra cosa una *Dieta General* de todo el Orbe masónico.—Recibid, muy Il.·. y muy Pod.·. Gr.·. Maest.·., con el homenaje de mi gratitud y mi cariño, un abrazo fraternal.—Que el Gr.·. A.·. D.·. U.·. os guie y os proteja.—Trazado en mi Gab.·. particular á 21 de Diciembre de 1872 (e.·. v.·.).'

»El Sob.·. Gr.·. Comend.·. Tiberio Graco no perderia su fe Mas.·., pero sí su salud, pues por tenerla quebrantada y necesitarlo para atender á su restablecimiento resignó su alto cargo, despues que hubo visto las firmas de estos Ill.·. HH.·. producidas contra su autoridad, en la série de libelos infamatorios titulada *Boletin de la Mas.·. Simb.·. del Gr.·. Or.·. de España;* abonando en cierto modo las gravísimas injurias y calumnias que en ellos se venian infiriendo, más que á su personalidad masónica á la civil, bajo cuyo nombre se le dirigian con exhibicion de la identidad de ambas personalidades, para lo cual nadie sino el interesado tiene derecho en una Nacion como la española, cuyas preocupaciones contra la Francmasonería, si no son hoy bastante poderosas para que el Francmason sea perseguido, son aún sobradas para que se vea generalmente rechazado.

»Con arreglo á lo prescrito en las Const∴ de 1786, el Ilⅼmo∴ Dip∴ Gr∴ Comend∴ JUNIO BRUTO sucedió al Sob∴ Gr∴ Comend∴ TIBERIO GRACO, y nombró para que ocupase su lugar al Gr∴ Ins∴ Gen∴ NEPHTALÍ.

»A continuacion anunció al Supr∴ Cons∴ que se hallaba en la imprescindible necesidad de trasladarse temporalmente á la provincia de Lérida, y asegurando que sería lo más breve posible su ausencia, pidió que ésta, pues quedaba tan dignamente representado, no perjudicase ni entorpeciese en lo más mínimo los trabajos y deliberaciones; contando siempre con que, cualquiera que fuese su importancia, las consideraria como hechas con su personal concurso, y en todo tiempo las mantendria como perfectas resoluciones del alto Cuerpo á quien las citadas CConst∴ de 1786 disciernen la Soberanía.

»Entre tanto la agrupacion cismática, en cuyo auxilio se produjeron las citadas convocatoria y renuncia de CAVOUR 1.º, tomó ya otro carácter.

»Con estos documentos, y agitándose como siempre se agitan los sectarios, y puede verse particularmente en el número 3.º de su *Boletin*, encontró nuevos adeptos entre los MMas∴, sin otra luz que la incierta hecha en el Gr∴ Or∴ de España desde el 20 de Julio de 1870, ó la propia de ciertos GGr∴ OOr∴ que no ha bastado á darles color, y con éslos y el concurso de los *azules,* cuyo rito siempre tiende, como es natural, á imponerse, ó por lo ménos á imprimir la posible reforma en el Escocés antiguo, intentó constituirse en Gr.·. Lóg.·. Simb.·. (*Boletin* número 7.º), y exaltar, no sólo al grado de Gr.·. Maest.·., sino (¡cosa admirable!) al de Sob.·. Gr.·. Comend.·., *por el sufragio universal* (á usanza de la sociedad política), al Gr.·. Ins.·. Gen.·. OBED, separado, como se ha visto, de la Gr.·. Asamblea de SSob.·. GGr.·. IIns.·. GGen.·.

»Así este Il.·. H.·., por la gracia de algunos de los que, al ocuparse de él, mientras permaneció en el Sup.·. Cons.·., acreditaban carecer del respeto debido á su jerarquía, por más que la ley lo hiciera obligatorio, fué hecho más poderoso que el *Tres veces Potentísimo,* más equitativo que *El muy Equitativo,* más sábio y más perfecto que *El Sapientísimo y Muy Perfecto,* y en su virtud mereció una cariñosa felicitacion de CAVOUR 1.º, de aquel Il.·. H.·. que ni siquiera concedió una contestacion al Supr.·. Cons.·., cuando, por consideracion á su persona y á las conveniencias que se dejan indicadas, le guardaba todos los respetos debidos á la jerarquía de Sob.·. Gr.·. Comend.·., por más que la hubiese recibido de un hecho ilegal, esperando que él mismo le facilitase la ocasion y los medios de legalizarlo, á la manera que por último hubo de hacerlo en el que á la sazon venia siendo su representante, el Il.·. H.·. TIBERIO GRACO.

Aquella agrupacion, respondiendo á las indicadas cualidades propias de la jerarquía de su Presidente, no se contentó ya con el carácter de Gr.·. Lóg.·. Simb.·. que la habia dado la Convocatoria hecha por el delegado de CAVOUR 1.º, pues tomó el de *Sapientísima* Gr.·. Lóg.·.; luego, en completo olvido de tan evidente orígen, se declaró Gr.·. Cám.·. Constitùyente, afirmando que se halla en Tenida magna permanente desde 8 de Diciembre de 1872, segun su *Boletin* número 10, páginas 154 y 155, y por último, se revistió de todo el poder necesario para trasmitir á sus comisiones el derecho de procesar, no sólo á los SSob.·. GGr.·. IIns.·. GGen.·., sino á los GGr.·. OOf.·. y DDig.·. del Sup.·. Cons.·. del gr.·. 33: de aquel mismo Supr.·. Cons.·. cuyas concesiones se habian solicitado poco antes en las indicadas conferencias á que tambien se refiere el expresado *Boletin* en su página 169, ocupándose de cierto proyecto de Constitucion, en cuyas formacion y remision á las LLóg.·. parte ninguna tuvieron, ni ménos conocieron nunca lo que en él pueda decirse, los GGr.·. IIns.·. GGen.·. CATON DE UTICA, MOISÉS y JUNIO BRUTO, que se citan: de aquel Supr.·. Cons.·. á quien CAVOUR 1.° dirigió el transcrito Bal.·., y de cuya autoridad los que, abandonando ahora los nombres que tomaron ál hacer su profesion masónica, se firman Sergio Martinez del Bosch y Pedro Narice, recibieron el gr.·. 31, haciendo el debido juramento en su presencia y en manos del entonces IIlmo.·. Diputado Gr.·. Comend.·. JUNIO BRUTO, cuya acusacion, con las dé los demás GGr.·. OOf.·. y DDig.·., ha hecho el primero, ostentando este grado en su firma. Todo esto resulta de su citado *Boletin* número 10, correspondiente al 25 de Abril.

»Y todavía resulta más: el *Caballero Kadosch* FULTON, que tambien abandona su nombre masónico y se firma Juan A. de Rodriguez Trio, certifica que los procesos formados á los GGr.·. OOf.·. del Supr.·.

Cons.·. firmantes de los BBal.·. de 7 de Octubre y 12 de Diciembre, han sido entregados al Sup.·. Cons.·. que debe juzgarlos, obrando archivados por el mismo los correspondientes recibos.

»¿Quién firma esos recibos?

»¿Qué Supremo Cons.·. es ese, supuesto que no se trata del que se compone de los procesados, del constituido con arreglo á la ley de 1786, en el cual nada se ha recibido?

»¿Se habrá creado tambien por *sufragio univer-sal*, como su Sob.·. Gr.·. Comend.·.?

»Los SSup.·. Cons.·. del gr.·. 33 son privativos del Rito Escocés antiguo; no pueden constituirse sino es con arreglo á lo dispuesto en las citadas Const.·. y Estat.·. de 1.º de Mayo de 1786, ni pueden cambiar la naturaleza, ni menoscabar las atribuciones que reciben de las mismas.

»Y sin embargo dicen tener un Supr.·. Cons.·. de este gr.·. los sublevados contra el de España, porque en 28 de Setiembre de 1873 se constituyó en esa forma, y en 7 de Octubre decretó lo que estimó necesario para llegar á las debidas regularizacion y organizacion de la Francmasonería nacional: los que le han acusado de *obstinada rebeldía (Bole-tin* número 4, página 62) por no haber faltado á sus más imprescindibles deberes para someterse á la voluntad de los que renacieron en la Ord.·. ó aceptaron el Rito Escocés antiguo, y recibieron en él sus grados, jurándole respeto y obediencia; los que para imponérsele han buscado el apoyo de las LLóg.·., agitándolas por una parte con promesas, y por otras con calumnias contra el Sob.·. Cuerpo y sus Ill.·. Miembros, apurando todos los medios de la difamacion, sin que en ello les contuviera el menor respeto de sí mismos, ya que no lo tenian de nombres que inmaculados en el mundo, no parecia posible viniesen á ser injuriados en la Ord.·. que debia serles su más inviolable sagrado; los que en su *Boletin* número 6, página 91, menospreciando los principios y leyes fundamentales del Instituto, dicen: 'En el estado actual de la civilizacion y del 'progreso social, la verdadera Mas.·., su verdade-'ra fuente de poder, de fuerza y de influencia, está 'en el Simbolismo; pongamos á su frente como 'Gr.·. Maest.·. un hombre que tenga plan, pensa-'miento y energía bastante para hacer de la Mas.·. '*un poder del Estado,* en beneficio de todos los 'HH.·., y muy especialmente de la Institucion, bur-'láda hasta ahora por el H.·....'; la continuacion es demasiado indigna para trascrita, cuando los juramentos y leyes de la Ord.·. no alcanzan á tener á cubierto la honra del Mas.·. ni le es lícito apelar á la opinion pública ni á las leyes penales del país contra las injurias y calumnias que le dirigen sus HH.·. Los que en su *Boletin* número 7, página 115, quieren que ese poder que, como extraño á las leyes de la Nacion, por grandes que fuesen su ciencia, su honradez y su imparcialidad, siempre sería injustificable, se eleve á tan alto punto que *se sobreponga á todo y á todos;* cuya idea es la más contraria á la institucion, que en saliendo de sí misma ó en sus relaciones exteriores, no tiene más que respeto y obediencia á las leyes y autoridades de los países en que vive, y el ejercicio de la caridad revestida de todos los atributos que la hacen perfecta y estimable.

»Los que en el mismo número 7, explicando el *organismo que rige á la universal familia* (SIC), di-

cen: 'Reúnense siete MMaes.'. y forman una Lóg.'.'
—¿Sin que preexista en la Nacion un Gr.'. Or.'., ó
en su defecto, fuera de ella, que reconozca la regularidad de aquellos MMaest.'. y sus trabajos preparatorios, y expida á esta Lóg.'. la indispensable
Carta constitutiva, poniéndola bajo su direccion y
dependencia?

'.....Cuando en una Nacion, en un Continente, se
' han levantado por lo ménos siete LLóg.'., forman
' la Gr.'. Lóg.'.'—¿Para que las regularice, expidién-
doles ella sus Cartas constitutivas, y dándoles lo
que de su naturaleza no tiene, como compuesta de
elementos irregulares?

'.....Y esta Gr.'. Lóg.'. elige sus OOfic.'. y sus
' DDig.'., y elige su Pres.'., su Ven.'., que toma el
' nombre de Gr.'. Maest.'., porque es el Maes.'. de
' los MMaest.'., es el *ejecutor* de los acuerdos de la
' *Cám.'. legislativa del Simb.'.*...'—¿Es esta Cám.'. la
' misma Gr.'. Lóg.'. Simb.'.?

' Y este Gr.'. Maest.'. no es una autoridad hereda-
' da, no es ni áun autoridad permanente, es una au-
' toridad electiva, es una autoridad temporal, es
' más, es una autoridad responsable y discutible,
' cuya inviolabilidad no existe sino en tanto la am-
' para el cumplimiento del deber y la sujecion á la
' ley; es una autoridad acatada sólo mientras den-
' tro de la legalidad vive y funciona; pero en el mo-
' mento que se sale de la ley, su autoridad no obli-
' ga, no sólo no obliga, sino que *falta á su deber el*
' *Mas.'. que la respeta y obedece.*'—¿Y tiene todo
Mas.'. el derecho de declarar á esa autoridad fuera
de la ley? ¿Hay autoridad posible en este caso? Y
¿cómo de otro modo podria el Mas.'. no faltar á su
deber respetándola y obedeciéndola desde el mo-

mento que se separe de la ley hasta que lo declare el Tribunal á quien competa? Es préciso convenir en que esto será inevitable; porque esa Gr.·. Lóg.·. Simb.·. no ha de consentir que otro más que ella venga á declararlo, tratándose del *ejecutor* de sus acuerdos como *Cámara legislativa* del simbolismo. Con esto esa Gr.·. Lóg.·. Simb.·., cuyos creadores decian en su *Boletin* número 4, página 65, que *el Sup.·. Cons.·. habia muerto de plétora de ambicion y de exceso de ilegalidad*, aludiendo así á sus Balaustres de 7 de Octubre y 12 de Diciembre, tendrá ya el modesto derecho de juzgar, sin apelacion, á su Pres.·., á su Ven.·., al Gr.·. Maest.·., mientras que las GGr.·. LLóg.·. SSimb.·. regulares, tratándose de delito grave, como lo es faltar á la ley, no pueden juzgar sin apelacion ni á un simple aprendiz, pues queda á éste el recurso de alzada al Cap.·. Gen.·.—Y sin duda que los fallos de esta Gr.·. Lóg.·. Simb.·. serán inapelables, porque segun el citado *Boletin*, en ella concluye *el organismo de la universal familia.*

»Es verdad que, á pesar de esta limitacion dada á ese organismo, en el *Boletin* número 10, página 148, se habla ya de otras Cámaras; pero no es más que para declararlas sometidas á la Sob.·. autoridad de la Gr.·. Lóg.·. Simb.·., pues dice: '*que por algo los* '*Estatutos,*'—¿cuáles?—'*sábios en extremo, han pues-* '*to la Gr.·. Lóg.·. como valladar inquebrantable, no* '*sólo contra los excesos de los Cuadros simbólicos,* '*sino* CONTRA LAS IRREGULARIDADES DE LAS ALTAS '*CÁMARAS.*'—Y esto es lo natural, toda vez que en el mismo número, página 156, se determina la naturaleza de esas altas Cámaras, en proposicion hecha por la titulada Gr. Com.·. de Asuntos generales

de la pretendida Gr.·. Lóg.·. Simb.·., y aprobada por ésta, que dice así: ' Se debe proceder á la orga-
' nizacion del Gr.·. Or.·. en sus cuatro ramos; *par-
' tiendo primero de la Gr.·. Lóg.·. Simb.·., base de to-
' do derecho y fuente de todo poder*, cuidando muy
' especialmente de ir organizando todos los Cuer-
' pos y Cámaras intermedias entre el Simb.·. y el
' gr.·. 33, de manera que cuantos ocupen elevados
' puestos estén en perfecta regularidad, no sólo con
' relacion á sus títulos, breves y diplomas, sino al
' cumplimiento de todos sus deberes masónicos,
' llamando para esto la atencion del Il.·. y Pod.·.
' Gr.·. Comend.·. y del Il.·. y Pod.·. Gr.·. Maest.·.,
' para que de una vez para siempre se separen los
' materiales inútiles y dañosos, y que el edificio,
' *partiendo de bases tan sólidas como es el Simb.·.*,
' se eleve majestuoso y grande como merece la
' Gr.·. Fam.·. española.'—Y dice á continuacion:
' Ínterin esto se verifica, la Gr.·. Lóg.·. Simb.·., con
' su Gr.·. Maest.·. á la cabeza, la Cámara de Ritos,
' garantía del Rito Azul, y el Gr.·. Comend.·. como
' cabeza visible del Cuerpo masónico, forman el
' Gr.·. Or.·.'

»¿Qué son, pues, esas altas Cámaras, que reciben todo su derecho y todo su poder de la Gr.·. Lóg.·. Simb.·., siendo por ésta organizadas y compuestas de MMas.·., cuyos títulos, breves y diplomas, así como el cumplimiento de todos sus deberes, se hayan préviamente examinado y hallados buenos por la misma?

»¿Dónde está, á qué se reduce, qué viene á ser aquel imaginado Sup.·. Cons.·., cuyos recibos de autos dice haber archivado el Caballero Kadosch Rodriguez Trio, pero que ni siquiera es parte del

Gr∴ Or∴ en una Francmasonería que ostenta altos grados y que se dice Escocesa?

»¿Dónde está, á qué se reduce, qué viene á ser aquel Sup∴ Trib∴ á cuyo fallo el Pod∴ Sob∴ Gr∴ Comend∴, el Illmo. Dip∴ Gr∴ Comend∴, el Il∴ Ministro de Estado del Santo Imperio, el Gr∴ Secr∴, el Capitan de los Guardias y el Gr∴ Canciller, hechos por la ley de 1786, han sido entregados por el Sob∴ y Pod∴ Gr∴ Comend∴ y Gr∴ Maest∴ por sufragio de los inventores de este procedimiento en el Rito Escocés antiguo?

»No es extraño que á un Trib∴ ó Cons∴ de esa especie, un Sob∴ y Pod∴ como OBED, que dejando tambien este nombre mas∴, aparece siendo el Sob∴ y Pod∴ Juan de la Somera, como fiel ejecutor de los acuerdos de la agrupacion de mmas∴, que se dice *base de todo derecho y fuente de todo poder*, entregue los acusados de CAYO GRACO, no sólo prejuzgados, sino penados; pues que pena y gravísima es, no el cerrarles las puertas de los TTemp∴, lo cual poco podia importarles tratándose de los de la obediencia del Sob∴ y Pod∴ Juan de la Somera y de los GGr∴ OOr∴ que puedan reconocerle como autoridad masónica, pues ántes las tenian ya cerradas por su propia conciencia y las leyes básicas de la Or∴, pero sí el haber publicado sus nombres profanos unidos á los masónicos, y esto calificándoles de criminales, pena inaudita y de execrable ejemplo entre Francmasones, como dirijida á producir sus efectos fuera de la Ord∴ en sus posiciones civiles y políticas, en sus relaciones sociales, en el hogar doméstico, quizá en sus personas y haciendas, que la guerra civil tiene hoy en muchas provincias á merced de los enemigos del

Instituto, tal vez en las listas de proscripcion que, como en otras épocas no lejanas, puedan esos mismos y otros enemigos estar preparando.

»Y todavía no queda satisfecho con todo esto el implacable rigor del Sob.·. y Pod.·. Juan de la · Somera; pues que en su decreto de 17, de Abril, despues de tan duras y trascendentales resoluciones, dice que los acusados deben ser considerados suspensos de trabajos masónicos, *ínterin el Supremo Tribunal dicta su fallo irrevocable, imponiéndoles las* SEVERÍSIMAS PENAS *en que, con arreglo á nuestro código,* HAN INCURRIDO, Y LAS HACE EJECUTAR.—¿Han incurrido? Despues de esta declaracion soberana, ¿qué es lo que resta á ese Supremo Tribunal más que condenarlos á ellas y hacerlas ejecutar? ¿Y qué código es ese con arreglo al cual estos acusados han podido incurrir en penas indudablemente mucho mayores que la última admitida en la Ord.·., cual es la perpétua exclusion de ésta, en cuya ejecucion no tiene nada que hacer el Supr.·. Trib.·., y que parece haberles sido ya impuesta, supuesto que, segun el mismo decreto, los nombres de los por él penados han sido ya comunicados á todos los GGr.·. OOr.·. extranjeros, lo cual no procede, con arreglo al código Mas.·., sino respecto de los que ya han sido regular y definitivamente condenados?

»Pero si pudiese caber alguna duda acerca de la existencia y naturaleza de esas severísimas penas, mucho mayores que la indicada y generalmente conocida por la de *irradiacion,* el *Boletin* número 11, fecha 1.º del corriente mes de Junio, ha venido á resolverla, patentizando que en el Estado del Soberano y Poderoso Juan de la Somera, por más que usurpe el título de Gr.·. Or.·. de España, así como rigen otro rito y otra moral, que jamás se conocieron en la Ord.·., rige tambien otro código no ménos desconocido en ella.

»Segun advertencia que aparece á la cabeza de dicho *Boletin*, los grandes trabajos de la Gr.·. Secr.·. no han permitido la publicacion de su número del 15, por lo que se da en éste toda la lectura correspondiente á dos números; lo cual permite *copiar y preparar los importantes documentos* SECRETOS *que deben publicarse* (SIC). La causa de esta acumulacion de dos números se comprende si el servicio de la titulada Gr.·. Secr.·. y del *Boletin* se hallan en unas mismas manos; pero lo que no se puede comprender es que los importantes documentos *secretos* deban *publicarse*. El diccionario en que las palabras *secreto y publicidad* tienen el significado que aquí parece dárseles, no podrá estar jamás al uso del buen sentido, por mucho que en ello se obstine el Sob.·. y Pod.·. Juan de la Somera. Y ¿qué documentos secretos son esos que deben publicarse, y que por tanto se publican aprovechando la acumulacion de la lectura de dos números?

»En honor de la Ord.·., cuyo nombre se blasfema consignándolo en ellos, es muy de lamentar la existencia de aquel nuevo diccionario, que violando el sentido esencial de las palabras, ha podido dar lugar á que se publiquen.

»Uno de ellos reviste la forma de una sentencia dictada por aquel desconocido Sup.·. Cons.·. á quien el Sob.·. y Pod.·. Juan de la Somera, en su citado decreto de 17 de Abril, señaló pérfidamente sus víctimas, cuyo incógnito no desaparece por esto, pues continúa, como no podia ménos de continuar, ocultándose en este documento bajo la fórmula de: *siguen las firmas.*

»En él no se trata ya solamente de aquellos seis acusados, pues el fallo, siquiera sea absolutorio para algunos que han tenido la desgracia de merecer benevolencia, alcanza á todos los GGr.·. IIns.·. GGen.·. TIBERIO GRACO, JUNIO BRUTO, CATON DE UTICA, BEZALEEL, NEPHTALÍ, PELAYO 1.°, PERTUSA, MINA y MOISÉS; señalándolos á todos con sus respectivos nombres y apellidos profanos. Tambien se habla del Il.·. H.·. ROMANO; pero no es más que para negarle todo derecho Mas.·. desde el año 1841, como irradiado en aquella fecha, de cuya supuesta irradiacion se deja dicho ya lo necesario. Esto no obstante, se cita y mantiene un acuerdo de 1869, tiempo en que el Il.·. H.·. ROMANO era Gr.·. Comend.·. y Presidente del Supr.·. Cons.·., cuyo acuerdo fué tomado para que no se hiciesen nuevas exaltaciones al grado 33. Y en virtud de aquel acuerdo se declaran ilegales las exaltaciones hechas desde aquella fecha, sin tener en cuenta que la de CAVOUR 1.° data de 20 de Julio de 1870; que mucho tiempo despues el mismo Sob.·. y Pod.·. Juan de la Somera promovió la de GONZALO DE CÓRDOVA, más tarde la de MINA, y, por último, en el mismo *Boletin*, fecha 1.° del actual, ha hecho grado 33 al 31, CAYO CRACO, y aparece confirmado el 33 de MINA. Tan evidente es que en el Estado del Sob.·. y P.·. Juan de la Somera hay una moral que permite tener una medida para los propios, y otra para los extraños.

»Tambien es muy edificante ver cómo se da el título de queridos hermanos á los que al mismo tiempo se colma de injurias y calumnias.

»Se supone conocido cuanto se ha hecho en el Supr∴ Cons∴ para arreglarlo á las conveniencias del juicio y gusto de los Jueces; diciendo así, entre otras falsedades de mayor gravedad, que los Ill∴ HH∴ NEPHTALÍ y PELAYO 1.º *no concurrian á las TTen∴ y sólo firmaban lo que se les enviaba en fe de los demás hh∴ firmantes.* Esto es incalificable, porque da á entender que dichos Ill∴ HH∴ les han explicado lo que de otro modo no podian saber, como es la razon que tuvieran para firmar, además que es falso que hayan firmado así acta ninguna. ¿A qué, ni cuándo?

»Desde la instalacion de la Asamblea general de GGr∴ IIns∴ GGen∴ en Octubre de 1872, la presidió el Il∴ H∴ PELAYO 1.º, hasta que le sustituyó como Illmo∴ Dip∴ Gr∴ Comend∴ TIBERIO GRACO; en sus ausencias, el Il∴ H∴ CATON DE UTICA, como Min∴ de Est∴ del S∴ I∴, reemplazó á éste, por enfermedad de PELAYO 1.º Seguidamente la Asamblea acordó celebrar sus TTen∴ en el domicilio y bajo la presidencia del Il∴ H∴ NEPHTALÍ, y así fué hasta la memorable de 28 de Setiembre de 1873, á la que tambien asistió PELAYO 1.º Despues se celebraron algunas, donde fueron convocados por el Gr∴ Comend∴ TIBERIO GRACO y el Illmo∴ Dip∴ Gr∴ Comend∴ JUNIO BRUTO. PELAYO 1.º asistió constantemente á todas las en que se tomaron acuerdos de alguna gravedad, y últimamente volvieron á celebrarse en el domicilio y bajo la presidencia del Il∴ H∴ NEPHTALÍ, como todo consta de las actas, sin que ninguna de ellas haya sido firmada por este Il∴ H∴ ni por PELAYO 1.º, sin haber asistido á la Ten∴ de su referencia.

»Pero hay aún otras cosas que son verdaderamente inícuas. Hay un considerando que dice: ' La aseveracion de que el H.·. Zorrilla (sic) habia dimitido su cargo en 7 de Octubre de 1873, no habiéndolo hecho hasta 1.º de Enero de 1874, es una falsedad inventada intencionalmente para decidir á los HH.·.... (NEPHTALÍ, PELAVO. 1.º, JUNIO BRUTO y MINA, señalados con sus nombres prof.·.) á *votar* el nombramiento ilegal del H.·.... (TIBERIO GRACO, tambien señalado con su nombre prof.·.) al puesto de Gr.·. Comend.·.' —Quede este considerando sobre la conciencia del caballero Mason CAVOUR 1.º y del caballero profano que en él se manifiesta con el nombre de Zorrilla, supuesto que despues de haberlo motivado con sus BBal.·. de 1.º de Enero, parece autorizarlo con su silencio; mientras que no ha podido ni puede olvidar la carta que escribió á su representante TIBERIO GRACO expresándole *su inquebrantable propósito de dimitir todos sus cargos masónicos,* y su deseo de que á la mayor brevedad posible fuese realizado.

Quede tambien al juicio de todo hombre honrado la seriedad con que en este considerando se penetra en el espíritu y se explican los pensamientos de los Ill.·. HH.·. allí citados.

»Quede igualmente al juicio de todos los verdaderos MM.·. Esc.·. que conociendo las Constituciones de 1786, saben que, constituido el Supr.·. Cons.·. con arreglo á aquella ley, la exaltacion del Il.·. H.·. TIBERIO GRACO al puesto de Gr.·. Comend.·. no fué, porque no podia ser, el efecto de una votacion: no necesitó influir en el ánimo de nadie para que le votase; porque nadie tuvo que votarlo: fué exaltado por la ley misma.

Tampoco es ménos digno de sus ocultos autores

16

el resultando que dice: ' Los HH.·. Junio Bruto y ' Mina (con sus nombres profanos) hicieron cuanto ' les fué posible para evitar que se llegase al extre- ' mo á que el *supuesto Gr.·. Cons.·.* ha conducido á ' la familia española, y *que con ese objeto continua-* '*ron en aquel Cuerpo.* '

»¿Se ha querido dar así á entender que estos III.·. HH.·. han revelado fuera del Supr.·. Cons.·. lo que en él se trataba, lo que sostenian en sus discusiones, y lo que es más, que su permanencia en él obede- ciese al propósito de imponerle sus opiniones per- sonales como las únicas convenientes y justas?

»¿Es honrado promover tales suposiciones, que, de ser admisibles, llevarian á sus víctimas la fea mancha de la deslealtad y la infame del perjurio?

»Y al mismo tiempo les dan el título de queridos hermanos, fundando su absolucion en aseveracio- nes tan malignas é injuriosas. Bien hacen con ocul- tar sus nombres los que así vierten la ponzoña en- tre sus caricias para evitar que, no alcanzando á sus objetos, recaiga sobre ellos.

»¿Cómo ha de alcanzar á Junio Bruto, actual Sob.·. Gr.·. Comend.·. y Presidente de ese Supr.·. Cons.·. respecto del cual se le acusa de deslealtad y de perjurio? Llegar hasta él sería alcanzar al grande Hércules la acusacion de cobardía.

»Respecto del H.·. Mina, siendo desgraciadamen- te cierto que con fecha 14 del próximo pasado mes de Abril abandonó su puesto en el Supr.·. Cons.·., ya que hablar de ello hacen necesario los ocultos (ó súpuestos) cómplices de sus amigos el Soberano y Poderoso Juan de la Somera y Graco, fuerza es de- cir que con aquel acto rompió solemnes juramen- tos hechos de viva voz y en su ratificacion firmados por él mismo; que no expuso otra razon más que la de exigírselo su conciencia, y que el Supr.·. Cons.·. se explicó esta razon por la pugna en que no podrian ménos de encontrarse los deberes de la especial amistad que profesaba á los dichos Somera y GRACO, con los deberes de Miembro de este Cuerpo; así como la lealtad que le debia mientras formase parte de él, con el secreto debido á las confianzas que por aquellos sus amigos, ó sus cómplices, se le hubieran hecho, confianzas que muy bien podian referirse á los concertados crímenes que en el citado decreto del Soberano y Poderoso Juan de la Somera se llaman *severísimas penas* que el *Supremo Tribunal ha de imponer* y *hacer ejecutar*; conciertos abominables que ahora se han evidenciado por la imprudente audacia de sus mismos autores, y que no obstante la injustificable reserva del H.·. MINA, contó al Cons.·. que le eran conocidos.

»Este Sob.·. Cuerpo, que con la perfecta conciencia de la legalidad de su naturaleza y acuerdos, no ha dicho hasta hoy una sola palabra, por más que le haya herido por tanto tiempo sin trégua el grito de las pasiones sublevadas contra su autoridad, y lo que es más repugnante todavía, contra la inmaculada honra de sus Ill.·. Miembros; que ha seguido incólume el camino de la ley, procurando remover los obstáculos con una accion verdaderamente pasiva, cual se lo aconsejaba su prudencia; que seguro de que los cismas suelen ser los medios más eficaces de la purificacion de los dogmas y del restablecimiento de la disciplina, no se ha opuesto á nadie en su camino, ni siquiera le ha censurado los medios, por indignos que los haya encontrado, desestimando todo lo que tuviesen de personal, y limitándose á contener los desvíos con su ejemplo y el consejo de sus celosos Miembros, no será por cierto quien produzca ni una sola prueba de esos inícuos planes, que no sea debida á sus mismos autores, habiendo llegado con el carácter de hecho público y notorio á su conocimiento.

»Puede aquel Sup.·. Trib.·. invocado por el Sob.·. y Pod.·. Juan de la Somera, no ser otra cosa que uno de aquellos ídolos que nunca se dejaban ver de nadie, ni hablaban sino por boca de sus sacerdotes; pero lo cierto es que, bajo el testimonio de éstos, hay que creer que ha hablado, pues además del anónimo documento referido, otro de los publicados en el mismo *Boletin* dice así:

'A.·. L.·. G.·. D.·. G.·. A.·. D.·. U.·.—Nós, Juan de la Somera, Sob.·. y Pod.·. Gr.·. Comend.·. y Gr.·. Maest.·. por sufragio de la Mas.·. Española, á todos los IIltr.·. y PPoder.·. GGr.·. MMaest.·. de la Mas.·., á todos los VVen.·. MMaest.·. de las RResp.·. LLóg.·. de la jurisdiccion de todos los SSermos.·. GGr.·. OOr.·. del mundo mas.·., á los VVen.·. MMaest.·. de las LLóg.·. de nuestra obediencia y á todos los MMas.·. regulares libres y aceptados—*enviamos*— S.·. F.·. U.·.—Sabed: Que el Sup.·. Cons.·. reunido en Sup.·. Tribunal de justicia, para ver y fallar *en última instancia* la causa instruida por la Sap.·. Gr.·. Lóg.·. contra los GGr.·. IIns.·. GGen.·. firmantes de los documentos perturbadores de 7 de Octubre y 12 de Diciembre de 1873, ha condenado á los hh.·.…. *Tiberio Graco… Caton de Utica… Bezaleel… Pertusa* y… *Moisés*, á ser irradiados de la Mas.·., borrándose sus nombres con tinta roja del libro del Gran Registro, cerrándoles las puertas de todas las LLóg.·. y declarando nulos y de ningun valor ni efecto los títulos de Insp.·. Gen.·. que presenten.—Ha absuelto á los qq.·. hh.·.... *Nepthalí*.... *Pelayo 1.°*.... *Junio Bruto*, y.... *Mina 1.°*, declarándoles en aptitud legal para formar parte y asistir al Consejo *si fuesen llamados.*—Y Nós á todos los OOr.·. extranjeros suplicamos y á todas las LLóg.·. MMas.·. de nuestra obediencia mandamos, que se cumpla *el fallo inapelable* del Alto Tribunal masónico, cerrando las puertas de toda reunion mas.·. á.... (siguen los nombres profanos de los irradiados).—Al mismo tiempo levantamos la suspension de derechos que pesaba sobre el querido h.·. *(Junio Bruto)* en virtud de nuestro decreto de 7 de Abril, y puede dicho h.·. muy querido ejercer todos sus derechos, como probado y buen Mas.·. que es y digno del aprecio y cariño de sus hh.·.—Dado en nuestro Gabinete del Gran Maestrazgo á los 13 dias de Mayo de 1874 (e.·. v.·.).—El Sob.·. Gr.·. Com.·. y Gr.·. Maest.·., Juan de la Somera.—Por mandado del Iltr.·. Gr.·. Maest.·., el Gr.·. Secr.·., Juan A. de Rodriguez Trio. '

»De modo que no sólo se ha pronunciado el fallo sobre nueve GG.·. IIns.·. GGen.·. de la Or.·., sino que se declara este fallo *inapelable*, como si en la Francmasonería escocesa los fallos de los SSup.·. CCons.·., cuando se refieren á GG.·. IIns.·. GG.·., no fuesen avocables en grado de revista á la Asamblea general del 33, y como si las CConst.·. de 1786 no estableciesen todavía otro Tribunal superior para los actos de los Miembros de este grado, cuyo tribunal se halla en los SSup.·. CCons.·. de las demás naciones; pues que, segun su artículo 12: 'Siempre

' que sea necesario y en cualquier lugar compren-
' dido en su jurisdiccion, y cuando hubiere motivos
' de protesta por ilegalidad en el despacho de diplo-
' mas, *en la autoridad de los Diputados Inspectores
' Generales, ó en cualquier otro asunto*, se extende-
' rá un informe, el cual se enviará á todos los Su-
' premos Consejos de ambos hemisferios. ' Es además muy notable que la autoridad del Sob∴ y
Pod∴ Juan de la Somera, despues de dirigirse á
todos los GGr∴ Maes∴ de la Mas∴, se dirige tambien á todos los VVen∴ MMaes∴ de las respetables
LLóg∴ de la jurisdiccion de todos los Ser∴ GGr∴
OOr∴ del mundo masónico, como si tuviese el derecho de hacer oir su voz en la privativa jurisdiccion de aquéllos; como si este procedimiento no
fuese subversivo contra las autoridades legítimas de las demás nacionalidades masónicas, únicas á que podria dirigirse, respetando su respectivo derecho de estimar, ó no, sus reclamaciones,
avisos ó decretos, y de reproducirlos, ó no, á los
Cuerpos de su obediencia.

»Por todas estas razones, y por cuantas se dejan
además señaladas, particularmente por la expues-
ta al tratar del decreto expedido en 17 de Abril por
el Soberano y Poderoso Juan, si las *severísimas
penas* indicadas en aquel decreto se redujesen á
prescritas en este documento, tranquilos estarian
los irradiados; pero no es verdad que se limiten á
ellas. Tranquilos están, sin embargo, sean las que
fueren, por cuanto puedan referirse á sus personas;
pues fian su seguridad á su dignidad propia, y á
las leyes y tribunales de la Nacion, que no sólo las
ponen á cubierto de toda criminal asechanza, sino
que interesan en su favor á los mismos que para

el caso de cualquier atentado han cometido la insensatez de SEÑALARSE PRÉVIAMENTE COMO PRESUNTOS REOS. Mas no pueden mirarlas del mismo modo respecto de la Ord.·., pues con sólo haberlas indicado, se ha expuesto gravemente su seguridad en todas las sociedades en que vive, y ha sido profundamente herida en su honra á los ojos profanos, que desconocen que tales procedimientos y penas pugnan abiertamente con la naturaleza, la moral y las leyes del Instituto, sin que jamás, hasta hoy, se le hayan imputado más que por sus apasionados enemigos, que han buscado en las calumnias los pretextos para hacerlo odioso y perseguirlo. ¿Qué más podian éstos desear que una publicacion titulada *Boletin de la Masonería Simbólica del Gran Oriente de España*, donde se reduce el crímen á principios, se da lecciones de él y se manda su ejecucion por un titulado Sob.·. y Pod.·. Gr.·. Comend.·. y Gr.·. Maest.·. por sufragio de la Masonería española?

»Téngase presente que los irradiados hoy vienen señalados en su misma sentencia como autores de delitos graves; que el haber dicho en Bal.·. de 7 de Octubre, que la Masonería española era una colectividad inquieta, desatendiendo las razones en que esto se fundaba, se ha calificado pérfidamente de *delito contra la dignidad de la Ord.*·.; y que en los dictámenes de las tituladas Il.·. Gr·. Comision de Asuntos generales, é Il.·. Gr.·. Comision de Justicia de la Sapientísima Gr.·. Lóg.·., dictámenes que prepararon esta sentencia, se las acusó ya de usurpacion de autoridad y de haber querido erigir en *autócratas de la Orden* (*Boletin* número 10, páginas 151 y 162).

»Con esto, ¿no es fácil adivinar que á ellos se re-

fieren las malévolas indicaciones, las terribles ame-
nazas y las infames excitaciones al crímen, que se
consignan en el mismo *Boletin* donde se publica dicha sentencia?

»No siendo posible ocultar nada de todo esto,
despues de publicado por sus propios autores, preciso es consignarlo aquí tambien, para que toda la
Francmasonería regular y verdadera lo conozca,
proteste enérgicamente de ello en nombre de la órden tan indignamente falsificada, vindique su honra y atienda á su seguridad, presentándola tal cual
es á los ojos de propios y extraños.

»En la seccion doctrinal, bajo el epígrafe *Nuestra
mision de hoy*, se establecen los siguientes principios:..... ' El procedimiento del sigilo, de la cautela,
' de la prudencia y de la calma, han constituido la
' Masonería. Heridos en la sombra por nuestros ad-
' versarios, hemos buscado la sombra para herir-
' los. Ojo por ojo y diente por diente, guerra sin tré-
' gua ni cuartel. '—¿Qué Masonería es esa que acep-
ta la moral de sus enemigos, consagra la traicion
y la venganza, y declara la guerra á las personas,
no á las pasiones y los vicios?

' Nuestros enemigos han logrado alcanzar por
' estos medios poder ó influencia; es preciso que la
.' Mas.·., obrando invisible, disolviendo su espíritu
' en la atmósfera que rodea á esta Sociedad altera-
' da hasta sus raices, consiga que, sin notarse la
' influencia de su mano, tenga participacion directa,
' positiva y beneficiosa, hasta en los más insignifi-
' cantes actos de la vida pública. '—Una Masonería
de semejantes aspiraciones, ¿podria ser tolerable
en país alguno? ¿Podria caber en ninguna sociedad
política?

' Dicho esto, no hay para qué señalar más clara-
' mente á nuestros adversarios. Todos los que bajo
' cualquier pretexto, ó en nombre de cualquier idea,
' defiendan la opresion ó la tiranía, sean quienes
' sean-y llámense como se llamen, son nuestros
' enemigos. '—¿Quién ha de calificar los pretextos,
las ideas y los actos, determinando que se dirigen
á la defensa de la opresion y la tiranía? ¿Es siquiera el tribunal secreto que se supone ha condenado
á los cinco GGr∴ IIns∴ GGen∴?

' Conseguir poco, por insignificante que parezca
' el resultado, es no haber trabajado en balde. Una
' conciencia que se redima ' (¿aprendiendo á herir
en la sombra, ejercitando invisiblemente la venganza, haciendo la guerra sin trégua ni cuartel?),
' una inteligencia que se ilumine ' (¿con tales principios?) ' es un triunfo que Dios, en quien creemos,
' ve, agradece y premia. '—¡Qué blasfemia en lá-
bios que semejante moral enseñan!

' El fanatismo y la ignorancia: Hé aquí los diques
' que nuestros enemigos nos oponen. ' Y ¿por qué no
las causas de vuestra doctrina y conducta, igualmente opuestas á la sociedad civil y á la masónica?

' Todo lo que contribuya á destruirlos ' (¿con otro
fanatismo?) ' pertenece á nuestra mision, *por hoy*,
' mientras siguiendo constantes en esta tarea, no
' podamos tener mayor iniciativa. '

' Quien no siga esta bandera; quien no ame nues-
' tra obra, es indigno, no ya de ser Mason, sino has-
' de ser hombre. '—¡Y se atreven á llamarse Masones, y á calificar de enemigos á los que puedan defender la opresion y la tiranía, quienes hacen una
declaracion tan opresora, tan tiránica y soberbia!

»Pero resta todavía la vergüenza de ver estas lecciones de moral reducidas á la práctica, volviendo á la seccion oficial del mismo *Boletin,* en la que el transcrito decreto de irradiacion se halla precedido del documento siguiente:

'A∴ L∴ G∴ D∴ G∴ A∴ D∴ U∴—Nós, JUAN DE LA SOMERA, Sob∴ Gr∴ Com∴ y Gr∴ Maest∴ por sufragio de la Mas∴ Española, á los PPod∴ PPres∴ de las Altas CCám∴, á todos los muy Excmos. GGr∴ OOf∴, á los muy sábios de los SSob∴ CCap∴ y á todos los MMaest∴ PPerf∴ de la obediencia, *deseamos,* Sal∴ Est∴ Pod∴—Queridísimos hermanos: Como Gr∴ Maest∴ de la Mas∴ Simb∴ dirigí mi voz á todos los MMas∴ de mi obediencia, pero faltaria á lo que la Mas∴ tiene el derecho de esperar, si hoy como Gr∴ Com... no me dirigiese á todas las CCám∴ inefables y sublimes para recordarlas que, depositarias de los altos secretos de la Ord∴, centinelas avanzados en el mundo mas∴, ellas más que nadie tienen la ineludible obligacion de cooperar al mayor brillo de la Ord∴, que si á las LLóg∴ SSimb∴ les ofrecí la inauguracion de una nueva era, á los MMas∴ inefables y sublimes les anuncio que *lo que esperan está ya muy próximo;* qus la estrella del Ord∴ brilla ya refulgente y grandiosa en nuestra pátria, y que estamos dispuestos á hacer alta y plena justicia en todos los VVall∴, concediendo á los elegidos el premio á que se hagan acreedores, *y persiguiendo sin trégua ni descanso á los réprobos.—La familia universal, que ha marcado á la rama española una tarea* que cumplir y un tiempo *dado para realizarla,* podrá inscribir en sus registros los nombres de los OObr∴ celosos, en justo premio á sus desvelos y á su fe, á la vez que *perseguirá sin trégua ni descanso en todos los confines de la tierra y en todas las esferas en que estén colocados,* á los enemigos de la Institucion y del Ord.·. '—' Ya sabeis y os lo recuerdo, *que las sentencias masónicas se cumplen en un término improrrogable, sin excusas ni pretextos.* '—' Yo os aseguro por mi fe de Mas.·. y por mi honor, que la justicia se hará, hh.·. mios, y que la luz brillará llenando de júbilo á la familia toda. '—' Os saludo y abrazo cariñosamente. '—' Dado en mi Gabinete del Gr.·. Maestraz.·. á los 28 dias de Abril de 1874 (e.·. v.·.).—El Sob.·. Gr.·. Com.·. Gr.·. Maest.·., Juan de la Somera.—Por su mandado, el Il.·. Gr.·. Secr.·., Juan A. de Rodriguez Trio. '

»¿No es esto señalar pérfidamente las víctimas á los ejecutores de la sentencia, como en el decreto de 17 de Abril el Soberano y Poderoso Juan de la Somera las señaló al secreto tribunal compuesto de sus cómplices, que habia de dictarla? Si nó es á la proximidad de la ejecucion de esa sentencia, ¿á qué puede referirse la misteriosa é intencionada insinuacion que en letra cursiva se hace á los Masones inefables y sublimes, anunciándoles que *lo que esperan está ya muy próximo?* ¿Por qué si no, dice á continuacion el Sob.·. y Pod.·. Juan, que está dispuesto á hacer alta y plena justicia, *persiguiendo sin trégua ni descanso á los réprobos?* ¿Por qué recuerda *que las sentencias masónicas se cumplen en un término improrrogable, sin excusas ni pretextos?* Y, ¿qué sentencias masónicas son esas que llevan consigo la persecucion sin trégua ni descanso y que necesariamente han de cumplirse en un término improrrogable? ¿Puede acaso tratarse de la simple expulsion de la Ord.·. que con sólo ser decretada queda cumplida, no llevando consigo ni esa persecucion sin trégua ni descanso, ni deber activo alguno para nadie, cuya ejecucion sea prorrogable con excusas ó pretextos?

»No seguramente, que no: la expulsion de la Ord.·. no puede entenderse más que como un acto prévio, como la degradacion sufrida por el reo que tiene en sí algo de inviolable, ántes de ser entregado al verdugo. Y, ¿á qué ejecutores se dirige ese recuerdo de sus deberes? ¿Es á los que, de conformidad con lo que se enseña en la seccion doctrinal, *han de herir en la sombra?* ¿Es con este criminal objeto, que el Sob.·. y Pod.·. Juan de la Somera y sus cómplices, han constituido el Cons.·. heredónico de *los elegidos secretos,* y corrompiendo la sublime liturgia de la Lóg.·. de·Perfeccion del grado 9.°, que envuelve una importante leccion de astronomía, sin que jamás hayan visto ni explicado en ella otra cosa los verdaderos Francmasones, ponen en el lugar del Sol al Sob.·. y Pod.·. Juan de la Somera, á los nueve elegidos de éste en el de los nueve primeros signos del Zodiaco, y en el de los tres signos inferiores á las víctimas señaladas por este nuevo Sol para que sean inmoladas por aquéllos en un término improrrogable, sin excusas ni pretextos, como sucede en las evoluciones cosmonómicas? Asegurándose que han constituido ese Cons.·. y constando las doctrinas y conocimientos masónicos de sus creadores, que si no hubiese habido *industriales* que pospusieran sus deberes juramentados al lucro del folletinista ó del librero, no alcanzarian lo necesario para que se les abriese un Temp.·. masónico, al ménos en trabajos supe-

riores al grado tercero, es indudable que sus trabajos, en vez de estar al servicio de la ciencia, lo
estarán al de las pasiones, arrastrándose por la
iniquidad de las personalidades, lejos de remon-
tarse á la pura contemplacion del poder de Dios en
la mecánica celeste. Así tomando los medios por
el fin, ó la representacion de Ja cosa por la cosa
misma, pretenden realizar los dramas astronómi-
cos entre los hombres, llenando de luto el corazon
de la Orden cuya naturaleza sacrílegamente falsifican, y cubriéndola de oprobio á los ojos de los extraños.

»Y no se reduce á esto la insensata y soberbia
pretension del Sob.·. y Pod.·. Juan, evidenciada en
el documento de que se trata, sino que no contento
con la complicidad de los instrumentos de su poder
y los súbditos de su Soberanía, quiere persuadir
que cuenta igualmente con la complicidad de *toda
la familia universal;* quiere más, quiere persuadir
que no hace más que obedecer á un mandato de
ésta, afirmando *que ha marcado á la rama española
una tarea que cumplir y un tiempo dado para realizarla, y que perseguirá igualmente sin trégua ni
descanso en todos los confines de la tierra y en todas las esferas en que estén colocados, á los enemigos de la institucion y de la Orden.*

»En vista de tanta iniquidad y tanta audacia con
que sacrílegamente se falsifican los dogmas, las
leyes y los procedimientos de la Orden, blasfeman-
do el nombre de ésta y el del Gr.·. Or.·. de España,
que se usurpan por sus detractores, y haciendo de
los actos cometidos ya por éstos la medida de los
que puedan ser capaces de cometer, el Supr. Cons.·.
del grado 33 ha creido llegado el caso de poner en

conocimiento de todos los GGr.·. OOr.·. extranjeros
la existencia y gravedad del cisma que no sólo per-
turba la Francmasonería española, sino que compromete á la Ord.·. en todas las naciones; dándose
lugar á que se la juzgue por las doctrinas, aspiraciones y procedimientos que estos cismáticos prac-
tican y la imputan, segun resulta de los documentos publicados por los mismos.

»Tambien ha creido de su deber dar cuenta de sus
actos reseñados en este informe, con sus debidos
comprobantes, y muy especialmente de sus Balaustres de 7 de Octubre y 12 de Diciembre de 1873 (que
al final se insertan) á todos los SSupr.·. CCons.·. de
GGr.·. IIns.·. GGen.·. á cuyos SSober.·. Cuerp.·. com-
pete exclusivamente conocer en ellos y juzgarlos.

»Asimismo ha creido que ínterin obtiene el fallo
de dichos SSupr.·. CCons.·., debía adoptar una medida bastante á poner la Francmasonería regular,
que se halla á su obediencia, á cubierto de las perturbaciones y asechanzas con que á sus corporaciones é indivíduos amenazan los cismáticos, y á
evitar que las doctrinas y actos de éstos sean imputables al Gr.·. Or.·. de España, cuyo nombre han
usurpado.

»Y despues de la detenida y bien meditada discusion que precede siempre á sus acuerdos, ha deli-
berado lo siguiente:

»ARTÍCULO 1.º Ínterin los SSupr.·. CCons.·. del
grado 33 de las demás naciones dictan y comunican al de España su fallo sobre este informe, que
documentado les será inmediatamente sometido,
abatirá sus columnas el Gr.·. Or.·. de España; lo
cual será ejecutado por las delegaciones que el
Supr.·. Cons.·. conferirá al efecto.

»ART. 2.° Dichas delegaciones, cuando encontraren que el abatimiento de CCol.·. de alguna Lóg.·. Simb.·. pudiese irrogarle perjuicios por sus compromisos económicos, ó conocieren que su continuacion en trabajos, por especiales circunstancias de localidad, pueda ser conveniente á la Ord.·., le otorgarán la competente licencia para ponerse bajo los auspicios de un Gr.·. Or.·. extranjero de regularidad reconocida.

»ART. 3.° Todos los actos de las mencionadas delegaciones serán sometidos á la revision y aprobacion de este Supr.·. Cons.·., quien además les proveerá de las instrucciones y les comunicará los mandatos que estime convenientes á los expresados objetos.

»Esta es, Ill,·. y PPod.·. HH.·., la actual situacion del Gr.·. Or.·. de España. El Supr.·. Cons.·. del grado 33 ha expuesto á vuestra consideracion cuanto ha creido necesario para que podais juzgar de su propia naturaleza y actos, así como de la naturaleza y actos de la agrupacion cismática que se ha alzado contra él, usurpando el nombre y la autoridad de este Gr.·. Or.·.

»Pronunciad, pues, vuestro fallo, que llevará la infalibilidad privativa del Tribunal de las Naciones, y toda la autoridad que se necesita para rechazar de la Sagrada Orden las imposturas con que se la deshonra y compromete en los procedimientos y doctrinas de dicha agrupacion cismática. Este Supr.·. Cons.·. no solamente lo espera sumiso, sino que os suplica lo pronuncieis con toda la urgencia y toda la severidad propias de vuestra justicia, y exigidas por la gravedad de los hechos expuestos y sus naturales consecuencias.

»Tambien se atreve á suplicaros tengais la dignacion de avisarle el recibo de este informe, dirigiéndose á Leandro Tomás Pastor, que es como se conoce en la sociedad profana el que recibió el nombre de Moisés al hacer su profesion Mas.·., y es el Gr.·. Secretario de este Cuerpo. Entre tanto, recibid, Ill.·. y PPod.·. HH.·., el abrazo fraternal que os envian por sí y á nombre de este Supr.·. Cons.·.

»Por A.·. del G.·. Comend.·.

»*El Illmo.·. Dip.·. Gr.·. Comend.·.*

»NEPHTALÍ.

»*El Gr.·. Canc.·. del S.·. I.·.*

»BEZALED.

»*El Gr.·. Secr.·. Gen.·. del S.·. I.·.*

»MOISÉS.»

(Hay varios sellos.)

VI.

DICTADURA MASÓNICA.

El abatimiento de las *columnas* del Gran Oriente de España, ó sea la disolucion temporal de la secta en nuestra pátria, no privó á los poderes ocultos de la masonería de la cooperacion que necesitaban para llevar adelante sus planes. Antes por el contrario, aquella medida formaba parte de dichos planes y era una consecuencia del estado de cosas llevado á la política con el golpe del 3 de Enero de 1874, dado por el General Pavía contra la Asamblea republicana.

A la dictadura política correspondia una dictadura masónica, y ésta, como ha podido vislumbrar el lector en el capítulo anterior, fué encomendada al mason militar D. Juan de la Somera, persona de escasos alcances, pero de carácter enérgico y apropiado para llevar á cabo el cometido que los poderes ocultos de la secta le confiaran.

17

Los masones Couder, Pastor y Menendez, que firman con sus nombres simbólicos el documento conocido en los anales masónicos con el título de *Balaustre Rojo,* copiado en el capítulo anterior, hicieron notar en el mismo el carácter dictatorial del período de la dominacion masónica de D. Juan de la Somera. El cuadro en que pintan los caractéres de dicha dominacion no peca ciertamente de falta de colorido, y los aspavientos que hacen y los escrúpulos que demuestran al ver sustituida la *pureza* de los *dogmas* masónicos por la teoría del ojo por ojo y diente por diente con que amenazaba el h.·. *Obed* á los masones que se opusieran á la tarea que la secta tenia que realizar *en un plazo determinado,* demuestran bien á las claras que no son calumniosas, ni mucho ménos, las acusaciones que se han formulado contra la masonería desde el punto de vista de las venganzas terribles que á veces la encomiendan los poderes ocultos que la dirigen.

Suponer que los firmantes del citado *Balaustre Rojo* ignoraban ese aspecto terrorífico de que en ocasiones se reviste la secta, fuera hacer injuria á los conocimientos masónicos que aquéllos demuestran. No; los masones Couder, Pastor y Menendez sabian demasiado que las lógias tienen marcados otros castigos más severos que la expulsion de la secta para los que se han hecho acreedores á sus ódios; pero les dolia que esto se publicara en un documento llamado secreto, y que los que tal anunciaban se despojasen de sus nombres simbólicos y dieran á conocer los *profanos* con que en la sociedad civil eran conocidos.

Por lo demás, á las claras se conoce que el abatimiento de las *columnas* del Gran Oriente de Espa-

ña era decision tomada por los poderes directores
de la masonería universal, pues el mason la Somera, en el documento que tanto excitara los escrúpulos masónicos de los *hh.·.* Couder, Pastor y
Menendez, declaraba, sin ambajes ni reticencias,
que *la familia universal* habia *marcado á la rama
española una tarea que cumplir y un tiempo dado
para realizarla.*

Ahora bien, ¿qué tarea podia ser esa impuesta á
la masonería española en términos tan perentorios
al propio tiempo que se ordenaba la disolucion
temporal de los organismos masónicos normales?
El mismo mason la Somera lo anuncia al decir á
sus *hh.·. que lo que esperan está ya muy próximo, y
que la estrella del órden brilla ya refulgente en
nuestra pátria.*

Y efectivamente.

Con el golpe de Estado dado por el General Pavía
el 3 de Enero de 1874, el órden material turbado por
los delirios revolucionarios comenzaba á estar restablecido y la era del nuevo poder político que se
levantó en Sagunto se hallaba ya próxima, y estaba en el ánimo de todos los políticos, aun aquéllos que parecian más opuestos á una restauracion
de la Monarquía derrocada en Setiembre de 1868.

Y, fíjese en ello el lector, este suceso, que á muchos se les figuraba una reaccion que pondria en
peligro las conquistas revolucionarias, al mason
la Somera, encargado por los poderes ocultos de
la masonería universal de dirigir la tarea encomendada á la rama masónica española *en un tiempo dado,* le parecia indicio seguro y cierto de que
la estrella de la secta comenzaba ya á brillar refulgente y grándiosa en nuestra pátria, y de que al

cooperar á la tarea mencionada se cooperaba al mayor brillo de la órden francmasónica.

Los hechos han venido á demostrar, no que el mason la Somera fuera profeta, pero sí que estaba perfectamente enterado del plan de los poderes supremos de las lógias, que por aquel entonces se reducian pura y simplemente á consolidar los progresos obtenidos por medio de un Gobierno que aceptara como hechos consumados aquellas conquistas y las diera carácter legal, estableciéndolas como programa político comun á todos los partidos liberales.

A cambio de estas concesiones, los poderes ocultos de la secta se obligaban á reorganizar las lógias masónicas, depurándolas de su levadura revolucionaria y confiando la direccion de sus trabajos en España al jefe de uno de los partidos gubernamentales que se formaran para el sostenimiento de los nuevos poderes públicos que se proyectaba establecer.

Para ello, esto es, para depurar á las lógias de su levadura revolucionaria se decretó el abatimiento de las *columnas* del Gran Oriente de España y se otorgó á la Somera la dictadura masónica de que dió conocimiento á las lógias en el documento fechado á 15 de Abril de 1874, y que fué objeto de las censuras del Gran Comendador interino Nephtalí, como el acto del 3 de Enero del mismo año provocó las protestas de Castelar, sin perjuicio de haber ido éste por medio de sucesivas evoluciones acercándose á los poderes públicos que se han derivado de aquel acto de fuerza, así como tambien aquellos masones protestantes han ido entrando sucesivamente en la legalidad masónica que se ha

establecido de resultas de la dictadura ejercida por
D. Juan de la Somera.

Y no vaya á creer el lector que al afirmar la existencia de esos conciertos entre los poderes ocultos
de la secta y los partidos políticos que realizaron
ó despues reconocierón el hecho de Sagunto, procedemos guiados por meras deducciones. Tenemos, además de los datos expuestos, la prueba
irrefutable que se desprende de la contestacion
dada por el Conde de Paraty, Gran Comendador del
Oriente Lusitano-Unido, á varias lógias españolas
dependientes de aquella jurisdiccion, que á mediados del año 1874 le consultaron respecto de la
actitud que adoptarian en el caso de que se realizaran los proyectos de restauracion de la Monarquía borbónica derrocada por la revolucion de Setiembre de 1868.

La respuesta del Conde de Paraty á la consulta mencionada fué tan breve como elocuente, y
dice así:

"A∴ L∴ G∴ D∴ A∴ D∴ U∴

»GRAN ORIENTE LUSITANO-UNIDO

»SUPREMO CONSEJO

»Deus meumque Jus

«Al Ven∴ y demás hh∴ de la respetable lógia.....

»S∴ E∴ P∴

»Ilustres y queridos HH∴ La consulta elevada
por la Cámara de maestros de esa respetable lógia

en 15 de Junio próximo pasado acerca de la actitud
en que deben colocarse las lógias de nuestra obediencia en el caso de que ocurriese en España el
movimiento político á que dicha comunicacion se
refiere, demuestra una vez más el celo con que pro-
curais cumplir los deberes que libre y espontáneamente os habeis impuesto al ingresar en nuestra
augusta Institucion, y el cuidado con que atendeis
á que los principios que profesamos salgan siempre incólumes de las luchas políticas del presente
siglo, sensibles, pero necesarias, para extirpar de
las naciones á los tres enemigos de nuestra Orden,
el fanatismo, la ignorancia y la supersticion, que
durante tantas centurias han estado dominando al
mundo y cohibiendo á la razon por medio de en-
gañosos dogmas y suspicaces intolerancias.

»A combatir á esos tres enemigos deben tender
los esfuerzos de todos los masones, y si realmente
el cambio político que se anuncia en España tuviera los caractéres de una reaccion de la intolerancia
religiosa, la hostilidad á los poderes que de tal
cambio surgieran sería obligacion impuesta á los
que nos gloriamos de ser los primeros soldados de
la causa de la civilizacion y del progreso.

»Pero como tenemos fundados indicios de que
esos nuevos poderes cuya elevacion se anuncia,
lejos de oponerse á esas conquistas de la humanidad, han de tender á consolidarlas, descartando de
ellas los desbordamientos populares, que en último término son los que provocan esas temidas reacciones, entendemos que la conducta de las lógias
de nuestra obediencia, en el caso de que se realice
el cambio político anunciado, ha de ser de expecta-
cion benévola, máxime cuando estamos en la per-

suasion por las comunicaciones que acerca de este punto hemos recibido de la Gran Lógia de Inglaterra, de que en nada se alterará la situacion de España en lo que se refiere á la libertad de conciencia conquistada por nuestra Orden augusta para esa nacion, á costa de inmensos esfuerzos y sacrificios.

»En este punto la opinion de todos los Supremos Consejos de la masonería universal es unánime, y ninguno de ellos consentiria en que se realizara en España cambio político alguno que hiciera retroceder á esa nacion á los tiempos de un fanatismo, ya pasado en Europa para bien de la Humanidad.

»Recibid, ilustres y queridos hh.·., la salutacion de este Supremo Consejo que os enviamos con los signos, toques, palabras y baterías que nos son conocidos.

»Dado en lugar ocúlto á las miradas de los profanos, á los 20 dias del mes de Setiembre de 1874 (e.·. v.·.).

»EL CONDE DE PARATY.»

El documento que acabamos de copiar es de sobra elocuente para que necesitemos comentarlo.

Los hechos, por otra parte, y con no ménos elocuencia, se han encargado de hacerlo.

VII.

LA RESTAURACION MASÓNICA.

Las seguridades dadas por el Conde de Paraty á las lógias españolas dependientes del Oriente lusitano, en el sentido de que la restauracion de la dinastía derrocada en Setiembre de 1868 no representaba en modo alguno una reaccion y sí únicamente el encauzamiento de las pasiones liberales desbordadas durante el período agudo revolucionario, se vieron confirmadas despues del hecho de Sagunto, como más tarde se encargó de declararlo así el Sr. Cánovas del Castillo, al manifestar ante las Córtes que habia subido al poder para continuar la Historia de España.

La masonería pudo, por lo tanto, darse por satisfecha, y se dió efectivamente, con el cambio político realizado en nuestra pátria en los últimos dias del año 1874, pues todos los principios esenciales del liberalismo, consistentes en la libertad de cul-

tos, de imprenta, de enseñanza y demás libertades
de perdicion del *derecho nuevo*, fueron reconocidos
y aceptados desde luego por el primer Ministerio
de la restauracion, que sólo dedicó sus esfuerzos á
suavizar las asperezas que hacian imposible, ántes
bien ponian en constante peligro, el triunfo de
las ideas que dieron carácter y vida á la revolucion de Setiembre.

Para nadie es un secreto que al liberalismo, y
sólo al liberalismo, convenia suavizar aquellas asperezas que habian lanzado á los campos de batalla á millares de españoles heridos en sus sentimientos católicos, y á los que era preciso, á todo
trance, desarmar para evitar la ruina, ya inminen-
te, de la obra realizada por la secta masónica durante el presente siglo. Por esta razon la masonería transigió, mejor dicho, aceptó como tabla de
salvacion para ella la atenuacion de ciertas crude-
zas revolucionarias que habian sido causa de la
disolucion del Gran Oriente de España, pues como
dice, y dice bien, el mason D. Leandro Tomás Pastor en sus *Apuntes* sobre la masonería, las exageraciones de los exaltados comprometen al liberalismo y preparan las reacciones que pueden destruirlo.

No todos los masones, sin embargo, entendieron
del mismo modo las cosas á raiz del hecho de Sagunto, y de aquí el que algunos trataran de reorganizar el Gran Oriente de España sirviéndose de los
moldes revolucionarios, y á este fin algunas lógias eligieron por su Gran Maestre al mason don
Juan Antonio Perez, que dió conocimiento de su
nombramiento *á los masones exparcidos* por la
superficie de la tierra en el documento que á

continuacion copiamos, y que textualmente dice así:

«A.·. L.·. G.·. D.·. G.·. A.·. D.·. U.·.

«*Nós, Juan Antonio Perez (Ricardo), Subl.·. Princ.·. del R. Secreto, Gran Maest.·. interino de la Sup.·. Gr.·. Lóg.·. Sim.·. del Sermo. Gr.·. Or.·. de España, en ejercicio de esta dignidad como Maestro Mas.·. más antiguo.*

»A todos los MMas.·. regulares exparcidos por la superficie del globo, deseamos:

»S.·. F.·. U.·.

»QQuer.·. y RResp.·. HH.·.: Llamado á desempeñar interinamente el difícil y honroso cuanto altísimo cargo de Gr.·. Maest.·. del Simbol.·., faltaria de lleno á mi deber más sagrado si no dirigiera la voz desde este puesto á todos mis hh.·. mmas.·.

»Bien quisiera que lo tosco de mi frase no desvirtuara en nada la rectitud é imparcialidad de mis sentimientos; que esta breve exposicion llevara á la conciencia de todo el mundo mas.·. la razon de nuestra conducta y las aspiraciones que deseamos realizar; pero ya que esto no consiga, procuraré ser todo lo claro y sucinto que me es dable al trazar á grandes rasgos los últimos acontecimientos que en nuestro seno han pasado, y marcar el derrotero que la Or.·. debe seguir en lo sucesivo, á cuyo fin conspiraré desde este puesto ó desde otro cualquiera en que la voluntad de mis hh.·. me coloque, por creer que es el único conducente para hacer fructificar, universalizándolos y practicándolos, los santos principios que constituyen el lema de nuestra bandera.

»Rivalidades funestas, si bien previstas y denunciadas con bastante anticipacion; una confusion general entre el medio profano y el deber masónico; concupiscencias cada dia más manifiestas ó intransigentes; irregularidad indisculpable y autorizada; tal es el resúmen de nuestros trabajos desde una fecha cuya recordacion debiera borrarse de la memoria de todo buen mason, porque ha sido como el punto de partida de una crisis la más terrible, la más lamentable, la más bochornosa por que ha atravesado jamás la Or∴ en nuestro país.

»Producto el Sup∴ Cons∴ que hasta ahora ha venido al frente de nuestra institucion de esas eternas querellas que la envidia fragua contra el merecimiento; engendro de un conciliábulo basado en el compadrazgo, trajo, y no podia ménos de ser así, una autoridad aparente, si que mortificada por el mismo vicio de su orígen, y un cáncer corrosivo que habia de destruir, tarde que temprano, aquella existencia artificial.

»Determinaciones *ab irato*, extralimitacion de poderes, desconocimiento de los deberes más rudimentarios y elementales, lo más deprimente y absurdo de una dictadura injustificada; todo eso han tenido á su disposicion para gobernar al pueblo mason∴, que en esta larguísima *Via-Crucis* apenas ha podido levantar la voz, no ya para elevar sus quejas, sino ni áun para reclamar el cumplimiento de la justicia.

»Pero tal estado de cosas no podia continuar: el Simbolismo, dentro de cuyos ritos se encuentra casi la totalidad del pueblo mason.·.; el Simb.·., siempre explotado y siempre infatigable paladin del bien y de la virtud; el Simbol.·., único que en la mason.·. española calla, sufre y paga; que todos sus resentimientos los depone en aras de la fraternidad; que pretende acallar y borrar continuamente todo motivo de discordia; el Simbolismo, en el cual no se sabe qué admirar más, si la constancia extrema ó la humildad más resignada, ha tenido hace poco tiempo que hacer valer sus derechos hollados, su dignidad privada y sus atribuciones propias y exclusivas, ante un hecho escandaloso, inaudito y criminal, del que háse procurado hacerle víctima.

»La Gran Lógia Simbólica del Sermo. Gr.·. Or.·. de España ha tenido recientemente conocimiento de que el Sup.·. Cons.·. de la Mason.·. española, mientras exigia de las Lógias cotizaciones extraordinarias para salvar, segun decia, las circunstancias difíciles que en el órden financiero nos aquejaban, daba autorizaciones á un h.·. para que allende los mares, en la isla de Cuba, se levantasen Lógias que él debia instalar y cuyas cartas constitutivas quedaba autorizado para expedir, por cuenta del alto Cuerpo autorizante, en cuyo Tesoro deberian ingresar los derechos correspondientes; con otras particularidades de importancia suma que omitiré por no referirse totalmente al Simbolismo.

»En presencia de este escandalosísimo é injustificable atentado, el Cuerpo Supremo de la Masonería Simbólica se ha sentido fuertemente herido, se ha considerado reducido á la condicion más triste, y él que ha visto cómo en vez de darnos á conocer á la Mason.·. universal, un acto de mal fundado orgullo ó de vanidad individual nos ha apartado de las relaciones amistosas con el Gr.·. Or.·. Lus.·. Un.·. y con el Gr.·. Or.·. de Colon; que no otra cosa sino efectos contrarios á sus miras han tenido las indiscretas y poco premeditadas medidas de ese Sup.·. Cons.·., se ha sacrificado, sin embargo, en holocausto de la union y la concordia, no ha podido callar un solo momento más y ha presentado y dirigido á la Cám.·. respectiva una acusacion por delito grave contra el poder intruso y arbitrario que así desconocia sus deberes y nuestros derechos. En tramitacion se encuentra el proceso; en él se han aducido las pruebas necesarias y plenísimas para verificar el delito y sus circunstancias, y nada me toca añadir á lo ya expuesto sino que aguardamos el fallo del Tribunal competente, y á él nos atendremos como mason.·. regulares, obedientes á las leyes y amantes de la justicia.

»En el entretanto, y suspenso *ipso jure* el Gr.·. Comend.·. Gr.·. Maestr.·. y su Adjunto, y suspensas tambien ó ausentes las demás DDig.·. de la G.·. Lóg.·., mi antigüedad en la Ord.·. me ha colocado en este delicado puesto, desde el que, repito, seré el fiel observador de nuestras prácticas, de nuestro Rito, y el celoso defensor de nuestros derechos y de la autoridad y autonomía del Simbolismo.

»Constitucion definitiva de todas las CCám.·. necesarias en un GGr.·. Or.·. para establecer la debida relacion é independencia en sus actos y la garantía de todos nuestros derechos; exacto y fiel cumplimiento de los deberes que á cada uno le impone su posicion y el respeto más absoluto y sincero á los preceptos legales son, en mi sentir, los medios más conducentes á lograr un fin santo y en armonía con nuestros propósitos.

»Para lo primero todas las Lógias de provincias encontrarán en el presente número de nuestro *Boletin* las disposiciones que han de dar aquel resultado; para lo último sólo la conciencia estrecha del deber de cada uno, la íntima y perfecta union entre todas las LLóg.·. y un propósito inquebrantable en los PPod.·. SS.·. serán medios eficacísimos para llegar á nuestro objeto.

»Antiguo en la Mason.·., conocedor de la generalidad de los trabajos de todas las CCám.·., por razon del grado que poseo, y conocedor, al propio tiempo, de los hombres, por mi experiencia y edad, yo tal vez pueda apreciar debidamente las cualidades de los elementos con que hoy cuenta la Masonería en España. Sea mucho ó poco el tiempo que haya de servir este cargo, aquí ó allí, donde mis hh.·. dispongan, si estoy dispuesto á borrar toda suerte de imperfecciones, empuñando la Trull.·. del Maest.·., tambien me encuentro firmemente decidido á contener á cada uno dentro de los límites de sus legítimos deberes, sin arrogancias ni debilidades, ántes bien acogiéndome á la autoridad que nuestra sábia legislacion me concede.

»Mucho y bueno podemos hacer, qq.·. hh.·.; provechosa y grande debiera ser nuestra obra; elementos sobradísimos tenemos para llevarla á cabo; dispuestos estamos todos á contribuir individualmente con todas nuestras fuerzas en pró del bien comun; falta sólo que nos liguemos más íntima y fuertemente; falta que estrechemos más y más nuestro lazo de union; falta que nos confundamos en un abrazo recíproco para no apartarnos jamás del compromiso que han contraido nuestras conciencias y que satisfarán nuestros corazones.

»Si así lo hacemos, qq∴ hh∴, todavía los que, á pesar de nuestros años y nuestras decepciones, conservamos íntegra la fe, la reavivaremos y tendremos el consuelo de, al despedirnos de nuestros cariñosos hh∴, llevar el alma llena de esperanzas por la satisfaccion de lo hecho y la seguridad de un porvenir lisonjero.

»Que el Gr∴ A∴ del U∴ os ayude é ilumine como todos necesitamos.

»Trazado en un lugar en donde reinan la paz y la justicia á los diez y ocho dias del mes de Julio de 1875 e∴ v∴.—El Gr∴ Maest∴ interino,

»JUAN A. PEREZ.»

Otros masones no quisieron adherirse á este movimiento, entre ellos D. Juan Utor y Fernandez, que á su vez se despidió de la masonería en el siguiente documento:

«Á LA MASONERÍA ESPAÑOLA

»Hermanos: Desconocimiento del Código fundamental de vuestra veneranda Institucion; carencia de virtudes mmasón∴ para tolerar debilidades é imperfecciones que el hombre, en general, de suyo tiene; contagio de mezquinas pasiones que conducen al mundo profano por un sendero de perdicion y escándalo, olvidando que á nosotros toca, miembros de una sola y fraternal familia, ofrecer á la humanidad ejemplos dignos de ser imitados; falta de amor que repele el ódio y á la envidia hiere, y otras mil causas que todas, absolutamente todas, tienen por orígen la ignorancia, son guiadas por el orgullo, susténtanse en la ambicion y envuélvense con la máscara de la hipocresía, han preparado en nuestra desgraciada pátria situaciones tales de perturbacion dentro de nuestra veneranda Ord.·., que todo el que se vanaglorie con el humilde, pero honrosísimo dictado de francmas.·., ha de contemplar tristemente con profundo y sentido dolor.

»Rotos los eslabones de los OOr.·. Hispano, Ibero y España, y cuando en holocausto de la union sincera, por todos tan deseada y por mí tan querida, no dudé ni un momento en desgarrar el estandarte del primero y en doblar el del segundo en pró de tan altos fines, siento hoy pesar profundo al contemplar en momentos tan difíciles que la obra de seis años, por mí preparada, haya venido á desaparecer en un dia por culpa de todos, absolutamente de todos los hermanos.

»Y en esta situacion véome precisado, llena el alma de amargura, de dolor el pecho, abatido mi espíritu ante la pequeñez del hombre, pero con el valor que prestan á mi inteligencia ideas fijas, pensamientos meditados, razones conocidas, á separarme de una Institucion á la que tanto amo, y por la que jamás escatimé sacrificio alguno; y al hacerlo así, lo verifico con el propósito firme de no volver jamás á ella, que es vida de mi vida, religion de mi conciencia, monumento de mis aspiraciones, hasta que conmigo crean mis hermanos que aquí debemos ser *uno para todos, todos para uno.*

18

»Y en este dia venturoso golpeará con efusion á las puertas de nuestros Templos como el último y el más indigno de vosotros,

»JUAN UTOR Y FERNANDEZ.

»Madrid, 19 de Julio de 1875.»

Por su parte, los masones de la obediencia del titulado Oriente Nacional, que durante la época revolucionaria continuaron suscitando al Oriente de España la competencia de jurisdiccion entablada en 1868, ratificaron al marqués de Seoane los poderes de Gran Comendador que venía ejerciendo, al paso que otras Lógias desprendidas del Oriente que en 1870 reconoció por su Jefe á D. Manuel Ruiz Zorrilla se constituían bajo los auspicios de otro Supremo Consejo presidido por el'ex-Ministro de Marina de la república D. Jacobo de Oreiro, y despues, á la muerte de éste, por D. Francisco Panzano y Almirall, de nombre simbólico *Caton de Utica.*

Ninguno de estos Orientes respondia por aquel entonces á los planes de los poderes ocultos de la secta, que pretendían hacer efectiva la influencia masónica en la gobernacion del Estado de una manera directa y efectiva, y á este fin obligaron al mason la Somera, cuya dictadura masónica carecia ya de razon de ser, á renunciar á ella, y valiéndose del mason D. Juan Utor y Fernandez, no obstante la decision públicamente manifestada por éste de abandonar los trabajos masónicos, reorganizaron otro Supremo Consejo, cuya direccion fué confiada á D. Práxedes Mateo Sagasta, despues que este último hubo reconocido el régimen político que se derivó del hecho de Sagunto. Una vez realizada esta designacion, procuraron los mencionados poderes secretos de la masonería que el Oriente del H.·. *Paz* fuese reconocido como potencia regular masónica por los Supremos Consejos de las demás Naciones, lo cual se obtuvo del Supremo Consejo de Charleston y de los de Grecia, Irlanda y Escocia, pero no del de Francia, que optó por reconocer al Oriente Nacional presidido por el Marqués de Seoane.

Por este tiempo el Oriente presidido por D. Juan Antonio Perez se fundió en el Supremo Consejo, de que era Gran Comendador D. Francisco Panzano, que al reconocimiento otorgado á favor del Oriente, Sagasta contestó con un documento de protesta, cuyos principales párrafos pasamos á copiar en el capítulo siguiente.

VIII.

FRATERNIDAD MASÓNICA.

Despues de exponer los argumentos en que el Oriente presidido por D. Franciseo Panzano apoyaba su pretension de que á él y no al Oriente Sagasta se le otorgase el título de potencia regular masónica en España, decía así el documento á que nos hemos referido en el capítulo anterior:

«Huyendo de la confesion del orígen cismático de vuestro protegido Cons.·. *Paz* ó *Romero Ortiz*, habeis supuesto que el de la Somera, su causante, fué el continuador del de Ruiz Zorrilla, siendo sólo una fraccion disidente la que hizo Gr.·. Comend.·. á Carvajal. Para ello habeis desestimado los hechos siguientes:

»1.º Que en 28 de Setiembre de 1873, bajo la presidencia del Gr.·. Comend.·. Carvajal, continuó todo el personal de GGr.·. OOf.·. y DDig.·. de que se componia el Cons.·. *Zorrilla.*

»2.º Que la existencia del Cons.·. *la Somera* no se anunció hasta el mes de Marzo de 1874, dándose á conocer únicamente el mismo la Somera y Rodriguez Trio, con motivo de la vista y fallo del ridículo proceso formado en la titulada Gr.·. Lóg.·. Simból.·. á todo el Sup.·. Cons.·. del gr.·. 33, que habia sido presidido por el Gr.·. Comend.·. Ruiz Zorrilla.

»3.º Que el Cons.·. *la Somera*, en lo que puede llamarse su primera época, hasta el año 1875, no se compuso más que de antiguos expulsos de la Ord.·. por los delitos de rebelion, perjurio, distraccion de fondos y falsificacion de firmas, y de aquellos á quienes éstos dieron el gr.·. 33.

»4.º Que el Cons.·. reorganizado y presidido por el Il.·. H.·. Carvajal no fué acusado, ni procesado por la titulada Gr.·. Lóg.·. Simb.·., ni sentenciado por el monstruoso Cons.·. *la Somera*, á causa de excision alguna ocurrida en su seno; sino por haber dado y mandado cumplir sus Decretos de 7 de Octubre y 12 de Diciembre de 1873, que fueron calificados de subversivos por los cismáticos, cuyos Decretos os fueron consultados, como á todos los SSup.·. CCons.·. y GGr.·. OOr.·. regulares, por nuestro *Memorandum* de 15 de Junio de 1874, sin que os dignárais tomarlo en consideracion y contestarnos, ni siquiera acusarnos recibo.

»5.º El reconocimiento de la legitimidad del Sup.·. Cons.·., cuyo Sob.·. Gr.·. Comend.·. era el Il.·. H.·. José de Carvajal, hecho por los HH.·. Sergio Martinez del Bosch y demás que recibieron de él el grado 31, prestándole el más solemne juramento de fidelidad y obediencia: por el Il.·. H.·. Manuel Ruiz Zorrilla, que le trasmitió su llamamiento dirigido al Simbolismo en 1.º de Enero de 1874, y por el Il.·. H.·. Manuel Llano y Persi, que llamó á su puerta como Miembro supernumerario del mismo y tomó asiento en él para presentarle la trasmision del llamamiento expresado.

»Tambien habeis supuesto, y de un modo afirmativo, que el Il.·. H.·. Manuel Ruiz 'Zorrilla destituyó del cargo de Ten.·. Gr.·. Comend.·. á José de Carvajaí y confirió este cargo á Manuel Llano y Persi. Respecto de esta suposicion, ó mejor dicho, afirmacion, debemos apelar á vuestra benevolencia para deciros terminantemente que es falsa, y confesaros el grande asombro con que vemos, que al sencillo hecho de Ruiz Zorrilla diputando á Llano y Persi para poner en conocimiento del Cons.·. su resolucion referente al Simbolismo y presentar á éste la resignacion del cargo del Gr.·. Maestre, que en realidad no tenia desde que la Gr.·. Lógia habia dejado de existir en 1872, hayais dado el carácter de tales destitucion y nombramiento; tratándose de un oficio que ni tiene nada que ver con el Simbolismo, cuando se halla organizado con su Sup.·. Cons.·. y su Gr.·. Maestre á la cabeza, ni despues de organizado un Sup.·. Cons.·. se halla á merced de la voluntad de los SSob.·. GGr.·. CComend.·., cuyo derecho se limita á la provision de los Oficios vacantes: despues de provistos, los Oficiales no lo son del Gr.·. Comend.·., lo son del Sup.·. Cons.·.; son sus Miembros en el cargo que se les ha discernido, cargo que sólo pueden perder por las mismas causas que pierde ó cesa el de la Gr.·. Comendadoría. Entender otra cosa, es desviarse de lo terminantemente dispuesto en las CConst.·. y EEst.·. de 1786, y de las reglas á que debe ajustarse toda interpretacion desapasionada.

»Igualmente habeis supuesto que Carvajal debió cesar en el cargo de Ten.·. Gr.·. Comend.·. al cesar Zorrilla en el de Gr.·. Comend.·. ó conservarlo sólo por el tiempo que restase hasta completarse los tres años señalados á la duracion de este cargo por las CConst.·. del Gr.·. Or.·. de España, hechas en 1870. Al consignar esta suposicion, parece que aceptais como buena la reforma hecha por estas CConst.·. en las de 1786; reforma tan esencial que, de ser aceptada, cambiaria el órden de sucesion de los SSob.·. GGr.·. Comendadores, sustituyendo la eleccion al llamamiento de la ley básica de los SSup.·. CCons.·.; á la continuidad orgánica de éstos, su reconstitucion trienal, y al oficio del Ilmo. Dip.·. Gr.·. Comend.·.; que es propio del segundo Oficial del Sup.·. Cons.·., una mera Diputacion del Sob.·. Gr.·. Com.·., un cargo que, sin menoscabo alguno de aquel Oficio, puede siempre el Sob.·. Gr.·. Comendador conferir á cuantos IInsp.·. Gen.·. lo estime conveniente, sin que por ello vengan á ser Miembros numerarios del Cons.·. Y luego os amparais de dichas CConstit.·. de 1786 para decir que la Asamblea General de SSob.·. GGr.·. IInsp.·. Gen.·., en la que se reconstituyó el Sup.·. Cons.·. con fecha 28 de Setiembre de 1873, fué un Cuerpo desconocido en el Rito Escocés Ant.·. y Acep.·.; un Cuerpo extraño á dichas CConst.·.; un Cuerpo usurpador; un Tribunal revolucionario; un Cuerpo no más legal que lo es el populacho. Para esto os ha sido preciso olvidar, pues no lo habeis podido desconocer, supuesto que conoceis nuestro *Informe* de 15 de Junio de 1874, al que con más repeticion que exactitud os referís:

»1.º Que aquella Asamblea era la misma convocada en 25 de Octubre de 1872 por el Sup.·. Cons.·. cuyo Gr.·. Comend.·. era Ruiz Zorrilla.

»2.º Que en ella no se privó, ni habia para qué privar de ninguno de los Poderes Soberanos al Sup.·. Cons.·., ni hacer nada de cuanto gratuitamente suponeis; porque el mismo Sup.·. Cons.·. hizo la declaracion. de la irregularidad que en él imprimieron los hechos verdaderamente revolucionarios del año 1870, destituyendo á Mañan, exaltando á la Gr.·. Comendadoría á Ruiz Zorrilla, profano pocos dias ántes, y mandando observar unas CConst.·. contrarias á las fundamentales del Rito Escocés antiguo y aceptado.

»Y hecha aquella declaracion, que jamás hubiera sido conocida fuera del mismo Sup.·. Cons.·. que, con honra del propio Il.·. H.·. Manuel Ruiz Zorrilla, acordó fuese reservada, si la imprudencia de los presididos por la Somera no hubiera hecho necesaria su publicacion, ¿qué recurso podia encontrar aquel Cons.·. para purificarse de la irregularidad y reponer los hechos que la habian producido en 1870, si no era el de su reconstitucion, efectuada de conformidad con lo prescrito en los Artículos II, III y V de las CConst.·. y EEstat.·. de 1786?

»Decís que la Asamblea de los SSob.·. GGr.·. IInsp.·. de una jurisdiccion es desconocida en aquellas CConst.·. Es verdad que en ellas no se menciona; pero, decidnos, Muy Pod.·. y considerado H.·., ¿qué importa que no se mencione, si el párrafo III del artículo II la hace necesaria? Si no es reuniéndose todos los GGr.·. IInsp.·. Gen.·. existentes en una Nacion señalada como idónea para poseer un Sup.·. Cons.·. del gr.·. 33; si no es en la Asamblea de todos los que no se hallaren irregularizados, ¿cómo podria cumplirse la prescripcion de dicho artículo? ¿cómo podria conocerse y declararse cuál de ellos era el más antiguo, y, por tanto, aquel á quien la ley discierne el derecho de crear ó formar el Sup.·. Cons.·. jurisdiccional? Y si esto fué lo que se efectuó en 28 de Setiembre de 1873, y por su medio resultó reproducido el hecho perfectamente constitucional del año 1869, cuya regularidad reconoceis, con la circunstancia importantísima de legalizar, en vez de destruir, los hechos consumados, ¿qué puede haber de más conforme con las citadas CConst.·., especialmente en su art.·. II, que impone á los GGr.·. IInsp.·. GGen.·. de la Ord.·. los deberes de mantener entre sí la caridad, la union y el amor fraternal; conservar la regularidad en el trabajo de cada grado y velar por la observancia de los *Dogmas, Doctrinas, Institutos, Constituciones, Estatutos y Reglamentos* de la Ord.·., y principalmente de los de la Sublime Masonería, haciendo que en todas ocasiones sean obedecidos y observados?

»En oposicion á esta doctrina, sosteneis en vuestro Informe, que Mañan, Pastor, Carvajal, Alvarez y el que os dirige el presente, lejos de aceptar nada del Il.·. H.·. Manuel Ruiz Zorrilla, ni del Cons.·. de su presidencia, ni siquiera tomar asiento en él, debimos protestar siempre de su exaltacion á la Gr.·. Comendadoría y mantener los derechos del Gr.·. Comend.·. ilegalmente destituido. Quizá tuviérais razon si los hechos se hubiesen efectuado en un país donde nuestra veneranda Ord.·. tuviese ya hondas raices, donde los masones hubiesen adquirido el hábito de observar los Dogmas, las Doctrinas, los Institutos, las CConst.·., los EEstat.·. y los Reglamentos de ésta; pero no en España, donde la Orden apenas si aún es bien conocida de sus propios adeptos, donde los hábitos arraigados son los de hacer política por medios violentos, produciendo perturbaciones dentro y fuera de la Orden. Nosotros creimos que la resistencia y las protestas, siendo estériles para el bien, serian fecundas para el mal, pues servirian de nuevo pábulo á las pasiones que á demasiado lamentable situacion habian traido ya á la Orden en España. Nosotros creimos que este procedimiento hacia indiscutible la legitimidad del Sup.·. Cons.·., y, puesto que se aceptaba la personalidad del Il.·. H.·. José de Carvajal como Ilmo.·. Dip.·. ó Ten.·. Gr.·. Comend.·. para la sucesion del Il.·. H.·. Manuel Ruiz Zorrilla, ponia tambien sobre el alcance de toda duda en lo exterior del Cons.·. la legitimidad masónica de este Resp.·. nombre y la regularidad de todos los actos con él autorizados. Hoy seguimos creyendo, como entonces, que esto era lo más pacífico, lo más fraternal, y, sobre todo, lo más decente, cualidad que para nosotros señala siempre lo mejor.

»Vos, Muy Pod.·. y considerado H.·., habeis visto las cosas á que nos referimos por un prisma que les ha dado un carácter enteramente inverso. A favor de repetidas paradojas, fundadas en los absurdos principios de que la Soberanía jurisdiccional no es privativa del Sup.·. Cons.·., cuyo primer Oficial es el mismo Gr.·. Comend.·.; que los demás Oficiales tienen una inmediata dependencia de éste, en vez de ser cada uno como aquél, todos Miembros de un mismo Cuerpo, y como tales Miembros, iguales entre sí é independientes en el ejercicio de

sus respectivas funciones; y que lo que es ilegal de
su naturaleza, como contrario á la ley fundamental de los SSup.·. CCons.·., puede ser legitimado por
medio de la aceptacion de éstos y hasta por la de
algunos de sus miembros, se os ha llevado á establecer que la conducta de los que procuramos, por
medios tan pacíficos y fraternales, el restablecimiento del derecho constituido en 1786, por cuya
estricta observancia estábamos principalmente
obligados á velar en virtud del juramento de nuestro cargo de Min.·. de Est.·. del S.·. I.·. fué *poco digno y desleal* para con el Il.·. H.·. Ruiz Zorrilla.

»¡Asómbranos, Muy Pod.·. y considerado H.·.,
más que la injusticia, la ligereza con que habeis
consignado estos calificativos, aceptando la idea
que, al usarlos, dais de vuestro modo de mirar los
deberes y las obligaciones, las cosas y las personas!

»Acerca de nuestro Il.·. H.·. Manuel Ruiz Zorrilla,
teníamos y tenemos el deber de respetar y honrar
su nombre, que nadie más que nosotros ha respe-
tado y respeta, honra y aprecia; pero tratándose
de la Ley, es decir, de las CConst.·. y EEstat.·. de
1786, por las cuales son los SSup.·. CCons.·. y
los SSob.·. GGr.·. CComend.·., teníamos y tenemos
la sagrada obligacion de velar por su observancia, de cumplirla y hacer que se cumpla de un
modo inviolable en esta jurisdiccion masónica. Si
al explicar esa Ley, si al enseñar su cumplimiento,
si al señalar en ella la traza á que han de ajustarse
los trabajos del Arte de la Sublime Masonería, en
todo lo cual no hacíamos más que cumplir con la
más perfecta obligacion de nuestro Oficio, la Gr.·.
Comendadoría de nuestro Il.·. H.·. resultaba fuera
de aquella ley, evidenciando una indeleble irregu-

laridad en el Sup.·. Cons.·., si le pedíamos constantemente que se purificase de ella, así fuese necesario acudir á su reconstitucion, con arreglo á lo prescrito en los artículos II y V de aquellas CConst.·., y propusimos siempre los medios más pacíficos, más fraternales y más honrosos para todos, incluso el respetable nombre de nuestro Il.·. H.·., ¿en qué, ni por qué, podia ser nuestra conducta *indigna ni desleal?* ¿Es que, en vuestro concepto, debimos aceptar y mantener aquella irregularidad esencial é indeleble, prefiriendo los falsos y transitorios intereses de la persona á los verdaderos y permanentes del cargo de la Gran Comendadoría, del Sup.·. Cons.·. y de la Ord.·. toda en esta jurisdiccion; intereses que sólo en la inviolable observancia de la Ley se hallan? Si realmente fuera ésta vuestra opinion, lo sentiríamos por Vos, por ese Sup.·. Cons.·. de vuestra presidencia, y por la Ord.·. en general, Muy Pod.·. y considerado H.·..

»¡Respecto del Il.·. H.·. Carvajal, se os ha llevado hasta el extremo de calificar su conducta de *criminal y traidora!* Esto es ya demasiado grave. Estamos seguros de la caballerosidad del Il.·. H.·. Manuel Ruiz Zorrilla, y no dudamos que se apresurará, como debe, á patentizar la injusticia de esas calificaciones, para lo cual le bastará con sólo manifestar la verdad de los hechos, no pudiendo ignorar los que llegaron á comprometer la regularidad masónica del Il.·. H.·. Carvajal en el seno del Sup.·. Cons.·., por su empeño en sostener su Gr.·. Comendadoría y con ella una situacion ilegal é insostenible. Pero entre tanto, Muy Pod.·. y considerado H.·., sufrid que á vuestra vez os digamos, que la *indignidad* y *la deslealtad* están en los que han abusado de vuestra confianza, poniendo en vuestra pluma esos calificativos, sin más fundamento que el de sus falsas suposiciones. Que la *deslealtad*, el *crímen* y la *traicion*, están en la conducta de los que, habiendo jurado las CCons.·. y EEstat.·. de 1786, faltan á sus preceptos, proclaman ó admiten el derecho de reformarlas, y quieren que los Miembros de los SSup.·. CCons.·. se desliguen de estos Cuerpos Soberanos, para ligarse con la personalidad de los GGr.·. CComend.·. y convertirse en meros Oficiales de éstos.

»Nosotros, al recibir el gr.·. 33 y tomar asiento en el Consejo, no prestamos más juramento que el de las CCons.·. y EEstat.·. de 1786, con los deberes que ellos imponen, el Reglamento de este Sob.·. Cuerpo, la fidelidad debida al mismo, y el exacto cumplimiento de los deberes de nuestro respectivo cargo. Ningun juramento de fidelidad y obediencia personales nos ligó jamás con el Il.·. H.·. Manuel Ruiz Zorrilla, ni con ninguno de cuantos han ejercido el cargo de GGr.·. CComend.·. en esta jurisdiccion, en la que el Sup.·. Cons.·. no ha sido, no es, ni será jamás del Gr.·. Comend.·., sino, por el contrario, y con arreglo á dichas Constituciones y Estatutos, el Gr.·. Comend.·. ha sido, es y será siempre del Sup.·. Cons.·. uno de sus nueve Oficiales, y como tal, uno de sus Miembros numerarios, y nada más que el primero entre sus iguales. ¿A qué viene, por consiguiente, en qué puede fundarse vuestra suposicion de que nuestra conducta, con tanta dureza como injusticia calificada, pudo tener á lo sumo el *pequeño apoyo de una restriccion mental?* ¿Cuándo pudo tener lugar esa restriccion, si nunca hemos hecho el juramento que suponeis, á pesar de que no lo exigen ni las CConst.·. y EEst.·. del grado, ni los Rituales, ni el Reglamento del Consejo, ni jamás hemos faltado á ninguno de cuantos efectivamente hemos hecho?

»Tambien debemos advertiros que esa teoría de las *restricciones mentales* podeis aplicarla á quienes os hayan acreditado, por medio de incontestables hechos ó de propia confesion, ser bastante indignos para merecerla ó aceptarla; tal vez á los inspiradores de vuestro mal aconsejado Informe. Los hombres de las restricciones mentales serán siempre los que acreditan la bajeza necesaria para imputarla á otros; los que manchan una pluma respetable con el innecesario é injustificable insulto; los que para llegar al fin que se proponen suponen todo género de falsedades; para abonarlas, se arman del sofisma y la paradoja, y arrastrados en su bajeza por el miserable espíritu de la adulacion, llegan á sumergirse en el asqueroso fango de la mentira, la injuria y la calumnia.

»Muy Pod.·. y considerado H.·.: al leer las anteriores frases, tened presente que nosotros no señalamos á nadie como objeto de las mismas; si pueden tener aplicacion, *Vos* sois quien debe conocerlo, y en tal caso aplicarlas. No las usaríamos si la dureza de vuestras calificaciones hubiese recaido exclusivamente sobre nuestro nombre; Panzano y Almirall os lo entrega, y lo entrega á sus enemigos si es que los tiene, cosa que no cree; pero no puede entregaros igualmente los respetabilísimos nombres de de sus Ill.·. HH.·. José de Carvajal y Simeon de Avalos. Por eso nos ha sido preciso hacer justicia á quienes tan injusta y calumniosamente han calificado, sobre sus propias y malévolas suposiciones, la conducta de estos beneméritos de la Ord.·. y de la pátria en grado heróico, cuyos imitadores multiplique el Todopoderoso para su mejor servicio y gloria de ambos.

»Es falso, lo repetimos, absolutaménte falso, que los HH.·. Avalos *(Cincinato)* y Carvajal *(Tiberio Graco)* se unieran personalmente, por juramento ni otro medió alguno, con el Gr.·. Comend.·. *Cavour I*, ni recibieran de él cargo ni oficio que les impusieran deberes ni obligaciones especiales para con su persona, porque sus Oficios estaban creados por la Ley, aunque á los GGr.·. CComend.·. corresponda proveerlos en las vacantes, y al ejercitarlos, sólo podian ver la Ley y el Regl.·. que habian jurado. Esto no obstante, es cierto que José Carvajal hizo siempre cuanto le fué posible para sostener en aquella Dignidad á Ruiz Zorrilla.

»Es falso, absolutamente falso, que jamás existiese liga ó coaccion alguna contra la Gr.·. Comendadoría de Ruiz Zorrilla; lo cierto es que los GGr.·. IInsp.·. GGen.·. que, como el Il.·. H.·. Simeon de Avalos *(Cincinato)*, jamás han faltado al cumplimiento de sus deberes y obligaciones, estrechamente unidos por el solemne juramento de su grado, en el indeclinable deber de velar por la observancia de las CConst.·. de 1786, trabajaron de consuno por el restablecimiento de sus inviolables principios y de la regularidad de los Cuerpos masónicos á que la infraccion ó desvío de aquellos principios habia afectado; y todo esto, procediéndo siempre con el más solícito cuidado de evitar perturbaciones, y lejos de rebajar, ensalzaran el nombre del Il.·. H.·. *Cavour I*. Bien acreditaron este propósito con la comunicacion de despedida que el

Sup∴ Cons∴ le dirigió, en virtud de proposicion hecha por el mismo Il∴ H∴ José de Carvajal, y unánimemente aceptada, cuándo los sucesos políticos le pusieron en el caso de salir de España.

»Sufrid todavía, muy Pod∴ y considerado H∴, que otra vez dudemos de vuestra creencia en esas suposiciones, paradojas y afirmaciones á que os han conducido: nos bastan para esta duda el respeto que siempre os profesamos y lo inconveniente de los argumentos á que os veis obligado para llegar á la indispensable prueba de la legitimidad del Cons∴ *Paz* ó *Romero Ortiz*. ¿A qué más argumentos ni pruebas, si efectivamente creyérais en las que dejamos examinadas? Y sin embargo, confesando cierta vacilacion de ánimo, que sólo puede aceptarse como consecuencia de la falta de fe en vuestras propias afirmaciones, os salís del perímetro de las apreciaciones masónicas, que tan falsamente habeis recorrido, y pasais á fundar vuestras conclusiones en el terreno profano.

»Repetís que ese Sup∴ Cons∴ y Gr∴ Or∴ está compuesto de *hombres que no tienen superiores en España, intelectual ni socialmente considerados.* Afirmais que tiene bajo su jurisdiccion 168 Lógias, 30 Capítulos y 10.000 masones. ¡Y estableceis que su prosperidad, poder y progreso, la excelencia y dignidad de sus Miembros y su asegurada permanencia, son consideraciones muy importantes *en la cuestion de la legalidad de su orígen!* Vais más allá: ¡decís que esta cuestion se halla resuelta en favor del mismo Sup∴ Cons∴ y Gr∴ Or∴ por la aceptacion de lo que llamais *Pueblo masónico!* ¿Por qué no habeis comenzado por decirnos: ¿qué poder es ese al que llamais *Pueblo masónico,* atribuyéndole

19

la facultad de legalizar con su mero reconocimiento el orígen de un Sup.·. Cons.·. y Gr.·. Or.·., así procedan de *la rebelion, el perjurio y la apostasía,* que es de donde realmente proceden el Sup.·. Cons.·. y Gr.·. Or.·. á que os referís? Vos, muy Pod.·. y considerado H.·., que no habeis encontrado en las CConst.·. y EEstat.·. de 1786 el poder de una Asamblea de los GGr.·. IInsp.·. GGen.·. de una jurisdiccion, ni para proceder á la creacion del correspondiente Sup.·. Cons.·. del gr.·. 33, en cuyo caso nosotros, en nuestra ignorancia, creemos que la Asamblea tendria por dichas CConstit.·. el poder bastante, de cualquier modo que llegare á congregarse: Vos, que ni siquiera la aceptais congregada por el llamamiento de un Sup.·. Cons.·. que, reconociendo existir sólo de hecho, hallándose inspirado por un espíritu superior á bastardas ambiciones, prefiere á su continuacion irregular la gloria de promover la creacion del Soberano Poder jurisdiccional, con arreglo á los preceptos de las CConstit.·. de los SSup.·. CCons.·., y decís ser un cuerpo *no más legal que lo es el populacho,* ¿dónde habeis encontrado la legal existencia de ese Soberano de Soberanos á que llamais *Pueblo masónico?* No queremos ni siquiera sospechar que os refirais al Simbolismo, aceptando el cismático principio de que todos los Poderes de la Ord.·. surgen de las GGr.·. LLóg.·. SSimb.·., en vez de emanar del derecho constituido en 1786; en cuyo caso, resultando invertido el órden jerárquico, claro está que el gr.·. 33 corresponderia al *populacho,* es decir, á los ignorantes, á los que todavía no estuviesen preparados para recibir los grandes principios de la Ord.·. sin peligro de corromperlos, como un vaso sucio corrompe ó adultera lo que en él se pone, ó la piedra tosca recien arrrancada de la cantera del Líbano, de la cual podrá sacarse una Minerva, pero que todavía no está dispuesta para nada. Lo repetimos, no queremos ni siquiera sospecharlo, porque en tal caso, tendríamos la dolorosa necesidad de cambiar la naturaleza de este *Informe* y concluirlo diciéndoos: Sir Albert Pike, sois tan perjuro y apóstata como los fundadores del Cons.·. *Paz* ó *Romero Ortiz*, que en sus *Boletines* de 1873 y 1874 proclamaron ese absurdo principio, sobre el cual organizaron sus trabajos. ¡Oh! no: esto no es posible, y para probar lo contrario basta ver que no someteis al fallo de ese Poder titulado *Pueblo masónico* vuestra cuestion jurisdiccional sobre las Islas Sandwich. ¿Cómo en vuestra sabiduría, habíais de someterla al fallo de ese extraño Poder profano, á que sin conciencia del hecho se franquean desgraciadamente las puertas de muchas LLóg.·., hasta en las jurisdicciones más ortodoxas, como por el concurso de muchas circunstancias pudiera considerarse la vuestra, si cuantos fallos ha pronunciado hasta ahora acreditan ser un Poder idólatra del falso *dios Exito*, que hoy crea una República, mañana legaliza la usurpacion, convirtiendo la República en Imperio, para negarle su apoyo cuado lo ve comprometido, confirma y hace buena la usurpacion de las Provincias, siendo siempre un Poder mercenario de la fortuna, voluble como ella? Estamos bien convencidos de que áun cuando ese poder fuese consultado y su fallo confirmase la declaracion de los Confederados de Lausanne, que adjudicó á otra soberanía jurisdiccional masónica aquellas islas, dejo de considerar legitimada su posesion por ese fallo ni por el tiempo que durase, la calificaríais, como el primer tratadista del Derecho político internacional calificó la larga posesion de los pueblos sometidos por medio de la fuerza, diciendo: que el largo tiempo, lejos de legitimarla, no hace más que acrecentar la injuria. No digais que tratándose del fallo del *Pueblo masónico*, no es aplicable la doctrina contraria al derecho de conquista, porque en los resultados del sufragio no hay fuerza, son siempre la expresion del derecho. No os creeríamos si lo dijérais, despues de los hechos que dejamos indicados y otros muchos, con deplorable frecuencia repetidos en todos los países en que el principio es admitido; probando todos que los plebiscitos, lejos de ser la expresion de la libertad, lo son de los medios á que se somete la manifestacion de la voluntad ó la emision del sufragio, medios cuya fuerza, no pudiendo ser nunca más legítima que la de las armas, cuenta siempre con el apoyo de otras más abominables todavía, cuales son: la de la ignorancia de las masas y la de la corrupcion á que suelen prestarse los ambiciosos que más las agitan.

»Tampoco podemos creer, á pesar de leerlo en vuestro Informe, que tratándose de averiguar la legalidad del orígen de un Sup∴ Cons∴ y un Gr∴ Or∴ que, segun Vos mismo lo estableceis, apenas cuenta ocho años de existencia, tiempo insuficiente para haber tendido sobre él las nebulosas que decís, crear la asistencia del derecho en favor de dichos GG∴ OOr∴ y SSup∴ CCons∴, deis la menor importancia al *estado de prosperidad, poder y progreso* en que se os ha presentado el Sup∴ Cons∴ y Gr∴ Or∴ *Paz* ó *Romero Ortiz*, á las seguridades de su *permanencia* ni á la *excelencia y dignidad de sus Miembros.* ¿Cómo habíamos de haceros la injuria de creerlo, si en vuestra sabiduría no podíais ignorar que la legalidad del orígen de los Cuerpos masónicos se halla sólo en la legalidad del Poder que los constituyó y en la de los actos con que su constitucion tuvo efecto, habiéndose conformado con las CCons.·., EEstat.·. y RRegl.·. GGen.·. de la Ord.·., y que la prosperidad, poder y progreso de ésta en una jurisdiccion no consiste en el mayor número de LLóg.·., CCap.·. y MMas.·., ni áun en la excelencia y dignidad profanas de los Miembros, sino en la observancia de sus Dogmas, Doctrinas é Institutos, que es la que hace los verdaderos Masones, la que fecundiza los trabajos de éstos y hace de la Orden la guía de la humanidad en su penosa marcha al optimismo? Si á pesar de que no podemos creerlo, apreciárais como decís esos títulos del Sup.·. Cons.·. y Gr.·. Or.·. *Paz* ó *Romero Ortiz,* tendríamos que deplorarlo por Vos, Muy Pod.·. y considerado H.·., por el Sup.·. Cons.·. de Charleston, por la Ord.·. y por la humanidad, pues veríamos vuestra regularidad masónica dudosa, negativos vuestros conocimientos en la Ciencia y Arte de la Sublime Masonería; la Ord.·. sometida al éxito de los Cismas, dispuestos á cambiar sus principios esenciales, con lo que podria resultar otra Orden, quizá respetable y buena, pero siempre distinta; fraccionada la unidad que la hace universal; la variedad creada dentro de esa unidad sublime por la sábia Ley de 1786, convertida en una deplorable anarquía; y la humanidad privada del poderoso motor á que desde los tiempos prehistóricos debe sus grandes progresos, cuya continuacion sería imposible desde que se aflojasen sus tornillos y no

engranasen sus ruedas con toda la presion necesaria para la trasmision del movimiento, ó se altera-
sen las condiciones de este delicado mecanismo,
en que la potencia y la resistencia se reemplazan
mútuamente, conspirando á un efecto comun, cual
es su marcha ordenada, sin detenerse ni precipi-
tarse jamás, á la creacion de un *Derecho cosmopolita* correspondiente á la unidad humana. Por esto,
siendo los obreros de la libertad, la igualdad racional y la fraternidad universal, guardamos rigoro-
samente las jerarquías del arte de edificar y lleva-
mos hasta el ridículo el abuso de los títulos de *poder* y de *grandeza*. Los altos fines de la Ord.·. han
de realizarse en lo exterior, no en ella. Sus trabajos
se dirigen á dar al mundo la verdadera libertad, que
todavía está muy lejos de poseer, y quizá de conocer, supuesto que de la palabra libertad se arman
siempre los ambiciosos, desde que César presentó
el proyecto de una *Ley agraria*, para erigirse en
Césares, estableciendo, con la absorcion de todos
por el individuo, una tiranía que es *brutal*; y la
misma palabra agita las masas para producir la
absorcion del indivíduo por todos y crear otra tiranía, más que brutal *salvaje*. No: la verdadera libertad, objeto de los trabajos de la Ord.·., no puede
producir esos efectos igualmente vergonzosos á la
razon humana, ni á su conocimiento y realizacion
ha de llegarse por medio de discusiones. Hace
veintitres siglos que está definida en la Ord.·., y su
realizacion es en ésta un arte: el Arté de la Sublime
Masonería. Es la manifestacion suprema de la ley
de la sociabilidad humana, hecha positiva á expensas de la *independencia* salvaje. El arte arregla los
trabajos que han de obviar los obstáculos opuestos

por el imperio de la fuerza y de las preocupaciones al desenvolvimiento de esa ley, hasta crear ese Derecho cosmopolita como ella, que sea la verdadera expresion de la fraternidad humana, en el cual, todos, así nacionalidades como indivíduos, necesariamente obligados por el interés de todos, mantengan á cada uno en el ejercicio de su derecho y lo contengan dentro del límite, fuera del cual, pueda perjudicar á otro en el ejercicio del mismo derecho. Los medios de este Arte Sublime se reducen á la observancia de los *Dogmas*, las *Doctrinas* y los *Institutos* de la Orden. Dejaos, pues, muy Pod∴ y considerado H∴, dejaos de vanas declamaciones en favor de la libertad. Queden éstas para los hombres y partidos políticos que, por su medio, suelen buscar la direccion de los pueblos para convertirla en su particular provecho. Lo que importa es conocerla y realizarla por medio de nuestros Santos principios, esto es, ser buenos Masones.

»Además, debemos haceros sobre esas supuestas cualidades del Sup∴ Cons∴ y Gr∴ Or∴ *Paz* ó *Romero Ortiz*, las observaciones siguientes:

»1.ª Vos mismo estableceis en vuestro Informe que de las LLóg∴ y CCap∴ obedientes á ese Sup∴ Cons∴ y Gr∴ Or∴, 58 de las primeras y seis de los segundos se hallan en la isla de Cuba, territorio jurisdiccional del Sup∴ Cons∴ de Colon, creado precisamente por ese de Charleston.

»Si esto es cierto, ¿cómo podeis presentarlo como una prueba de la prosperidad y la grandeza que aducís en apoyo de la legitimidad del Supremo Consejo y Gr∴ Or∴ *Paz* ó *Romero Ortiz?* Siendo los resultados de una intrusion injustificable en el territorio jurisdiccional de un Sup∴ Cons∴, cuya

legitimidad ningun otro del grado ha puesto en
duda todavía. ¿No era lo natural, lo justo, que hubiérais tomado la obediencia de esas LLóg.·. y
CCap.·. como un indicio de irregularidad y como
una prueba de la falta de respeto al Derecho constituido en 1786, de donde emana vuestro Poder constituyente, así como el de vuestro constituido en la
jurisdiccion para la que fué creado? Decís que de-
jais esta cuestion á los Confederados de Lausanne,
y esto es por lo ménos dejar al fallo de un Poder
que no reconoceis, ni podeis reconocer como legítimo, la decisión de un importantísimo caso del derecho nacido de la Ley por la que sois y somos todos los Poderes regulares del Rito Escocés ant.·. y
acep.·. Conceded así, por impremeditacion ó por
otra consideracion cualquiera, el mango al hacha
de los Poderes ilegítimos, mejor dicho, de los Cismas, y pronto vereis rodar por tierra todos los ce-
dros de nuestro Líbano. Muy P.·. y considerado H.·.,
¡cuán grande es la responsabilidad que puede llevar consigo el acto que en sí parezca de la menor
importancia, cuando se comete á vuestra altura!

»Pero en otra parte de vuestro Informe decís algó
de más gravedad respecto del derecho jurisdiccional del Sup.·. Cons.·. de Colon, y, por tanto, del derecho constituyente del de Charleston. Estableceis,
como un hecho inconcuso, que el Sup.·. Cons.·. y
Gr.·. Or.·. *Paz* ó *Romero Ortiz* ejerce la Soberanía
masónica de *España y sus dependencias de la India
Occidental.* Esto vale tanto como si hubiérais dicho: 'Sup.·. Consejo de Charleston, oye de tu Gr.·.
Comend.·. la acusacion de haber creado, sin derecho para ello, el Sup.·. Cons.·. de Colon: Sup.·.
Cons.·. de Colon, tu existencia está fuera de la Ley,

porque te hallas en el territorio jurisdiccional del de España y fuiste creado por quien no pudo crear-te.' El Sup.·. Cons.·. para la jurisdiccion Sud de los Estados-Unidos de América apreciará como mejor le parezca esta declaracion de su Gr.·. Comend.·., pero el Sup.·. Cons.·. de Colon no puede ménos de verse colocado por ella fuera de toda regularidad. Es además muy notable, que con esa declaracion dais á los Confederados de Lausanne resuelta la cuestion que ántes afectásteis reservarles; lo mismo que aparentando vacilaciones sobre el mejor derecho del Cons.·. *Paz* ó *Romero Ortiz* y el de nuestra presidencia, y simulando un profundo respeto al derecho de vuestros coligados los SSup.·. CCons.·. de Irlanda, Escocia y Grecia, para hacer la luz en esta cuestion y resolverla de consuno, terminais por dársela resuelta. Sufrid, Muy Pod.·. y considerado H.·., que obligados por la injusticia de vuestras declaraciones, os digamos, con el más profundo dolor, que ese modo de preparar las resoluciones no es digno de vuestra alta posicion en la Ord.·., porque no es leal ni honrado.

»Respecto del Sup.·. Cons.·. de Colon, vemos todavía en otra parte vuestro propósito de sacrificarlo, como éste de nuestra presidencia, á los intereses de vuestro protegido. Lo expresais claramente cuando, con una modestia mal simulada, decís sentir veros en la necesidad de ser el primero en el estudio de la cuestion de legitimidad entre los SSup.·. CCons.·. *Paz* y *Gravina*, y aparentais el deseo de que otro Sup.·. Cons.·. regular hubiere venido á conocer en la cuestion.

»No pudiendo ignorar los vínculos fraternales que, desde mucho antes de la existencia del Cons.·.

Obed ó la Somera, se hallan establecidos entre el de Colon y el de nuestra presidencia, ni la detallada historia del Cisma de 1874, orígen del actual Cons.·. *Paz ó Romero Ortiz*, publicado en los *Boletines Oficiales* del de Colon, ni las gestiones practicadas por éste cerca de los demás SSup.·. CCons.·. regulares, inclusa la Confederacion de Lausanne, para el reconocimiento del nuestro, es indudable vuestro propósito de negar la regularidad y la legitimidad del que os habia precedido en el estudio de esta cuestion, y os la habia dado resuelta de un modo regular y perfectamente conforme con las CConst.·. y EEstat.·. GGen.·. de la Ord.·. ántes que existiesen, ni la Confederacion de Lausanne, ni vuestra Alianza con los de Irlanda, Escocia y Grecia; Confederacion y Alianza que vemos con igual dolor, porque para nosotros no son otra cosa que las manifestaciones supremas del mal terrible que ataca la universalidad de la Ord.·., y la unidad de ésta, fundada en la de los Dogmas, Doctrinas, Institutos, Constituciones, Estatutos y Reglamentos generales del Rito Escocés ant.·. y acep.·.

»2.ª Prescindiendo de las anteriores observaciones, y admitiendo como una verdad la regular y la legítima obediencia de esas 168 Lógias, 30 Capítulos y 10.000 Masones, verdad que estamos muy lejos de reconocer, ¿creeis que sería buena prueba de prosperidad, poder y progreso, en favor del Cons.·. *Paz ó Romero Ortiz?* Si lo creeis, os equivocais grandemente; por ignorar que en España, desde el año 1868, los partidos políticos, no excusando medio para escalar el Poder y conservarse en él, hacen cada uno su Masonería irregular ó fuera de la obediencia del Sup.·. Cons.·. legítimo, profanando los nombres de los TTall.·., LLóg.·. y TTemp.·., que mejor pudieran llamarse Clubs, en los cuales, en vez de hacerse Masones consagrados á trabajar en gloria del Gr.·. A.·. del U.·. y bien de la humanidad y de la Ord.·., se hacen adeptos de ésta ó de la otra fraccion política, en cuyo Poder buscan la satisfaccion de sus ambiciones personales. Por esto, sin saberlo, habeis estado en lo cierto, dando al Sup.·. Cons.·. y Gr.·. Or.·. de vuestra predileccion los nombres de los hombres políticos que los encabezan. Nosotros, en vez de encontrar como títulos de prosperidad, poder, progreso y permanencia la obediencia de 168 LLóg.·., 30 CCap.·. y 10.000 Masones, vemos en estas cifras el signo más seguro de la resistencia que el Il.·. H.·. *Paz* ha encontrado en el país, desde que adoptó el sistema de concesiones, que le han valido un estéril paso por el Poder, á expensas de su puritanismo constitucional de 1869, que en nuestro concepto debió conservar siempre como el regulador de la máquina política española.

»Diez mil Masones agrupados bajo una personalidad política que estando en el Poder satisface ambiciones, y en cuyo nombre se siembra ó alimenta esperanzas de medro personal, son por cierto bien poca cosa en un país que no puede olvidar el hecho siguiente: el año 1822, un miserable, que se hizo agente del Poder enemigo de la libertad y de la Ord.·., buscando en ésta el instrumento de los excesos que habian de comprometer aquélla y perderla, en Madrid solamente hizo más de treinta mil Masones; de cuyo número, al caer las instituciones liberales, salieron los más activos y crueles perseguidores de todos los verdaderos Miembros de la

Orden, y de cuantos realmente se habian sacrificado en servicio de ésta y de la libertad. Tal fué la
obra del tristemente célebre Regato. Si desde la esfera del Poder, ese Sup∴ Cons∴ y Gr∴ Or∴ no ha
conseguido hacer más, ¿cuántos serán sus adeptos
el dia que otro partido político le reemplace?...

»En vuestro Informe esperais que el tiempo venga á confirmar las excelencias que atribuís á ese
Sup∴ Cons∴ y Gr∴ Or∴, y nosotros esperamos
tambien del tiempo, quizá en un breve plazo, con
todas esas excelencias y la de vuestro apoyo, su
desaparicion; siguiendo, como es natural, la suerte de todo lo que es irregular y se halla fundado en
falsas alegaciones y presunciones todavía más falsas, mejor dicho, en aspiraciones profanas, que al
verse sin el apoyo buscado en la Ord∴, caen y ar-
rastran consigo cuanto á la Ord∴ trajeron, á excepcion de una sola cosa: el descrédito.

»Muy Pod∴ y considerado H∴: las garantías de
estabilidad ó permanencia no pueden hallarse nunca en el gran número de LLóg∴, CCap∴ é Indivíduos; están sólo en la legítima creacion de las
LLóg∴ y CCap∴, en la regularidad de las iniciaciones; en el respeto debido á la Santidad de los
juramentos, y en la regularidad de los trabajos,
puestos siempre á cubierto de toda aspiracion profana y de las deplorables luchas políticas y religiosas. Por esto no será nunca grande el número de
las LLóg∴, CCap∴ y MMas∴ de nuestra obediencia: no la buscamos, ni la admitimos, sino por los
medios y para los fines más ortodoxos. Si, lo que
no sucederá jamás, relajáramos nuestros principios, tambien nosotros contaríamos pronto por centenares los Cuerpos masónicos y por millones los

adeptos; pero sabemos que, sin hacer con todo eso
Masones regulares, nos irregularizaríamos nosotros
mismos, y en vez de llevar Obreros á la edifica-
cion del Templo de la Sabiduría, lo entregaríamos
á sus enemigos, dispuestos siempre á su demoli-
cion. Así, preferimos que las corporaciones masónicas de nuestra obediencia sean pocas, muy pocas; nos basta con las necesarias para que la Ord∴
haga en nuestra jurisdiccion la vida propia del organismo dispuesto en sus CConst∴, EEstat∴ y
RRegl∴ GGen∴ Lo que nos interesa es que todas
ellas sean, como lo son, compuestas de verdaderos
Masones regularmente iniciados y fieles observantes de nuestros Dogmas, Doctrinas é Institutos; que
sus trabajos sean exactamente dirigidos por sus
respectivos Rituales y Liturgias bien entendidas,
para que jamás se desvien de la traza, ni en ellos
se usen instrumentos impropios, y que hallándose
perfectamente á cubierto de las preocupaciones, ó
sea de las doctrinas recibidas en el mundo sin el
necesario exámen de las pasiones, que ponen al
hombre en concurrencia con el hombre, de los vicios, que son su detestable fruto, y de las ambiciones profanas que, por desgracia, no es raro lleguen
hipócritamente á las puertas de los TTall∴, LLóg∴
y TTemp∴ masónicos en busca del apoyo que por
bastardas ó exageradas no han encontrado en los
comicios ni en las antesalas ministeriales, no tengan otro objeto que la mayor perfeccion de la obra
encomendada por el Gr∴ Hiram-Arca, esto es, por
el espíritu unificador de todos los trabajos á cada
grado. Buscad algo de esto en las LLóg∴ y CCap∴
de la obediencia del Cons∴ y Gr∴ Or∴ *Paz* ó *Rome-*
ro Ortiz; buscad en los mismos Cons∴ y Gr∴ Or∴,

del cual se os ha hecho decir en vuestro Informe, que es *un fiel expositor de los grandes principios del ant.·. y acep.·. Rito Escocés.·.*, deduciendo de esta afirmacion, falsa como todas las demás que habeis consignado, otra visible prueba de la legalidad de su orígen. Lo que hallareis será todo lo contrario. Vereis abrir y cerrar trabajos con los Rituales dados á conocer de propios y extraños, es decir, de todo el mundo, por nuestro Il.·. H.·. Andrés Cassard, Rituales que sin las convenientes explicaciones litúrgicas, sábiamente reservadas por ese Il.·. H.·., no son más que formularios ridículos, impropios de hombres sérios. Habladles de los conocimientos necesarios para los trabajos de sus respectivos grados, y hombres de ciencia, como lo son los Ill.·. HH.·. Sagasta y Romero Ortiz, tomando como doctrinas masónicas los errores sentados por Cassard en su tejador, sin duda para que su aceptacion sirva de indicio de là irregularidad ó al ménos de la ignorancia de quienes no lo rectifiquen, os dirán lo que no sufririan de un colegial, por ejemplo, que *el número 81 es el triple cubo de 9*, y que *los Masones del gr.·. 4.º conocen la cuadratura del círculo.*

»Despues de esto, ¿podreis pedirles más para conflarles el trabajo de *descubrir la piedra filosofal* ó de *conquistar la isla de Malta* y establecer en ella el Trono de una *Monarquía masónica*, ó cualquiera de tantas absurdas aspiraciones que nos han atribuido los enemigos de la Ord.·.? Pero continuad vuestra investigacion sobre sus trabajos, y los vereis imponiendo el juramento de *guardar los secretos dè la Orden*, que ni ellos ni nadie conoce, ni los conocerá jamás, porque no existen desde que el estudio de la mecánica celeste no le es privativo, ni es un crímen que conduzca á las hogueras inquisitoriales, ni lo es el *libre albedrío*, con su natural consecuencia: el derecho de examinar los principios impuestos como absolutos á la razon humana, ni lo son las primeras conquistas de este derecho: la unidad humana sobre las diferencias de colores resultantes de los climas, la consiguiente fraternidad universal de la especie, y la tolerancia necesaria para que la luz de la razon no halle en su irradiacion los obstáculos que le oponian la imbecilidad poderosa. Y vereis exigirse ese juramento con las repugnantes fórmulas de la *venganza* y el *asesinato*, y las brutales maldiciones inventadas por los que, volviendo la espalda á la divina personificacion de la Razon sustancial y eterna, cambiaron su doctrina de paz y amor por los violentos medios que fueron adoptados para su establecimiento. Así oireis jurar á los neófitos sobre su degollacion, la ablacion de su corazon y la division de su cuerpo en cuartos para ser quemados y arrojadas sus cenizas á los cuatro vientos. Y luego vereis que se califican de absurdos todos los conocimientos humanos aceptados fuera de las LLóg.·., y se hace á éstas las únicas poseedoras de las verdades que jamás se comunican á sus adeptos, porque, como esas LLóg.·. son irregulares, les son completamente desconocidos. Así, careciendo de luz propia, vereis que, á pesar de esos juramentos, abren sus puertas á los conocimientos profanos, é inician discusiones sobre las fundamentales definiciones de la Ord.·.. En esas discusiones, nada hallareis con tanta frecuencia, como pomposos discursos en favor de la libertad, discursos cuyo resultado suele reducirse á la satisfaccion de la vanidad de quienes los pronuncian.

»Nada vereis tan encomiado como el principio de Fraternidad; pero bien examinada, encontrareis que es una fraternidad judáica, que consagra la enemistad y el ódio contra los *siete pueblos*, es decir, contra todos los que no van con ellos á la conquista de la *tierra de promision*, ó no les reparten los frutos de ésta. Tambien les oireis declamar en favor de la Caridad, y vereis que ésta, desviada de su verdadero objeto, que está en la creencia y servicio del Gr∴ A∴ del U∴, se redúce al óbolo depositado en el Saco de beneficencia.

»Buscad luego los fondos aplicables á su ejercicio, y con ser tantos sus *capitalistas y comerciantes de grandes empresas*, estamos seguros de no equivocarnos, afirmándoos que entre todas las LLóg∴ y CCap∴ del Sup∴ Cons∴ y Gr∴ Or∴ *Paz* ó *Romero Ortiz*, no encontrareis lo bastante para costear un vaso de agua con que socorrer á un sediento. Vereis, sí, grandes cuestiones de las LLóg∴ y CCap∴ con el Gr∴ Or∴, y no pocas declaraciones de irregularidad porque no se paguen puntualmente los derechos impuestos á sus trabajos para satisfacer las necesidades del Gr∴ Or∴, es decir, la asignacion hecha á su Gr∴ Secret∴, y las cuentas de gastos formulados por el mismo. ¡Como si la regularidad masónica fuese un accidente de la condicion tributaria, y la capacidad de los Cuerpos tributantes para el pago de los tributos fuese indiferente á la falta de personal producida por su division sistemática, adoptada para aumentar el número de las Patentes constitutivas y el de los Cuerpos de la Obediencia!

Continuad todavía examinando esos trabajos, y como quiera que los mireis, hallareis siempre que se reducen á estos dos objetos: 1.º, á aumentar el número de los adeptos de una fraccion política, 2.º, á obtener, por medio de las iniciaciones y concesiones de grados, los recursos necesarios para cubrir los gastos de los CCuerp∴ respectivos y satisfacer las exigencias de los centros gubernamental y administrativo. No vereis que esos centros irradien nunca la menor luz masónica por más que declamen en favor de las virtudes, la libertad, la igualdad y la fraternidad, porque jamás os las definirán, ni os dirán dónde están, ni cómo se han de buscar; pero en cambio encontrareis siempre sus reclamaciones de pago y sus irregulares imposiciones de candidatos.

»Estamos segurísimos, Muy Pod∴ y considerado H∴, en que si os tomais la pena de practicar esta investigacion con espíritu verdaderamente masónico, en vez de valeros de los medios irregulares y apasionados de que hasta ahora os habeis servido para conocer los intereses de la Ord∴ en España y distinguir en ella la Masonería regular de la pseudo-Masonería, encontrareis que el Sup∴ Cons∴ y Gr∴ Or∴ *Paz* ó *Romero Ortiz*, lejos de tener nada de comun con la Ord∴, no es otra cosa que una de tantas Sociedades formadas por algunos especuladores, que, bajo la influencia moral de ciertos hombres respetables, cuyos nombres han puesto á la cabeza de las mismas, á veces con cargos de direccion, administracion ó gobierno, que jamás habian de ejercer ni ejercieron, han explotado la buena fe de este país. No de otro modo nos explicamos la presencia de los respetables nombres de

20

Sagasta, Romero Ortiz, Montejo y Robledo, Berán-ger, etc., etc., entre el personal de un Cuerpo cuyo Gr∴ Secret∴, verdadero director y administrador exclusivo, es un *Juan Utor y Fernandez*. Está-mos seguros, Muy Pod∴ y considerado H∴, que ese Sup∴ Cons∴ y Gr∴ Or∴ es para su Gr∴ Secret∴ lo que cualquiera ídolo fué para su Gran Sacerdote∴: el ídolo no comia ni hablaba; peró, en cambio, el Gran Sacerdote hablaba y comía por él.

»Así les ha hecho decir, y á Vos, por medio de esa supercheria, os ha hecho consignar en vuestro In-forme, que *son los más grandes y mejores hombres de España, los que no tienen superiores intelectual ni socialmente considerados;* todo lo cual, áun en el caso de ser cierto, dicho ó consignado con prévio conocimiento ó posterior aprobacion de los Ill∴ HH∴ á quienes se refiere, sería siempre una sensi-ble puerilidad. En prueba de ello, preguntadles si conocen ó aceptan esos calificativos. Preguntadle igualmente al Ilmo∴ H∴ Ruiz Zorrilla si conoce y aprueba los que se os han hecho dar á la fraternal y delicadísima conducta del Il∴ H∴ Carvajal, lla-mándola *criminal* y *traidora* para con el mismo Il∴ H∴, calificativos que volvemos á rechazar con toda la indignacion que merecen por su injusticia, que los hace tan indignos de la persona cuya causa se aparenta sustentar, como de la que se ha tratado de herir; pero que se halla muy fuera del alcance de esos insultos, no siendo ménos *grande*, ni ménos *buena*, ni ménos *distinguida ó superior, intelectual* y *socialmente considerada*, que los Ill∴ Miem-bros del Sup∴ Cons∴ y Gr∴ Or∴ *Paz ó Romero Ortiz.*

»Preguntadles tambien si conocieron y autorizaron préviamente, ó si aprueban con posterioridad, las censuras que se os han hecho lanzar sobre la conducta del Il.·. H.·. Simeon de Avalos *(Cincinato)*, quien tampoco es ménos *grande,* ni ménos *bueno,* ni ménos *distinguido, intelectual y socialmente considerado,* que los de ese Sup.·. Cons.·. y Gr.·. Or.·. *Paz ó Romero Ortiz*; habiendo obtenido sus títulos, no por gracias especiales debidas á la suerte de las banderías políticas que, con lamentable frecuencia, se suceden en el Poder, sino por sus grandes merecimientos personales que le dieron asiento numerario en la Academia de Bellas Artes de San Fernando, le elevaron á la presidencia del Excmo. Ayuntamiento de Madrid, desde la cual salvó á la Nacion en los más graves conflictos del período revolucionario, y que como propietario, por solas sus fincas radicadas en Madrid, paga casi más contribucion directa que todos juntos los figurados como propietarios en la agrupacion que patrocinais.

»Preguntadles asimismo si aprobaron ó aprueban el marcado menosprecio con que se os ha hecho citar por su nombre masónico *Porlier* al Il.·. H.·. Juan Montero Telinge, menosprecio apenas excusable cuando se tratase de una personalidad desconocida, pero que es necesario rechazar tambien cuando se trata de tan Il.·. H.·.; que muertos sus contemporáneos Mañan, Couder, Calatrava y Perez Mozo, es el mason más antiguo que hay en España, pues hace sesenta y un años que recibió regularmente el gr.·. de Maestro en el Rito Esc.·. ant.·. y acep.·., y fuera de la Ord.·., no es tampoco ménos *grande y bueno,* ni ménos *distinguido, intelectual y socialmente considerado,* que los contenidos en la lista del Sup.˙. Cons.˙. y Gr.˙. Or.˙. *Paz* ó *Romero Ortiz;* siendo Caballero Gran Cruz de la Orden de Cárlos III, en premio de más de medio siglo de sacrificios personales y pecuniarios en aras de la libertad; Caballero Comendador de Isabel la Católica por sus grandes servicios prestados á la humanidad el año 1855, siendo Alcalde primero de la Coruña cuando aquella ciudad fué invadida por el cólera, servicios que no interrumpió ni un solo momento, ni durante la enfermedad, ni por la muerte de su amada esposa, que fué víctima de la misma epidemia; ex-Diputado á Córtes, ex-Senador del reino: uno de los primeros propietarios y capitalistas de la Coruña, que, con sus ochenta y dos años de edad, es indivíduo del Comité central del partido democrático-progresista, actualmente constituido en Madrid, y que, no exageramos al decirlo, es una *veneranda reliquia* de la antigua hidalguía nacional, ejemplo de probidad, filantropía, entereza de ánimo y corazon esforzado.

»Preguntad todavía al Il.˙. H.˙. Sagasta si, como Ingeniero, ha consentido ni aprueba que se haya sometido á un bajo nivel el nombre del Il.˙. H.˙. Ingeniero de Minas y ex-Intendente de la Casa de Moneda de Madrid, Gabriel de Usera; ni la reputacion europea, justamente adquirida, del Il.˙. H.˙. Andrés A. Comerma. Preguntad al Oficial de marina (por supuesto mercante) José Ramon Borguero, si se cree superior al nivel de los Oficiales de la Real Armada Española Adolfo H. de Solás, Juan Usera, José de Barrasa, Gualter, etc., etc., Preguntad aún á esas eminencias médicas del Consejo *Paz* ó *Romero Ortiz*, si han consentido ni aprueban que se les haya colocado en un nivel superior, ni siquiera á la

altura profesional de los Ill.·. HH.·. Marcial Taboada, Eduardo de la Granja, Angel Campos, Antonio
G. Coello, etc., etc. Preguntad igualmente á esos
comerciantes de grandes empresas si, entre todos
juntos, pueden aspirar al crédito que disfrutan en
todos los mercados nacionales y extranjeros las
firmas de los Ill.·. HH.·. Gil María Fabra, José T.
Salvany y Federico G. Acebedo. Preguntad..... Pero
dejemos por ahora este órden de preguntas, cuya
continuacion nos haria faltar á nuestro propósito
de no rebajar, sin una necesidad absoluta, la opinion que de los Miembros del Cons.·. y Gr.·. Or.·.
Paz ó *Romero Ortiz* se os ha inspirado, y áun respecto de las propuestas, no olvideis, Muy Pod.·. y
considerado H.·., que no se dirigen á iniciar una
informacion sobre la conducta y merecimientos
masónicos, ni mucho ménos profanos, de los Ill.·.
HH.·. á quienes se refieren, idea que áun cuando
ellos en su característica modestia, propia del verdadero mérito, y con su acreditada uncion masónica la aceptasen, nosotros, por un deber de nuestra
posicion, la rechazaríamos, como rechazamos la de
que el Sup.·. Cons.·. y Gr.·. Or.·. *Paz* ó *Romero Ortiz* tengan hombres superiores á ellos, masónica ni
civilmente considerados, ni que haya autoridad
competente para hacer tales declaraciones. Ni siquiera os las proponemos con el objeto de daros á
conocer estas cualidades de tan Ill.·. HH.·., porque
en tal caso, tendríamos que proponéroslas semejantes respecto de todos los demás Miembros numerarios y supernumerarios de nuestro Sup.·.
Cons.·., en cuyo nombre hemos aceptado ya el *bajo
nivel* en que os plugo colocarnos.

»Tened muy presente que os las proponemos sólo

por considerar en ellas el medio más breve y sencillo de que llegueis á conocer la indignidad de quien ha emponzoñado con la injusticia, la injuria y la calumnia, vuestra respetable pluma, y os ha hecho decir mentiras tan bizarras como la de que el Il∴ H∴ Sagasta, Presidente del Consejo de Ministros del Rey D. Alfonso XII, es el *leader* del partido republicano español, y realiza en el Gobierno de la Nacion los principios sustentados por Castelar en la tribuna; principios que pudieran considerarse sintetizados por el mismo en una frase de su último discurso pronunciado desde la Presidencia de la Asamblea Nacional;.discurso que fué como la oracion fúnebre de la República Española, pues lo pronunció mientras se aguardaba el momento en que aquella Asamblea habia de ser disuelta por las bayonetas: dijo, que *tenia la manía de ser cada dia más federal*. Sagasta no ha sido, ni puede ser jamás republicano, sin embargo de lo que contra esto digan determinados momentos históricos. El espíritu político de Sagasta era uno con el del inolvidable patricio D. Pedro Calvo Asensio, quien declaró en una ocasion solemne, que *su partido no prescindiria jamás de la Monarquía*. Si realmente se hallase hoy de acuerdo con Castelar, realizando en el Gobierno los principios políticos de este fogoso tribuno, tan elocuente cuando pulverizaba la Monarquía, la dinastía destronada por la revolucion y las candidaturas propuestas para el Trono, ántes que por ese acuerdo creyésemos republicano á Sagasta, creeríamos que Castelar no lo habia sido nunca.

»Unid á las anteriores preguntas, la de si Sagasta y Castelar han autorizado los informes sobre los

cuales los habeis hecho correligionarios políticos;
si Sagasta aprueba que lo presenteis como caudillo
ó jefe del partido republicano español, y si Castelar aprueba vuestra afirmacion de que Sagasta realiza en el Gobierno sus principios.

»Es importantísimo que dirijais todas estas preguntas á los Ill.·. HH.·. que deben contestarlas, y no
tanto por la luz que puedan daros sus contestacio-
nes, sino por el inmenso servicio que les prestareis
haciéndoles conocer la gravísima inconveniencia
que cometen dejando hacer en nombre del Sup.·.
Cons.·. y Gr.·. Or.·. á su Secretario; inconveniencia
mucho mayor todavía en el Il.·. H.·. *Romero Ortiz*,
que con su respetable firma autoriza los escritos de
ese Secret. . (queremos creerlo en su honor) sin
leerlos ni conocer los antecedentes en que se fundan ó á que se refieren, como su Bal.·. de 16 de Setiembre último, dirigido á los Presidentes de
CCám.·. y CCap.·. y VVen.·. de LLóg.·. de su obediencia, comunicándoles vuestro protectorado, con
el mayor encarecimiento de la reserva. (Véase el
Documento núm. 4.) Ese Bal.·., no teniendo una palabra de rectificacion para los sofismas, las paradojas, las involucraciones de hechos y de fechas, las
falsas deducciones, las mentiras, las injurias y las
calumnias que os ha hecho consignar en vuestro
Informe, así por los que os han dirigido, como por
los *Boletines* y demás documentos de que os habeis
servido, inspirados todos por el mismo, ha echado
sobre esa respetable firma la misma responsabilidad que sobre la vuestra; responsabilidad de la que
es preciso haceros gracia.

»Entendedlo bien, Muy Pod.·. y considerado H.·.,
esos escritores que decís están *bien informados*, y

esos *Boletines Oficiales* á que os referís con tanta fe, todos pertenecen al mismo Cisma, cuyo ópimo fruto es el Gran Secretario, *Diputado* y *Doctor* Juan Utor y Fernandez. ¿Cómo habeis podido desconocerlo, ó conociéndolo, extrañar que en ellos no se haga mencion del Sup∴ Cons∴ que llamais *Gravina*? Claro está que los cismáticos, rebeldes y perjuros, habian de darlo como no existente, desde la ridícula sentencia de 13 de Mayo de 1874, mayormente cuando no se les oponia en su camino, ni se ocupaba de sus divisiones y subdivisiones, ni de sus repugnántes cuestiones de administracion y gobierno, ni tenia *Boletines* desde mucho tiempo ántes de su reorganizacion de 28 de Setiembre de 1873, por haber acordado no comunicar sus resoluciones más que directamente á cada uno. de los Cuerpos que las promovieran ó las hubiesen de cumplimentar, ó les interesase conocerlas, por referirse al mejor procedimiento de los trabajos de su respectivo grado. ¿Y por qué habia de publicarlas ni dar cuenta de ellas, ni de acto alguno privativo de su Soberanía jurisdiccional, á los demás SSup∴ CCons∴ y GGr∴ OOr∴? El Art∴ XII de las CCons∴ y EEstat∴ de 1786 dice cuándo y de qué un Sup∴ Cons∴ debe dar cuenta á los demás, y éste de nuestra presidencia lo ha·cumplido siempre.

»Aparte de esos casos, lo que todos los SSup∴ Cons∴ deben conocer es la legitimidad con que cada uno es ó se halla investido de la Soberanía jurisdiccional; por esto os dirigió tambien las convenientes comunicaciones demostrando su incuestionable derecho, desde el momento en que supo se ponia en duda por los que, con tanta ligereza como falta de conocimiento y celo masónicos, daban oidos á los agitadores que desde 1874 vienen desacreditando la Ord∴ en esta jurisdiccion. Pero se os ha hecho cerrar los ojos á la luz de todos esos Documentos regulares y á la que debísteis hallar en los *Boletines Oficiales* del Sup∴ Cons∴ de Colon, para abrirlos sólo á las comunicaciones y *Boletines* del *Diputado* y *Doctor* Juan Utor y Fernandez, y á las publicaciones de esos escritores que suponeis *bien informados*, y que no dudamos lo estarian por el mismo *Diputado* y *Doctor*, siendo uno y otros igualmente parásitos de la Ord∴, de cuya sávia viven, los unos por medio de su industria editorial, y el otro cobrando una asignacion y otros emolumentos por vender *humo*, que no son otra cosa los títulos vendidos, mayormente cuando son de una Masonería irregular. Sin duda encontrareis demasiada dureza en estas palabras aplicadas á Juan Utor y Fernandez, sin consideracion siquiera á su dignidad profana de *Diputado* y *Doctor*; mas para convenceros de que merece toda la amargura de la verdad, bastará con que le pregunteis á él mismo cuándo se le ha dado asiento en el Congreso de los Diputados, siendo así que, no obstante la poderosa influencia que es de suponer le prestan los ilustres nombres de que parece disponer *ad libitum*, ha pasado toda una legislatura de la Diputacion, y su eleccion pende todavía del fallo del Tribunal de *actas graves*, y eso que en la eleccion no tuvo opositor. Y lo que puede ser mucho más convincente aún: preguntadle en qué facultad ha obtenido el título de Doctor. Pero si repugnárais dirigirle estas preguntas, bastará tambien con que recordeis que Juan Utor y Fernandez, en su comunicacion de 6 de

Setiembre de 1881, usando indebidamente las evocaciones propias sólo de los Documentos producidos por los SSup∴CCons∴, no usó un lenguaje más comedido respecto del Ilmo∴ H∴ Juan Antonio Perez, calificándole de *hombre oscuro y ordinario, vacío de instruccion y prestigio moral:* ¡Juan Antonio Perez, ex-jefe del personal en el Ministerio de la Gobernacion y ex-Cónsul general de la República Dominicana en Madrid, calificado de hombre *oscuro, ordinario y vacío de instruccion* por Juan Utor y Fernandez! ¡Juan Antonio Perez, que por su desahogada posicion privada y su honradez generalmente reconocida, ha sido siempre el Tesorero obligado de todas las Sociedades profanas que le han tenido en su seno! ¡Juan Antonio Perez, Vicepresidente del Casino Republicano de Madrid en 1872 hasta su disolucion, á consecuencia de los sucesos políticos de 1874, actual Presidente del *Comité de Coalicion Republicana electoral* de Madrid, entre cuyos miembros figura el Il∴ H∴ Manuel Llano y Persi, calificado de *hombre sin prestigio moral* por Juan Utor y Fernandez! Quien puso bajo su firma tan injustas como duras calificaciones contra este Il∴ H∴, quizá por la única razon de haberle visto volver á la regularidad con una conducta verdaderamente masónica, lo repetimos, no merece más que el lenguaje de la verdad con toda su amargura. ¿Y cómo habíamos de atenuarla, si no podemos ménos de atribuirle tambien cuantos calificativos hemos rechazado respecto de las personas y conducta de otros III∴ HH∴? Aunque no hayan llegado á nuestro conocimiento firmados por él mismo, como los dirigidos al Il∴ H∴ Juan Antonio Perez, no podemos dudar de su orígen, seguros de que no os son imputables, habiéndolos tomado de informes que os habrán sido dirigidos por el mismo.

»Creemos haber cumplido con nuestro deber facilitándoos el conocimiento de las personas y los hechos de que carecíais al redactar vuestro Informe, y haciendo de ese Informe la crítica que hemos estimado conveniente para que mejor podais rectificarlo.

»Quizá hayamos ido algo lejos en esa crítica; pero nos ha sido forzoso por lo injusto y ofensivo de las censuras de que hemos sido objeto, á pesar de hallarnos fundados en tanta y tan sólida razon, que cuantos la ataquen cometerán siempre la insensatez de atacar la razon de su misma existencia.

»Tambien nos ha obligado la prevision de las tristes consecuencias que ha de traer á la Ord.·. la indolencia de los SSup.·. CCons.·., que en el despacho de los asuntos siguen ciegamente la iniciativa de sus GGr.·. CComend.·. y el criminal abandono de los que revistiendo este alto cargo, adoptan y presentan como propia la de los GGr.·. Secretarios que saben dar á la satisfaccion de sus ambiciones y vanidades profanas el colorido del servicio de la Ord.·. ¿Qué otro móvil podíamos tener nosotros, para quienes la Ord.·. no hace ni hará nunca Diputados, ni da destinos, ni paga subvenciones, ni exige por concepto alguno ni una peseta de ningun Cuerpo masónico? Hemos concedido la más completa autonomía, asi gubernamental como administrativa, á todos los Cuerpos de la obediencia, por medio de la organizacion que ha sido de nuestro indisputable derecho adoptar en nuestra jurisdiccion, confor-

mándola con las especiales condiciones del país;
organizacion que por cierto es la más ortodoxa del
Rito Esc.·. ant.·. y acept.·., lejos de ser la de los
EEstat.·. hechos para la de Nápoles en 1820, que podrá ser conveniente para las jurisdicciones en que
vivan más ó ménos unidos diversos Ritos, como
en las de Francia y Portugal; pero no para la de
España, en la que cuantas veces se ha ensayado
esa union, ha sido siempre causa de las más hondas perturbaciones; por lo cual el Rito Esc.·. ant.·.
y acep.·. no admite en ninguno de sus trabajos á
otro Rito alguno, y se limita á reconocer individualmente la fraternidad masónica, fuera de trabajos,
á los adeptos de todos los demás, siempre que den
la palabra de paso del primer grado del Rito Francés adoptada en 1817, porque esa palabra es para
nosotros toda una profesion de fe. Si á pesar de
esto, insistiérais en darnos el calificativo de *ambiciosos*, que nos habeis regalado al ocuparos de
nuestro *Informe* de 15 de Junio de 1874, justo sería
que lo abonáseis señalando las ambiciones que pu-
dimos traer á la Orden, ó ésta puede satisfacernos,
cuando tan cara nos ha sido, es y tiene que sernos
siempre en tiempo, trabajo, intereses y disgustos,
y cuando, en vez de necesitar el título de fraternidad masónica como pasaporte social, nos trae la
más contraria prevencion de muchos y el enfria-
miento de no pocas de nuestras relaciones sociales.

»Pero si ese trabajo pudiera seros molesto, desde ahora os hacemos tambien gracia de él, y sólo
os pedimos, Muy Pod.·. y considerado H.·., el favor
de admitir las seguridades de nuestra mayor consideracion, mientras rogamos al Todopoderoso os

ilumine para bien de la Orden, y òs tenga en su santa guarda.

»El Sob.·. Gr.·. Comendador,

»*Francisco Panzano y Almirall, 33°,*

CATON DE UTICA.

»El Secr.·. y Canc.·.,

»*Leandro Tomás Pastor, 33°,*

»MOISÉS.

»A los 24.° dias de la Lóg.·. de Octubre a.·. l.·. 1882.
(Hay varios sellos.)

IX.

ORGANIZACION DE LA MASONERÍA ESPAÑOLA EN 1883.

La organizacion masónica de España en los comienzos del año 1883 era la siguiente:

«MADRID.

GRANDE ORIENTE NACIONAL DE ESPAÑA,

INSTALADO EN 1780.

CONSEJO SUPREMO DE I.˙. II.˙. GENERALES DEL GRADO 33 (1808).

ILUSTRE GRAN CÁMARA DE RITOS (1817).

GRAN LÓGIA MADRE

de la Francmasonería española (1728)

(173 LÓGIAS).

SUPREMA CÁMARA.

GRAN CÁMARA DE RITOS.

Sob. G. Com. y G. M., Excmo. Sr. Marqués de Seoane.—Ten. G Com. *(Vacante)*.—G. Canc., José Camacho.—G. Canc. adj., Ilmo. Sr. D. Pedro Oller y Cánovas.—G. Tesorero, José Pantoja.—G. Orador, Emilio Reus y Bahamonde.—G. Secr., Eduardo Caballero de Puga.—G. Cap. de G. *(Vacante).*

Cámaras auxiliares.

2.ª *Soberana Gran Lógia, Dieta Masónica.*

Presidente *(Vacante).*—Vocales, Los representantes de los Grandes Orientes extranjeros.—Secr., El Gran Secr.

3.ª *Grande y Suprema Cámara Consultiva.*

Miembros inamovibles.

Pres.-Deleg. del G. Com., Pedro Oller y Cánovas, G. Canc. adj.—Orador, Emilio Reus y Bahamonde. —M. de C., Víctor Teijon.—Porta-Est., Eulogio Varela.—G. Hosp., Juan Antonio Gonzalez.—G. Secr., Eduardo Caballero de Puga.

Miembros amovibles designados por el G. Com.

Juan Gonzalez del Rio.—Valladares.—Vicente Piñó y Ansaldo.

4.ª *Gran Consistorio de los Valles y Sublime del Real Secreto número 32.*

Pres. perpétuo, El Sob. G. Com.—Vice-Pres., Ten. G. Com. *(Vacante).*—Grandes dignatarios, Los de la Suprema Cámara.

Miembros libres designados por el G. Com.

Mariano Santos Pineda, Sandalio Sainz Campillo.

5.ª *Gran Cámara y Soberano Tribunal de Grandes Jueces Comendadores del grado 31.*

Pres. perpétuo, El G. Com.—Vice-Pres., Ten. G., Com. *(Vacante).*

Miembros inamovibles.

El Gran Canc., José Camacho.—El Gran Secr., Eduardo Caballero de Puga.

Miembros amovibles designados por el G. Com.

Greffier, Emilio Reus.—Vocales, Félix S. Alfonzo.—Luis Izquierdo.

6.ª *Gran Consejo Ministerial Areópago.*

Caballeros Kadosch D. S. de la Gran Lógia Central.

Pres. perpétuo, El G. Com.—Vice-Pres., Ten. G. Com. *(Vacante).*

Dignatarios amovibles.

El Cap. de Guardias *(Vacante).*—El G. Secr., Eduardo Caballero de Puga.

Miembros amovibles.

Los *exentos* de jura, los activos y los libres, residentes ó no residentes, designados por el G. Com.

7.ª *Talleres de la Obediencia en actividad de la Gran Lógia Central.*

Pres., El G. Com.—Vice-Pres., El Ten. G. Com. *(Vacante).*

Miembros natos.

El G. Canciller, C. Tesorero, Cap. de G. *(Vacante),* y G. Secr.

Miembros amovibles.

Los afiliados libres designados por el G. Com.

Secciones de la Cámara 7.ª

Primera Seccion Simbólica.

Pres., El Gran Tes., José Pantoja.—Vocales: Los representantes de los talleres simbólicos.—Secr., El Gran Secr., Ed. Caballero de Puga.

2.ª *Seccion Capitular.*

Pres., El G. Tes. José Pantoja.—Vocales: Los delegados de los Capítulos de honor.

3.ª *Seccion de los Altos Grados.*

Pres., El G. M. de C., Víctor Teijon.
La correspondencia al Gran Secr. Eduardo Caballero de Puga, Barquillo, 32, segundo derecha.

MADRID.

GRAN ORIENTE DE ESPAÑA.

SUPREMO CONSEJO DEL GRADO 33

(1811.—14 Cám., 89 Cap., 248 lógias).

MADRID.—SACRAMENTO, 10, PRINCIPAL IZQUIERDA.

SUPREMO CONSEJO DEL GRADO 33

G. Com.: Antonio Romero Ortiz.—G. C. adj.: Manuel de Llano y Persi.—G. M. de E.: Telesforo Montejo y Robledo.—G. S. G.: Juan Utor y Fernandez.—G. Tes.: Gregorio Cuevas Sancho.—G. Canc.: *(Vacante)*.—G. Cap. de G.: José M. de Beránger.

Consejeros.

Sergio Martinez del Bosch.—Sebastian Abojador.—Manuel Prado y Sanchez.—Mariano de las Peñas.

—Mariano Diaz de la Jara.—Vicente Moreno de la Tejera.—Adolfo Rech.

Inspectores Generales.

Manuel Ruiz Zorrilla.—Práxedes M. Sagasta.—Emilio Castelar.—Braulio F. Reino.—Vicente Leon y Frias.—Gregorio Martinez Serrano.—Ignacio Rojo Arias.—José de Ochoteco.—Francisco de Novales.—Víctor Balaguer.—Pio Vinader.—José R. Burguero.—Luis Cánovas Montesinos.—Ignacio Luis Tarragona.—Juan Jorquera.—Francisco Carreras Gonzalez.—Joaquin Fiol.—Francisco de Rosales.—Nicolo V. Cassanello.—Mariano de Usera.—José Ortega y Romero.—Francisco Goyri y Adot.—Joaquin Cubero.—Andrés Gonzalez Muñoz.—Julio Soler.—Carmelo Martin.—Juan Miguel Lopez Mellado.—Sebastian Salvador.—Manuel Romero y Rubio.—Mariano Ramiro.

Grandes Cámaras.

Gran Cámara de Ritos (32°).—Gran Consistorio de Justicia (31°).—Gran Areópago, Gran Cámara del 30°.—Sob. Cap. General de Cab. R. Cruz.

MADRID.

GRAN ORIENTE DE ESPAÑA.

SUPREMO CONSEJO DEL GRADO 33

(1811.—Madrid. Salud, 6, 3.°).

G. C.: Francisco Panzano y Almirall.—T. G. C.: Juan A. Perez.—G. S. y G. C.: Leandro Tomás Pastor. G. M. de E.: Simeon de Avalos.—G. Tes.: José

Villegas.—G. Hosp.: Francisco de P. Artacho.—G. M. de C.: Miguel García Manfredi.—G. Port.-Est.: Tomás Pescador.—G. Cap. de G.: Pedro M. García Bedia.

SEVILLA.

CONFEDERACION MASÓNICA DEL CONGRESO DE SEVILLA.

RITO ESCOCÉS ANTIGUO Y ACEPTADO.

Gran Consistorio de Sublimes Príncipes del Real Secreto, gr. 32.

Il. Com. en Jefe, José Lopez Padilla, 33°, Quirós, 4. —G. S. Canc., José M. Valdespino, 32°.

Gran Consejo de Caballeros Kadosch, grado 30, Numantina, núm. 1.

Pres., Vicente Santolius, 32°.—G. S., Manuel Rubio y Pineda, 30°, calle del Aceite, 33.

CAPÍTULOS DE ROSA CRUZ.

SEVILLA.

Fraternidad Ibérica, núm. 1.

M. S., José Rubio y Gali, 30°.—G. S., Manuel Martinez, 30°, Batehojon, 14.

Numantina, núm. 2.

M. S., Joaquin Enriquez, 30°.—G. S., E. L. Miniet, 32°, O'Donnell, 25.

Cosmopolita, núm. 3.

M. S., José Frapolli, 18°.—G. S., Ramon Badía, 18°, Féria 15.

BARCELONA.

Cataluña, núm. 4.

M. S., José Fabra, 32°, Molas, 1, 4.°

SEVILLA.

GRAN LÓGIA SIMBÓLICA INDEPENDIENTE ESPAÑOLA

(7 Febrero 1881).

Gran Maestre, Francisco R. Castro.—G. Presidente, Braulio Ruiz.—G. 1.° Vig., José Rubio.—G. 2.° Vig., Manuel Martinez.—G. Or., Manrique Alonso.—G. Secr., Manuel Rubio.—G. S. 2.°, Antonio Alfan.—G. Tes., Ricardo Etheridge.—G. Hosp., Enrique Lopez. —G. 1.° Experto, Joaquin Enriquez.—G. 2.° Exp., Rafael Lopez.—G. M. de C., Manuel M. Velilla.—G. Porta-Est., Antonio A. Gutierrez.—G. Guarda int., Antonio Montillo.

COMISIONES DE LA GRAN LÓGIA.

De Hacienda y Beneficencia.

Pres., Manuel Martinez.—Vice-Pres., Rafael Lopez.—Vocales: Ricardo Etheridge, Enrique Lopez, Estéban Miniet.—Secretario: Joaquin Enriquez.

De Justicia.

Pres., Estéban Miniet.—Vice-Pres., Antonio Serrano.—Vocales: José Rubio, Manuel Martinez, Manrique Alonso, Manuel Rubio, Antonio Alfan y Manuel M. Velilla.—Secretario: Juan Cuarteroni.

Central.

Pres., Braulio Ruiz.—Vice-Pres., Manrique Alonso.—Vocales: Estéban Miniet, Vicente Santolino, José Vallespino, Manuel Martinez.—Secretario: Manuel Rubio.

De Expediente.

Gran Presidente, Gran Secretario y Gran Orador de la Gran Lógia.

Ejecutivo.

Gran Presidente, Grandes 1.º y 2.º Vigilantes, Gran Orador y Gran Secretario de la Gran Lógia.

Representantes de las Lógias constituyentes ante la Gran Lógia.

Lógia núm. 1. José L. Padilla: Ricardo Etheridge. —Id. núm. 2. Manuel Martinez: Pablo Taboada.— Id. núm. 3. Ramon Badía: José Fortelero.—Id. número 4. Braulio Ruiz: J. de Pedro.—Id. núm. 6. Francisco Moron: Manuel Rubio.—Id. núm. 7. Antonio Serrano: Estéban Miniet.—Id. núm. 8. José M. Valdespino: Vicente Santolino.—Id. núm. 9. Enrique Lopez: Antonio A. Gutierrez.—Id. núm. 12. Juan Cuarteroni: Rafael Lopez.—Id. núm. 13. *(Vacante)*: S. Machuca.—Id. núm. 14. (*Vacante*): (*Vacante*).— Id. núm. 15. José Rubio: Arturo Pelayo.—Id. número 16. Manrique Alonso: Antonio Alfan.—Id. núm. 17. Juan Gonzalez: Antonio Montillo.—Id. núm. 18. Manuel M. Velilla: Fernando Lajos.—Id. núm. 18. Patricio de la Córte: Federico Albaladejo.

La correspondencia al h. E. L. Miniet, O'Donnell, 25, Sevilla.

ISLA DE CUBA.

HABANA.

Gran Delegacion del gr∴ 33 del Gran Oriente de España.

Presidente: Mariano Ramiro.—G. Secr.: Manuel Rómero y Rubio.

Gran Lógia Departamental de Cuba y Puerto-Rico.

G. M., Francisco de Rosales.—G. S., Manuel Romero y Rubio, Cuba, 104.

HABANA.

Supremo Consejo del grado 33 para las Indias occidentales españolas.

G. Com., Juan Ignacio Zuazo.—G. S. G., Aurelio Almeida, Habana, 55.

HABANA.

Gran Lógia Unida de Colon é Isla de Cuba

(1876, 76 Lógias, 4.000 m.).

Gran Maestre, Antonio Govin.—Dip. G. M., Juan B. Hernandez.—G. 1.º Vig., Antonio Mesa y Dominguez.—G. 2.º Vig., Segundo Alvarez.—G. Secr., Aurelio Almeida.—G. Tes., Eduardo Loredo.—G. M. de C., Alberto Carricarte.—G. 1.º Diác., Camilo Carranca.—G. 2.º Diác., Manuel García Aguilar.

COMISIONES.

De Jurisprudencia.

Antonio Mesa y Dominguez, Presidente.—José García Montes, Agustin García Márcos.

Judicial.

Anastasio de Orozco, Presidente.—Cárlos Torre de Alba, José Fernandez Pellon.

De Relaciones Exteriores.

Enrique A. Lecerff, Presidente.—Antonio García, Guillermo Arbouch.

De Beneficencia.

Emilio Mola, Presidente.—Manuel S. Castellanos, Francisco P. Rodriguez.

MATANZAS.

Gran Delegacion del G. O. Nacional de España.

Gran Deleg., Casimiro Gumá.—G. S., Pedro Mitjans.

LÓGIAS

CONSTITUIDAS EN LAS PROVINCIAS DE ESPAÑA BAJO LA OBEDIENCIA DE LAS DIFERENTES AUTORIDADES MASÓNICAS QUE EJERCEN JURISDICCION EN EL PAÍS.

A fin de señalar la autoridad de que cada lógia depende, empleamos los siguientes signos convencionales.

		Lógias.
E.	Gran Oriente de España.....................	192
N.	Gran Oriente Nacional de España........	95
U.	Gran Lógia Unida de Colon é isla de Cuba...	75
S.	Gran Lógia Simbólica Independiente Española...................................	18
P.	Gran Oriente Lusitano Unido..............	8
I.	Lógias independientes......................	8
C.	Supremo Consejo de Francia..............	2
F.	Gran Oriente de Francia....................	1
	Total de Lógs. en España y Ultramar.	399

ÁLAVA (1 LÓGIA).

Vitoria: Victoria, núm. 134, N.; V. M., José M. Dueñas, Estacion, 1, 3.º

ALBACETE (6 LÓGIAS).

Albacete: El Eco, núm. 129, E.; V. M., Leoncio Rodriguez, Féria, 3.—Almansa: Rosa, núm. 62, E.; V. M., Ignacio Faura; Direc., Francisco Coloma Saez, del comercio.—Férez: Géminis, núm. 158, E.; V. M., Dionisio Chicheri Montoya; Direc., Primo F. Lopez, profesor de 1.ª enseñanza.—Hellin: Ilumun, númebo 165, E.; V. M., Mariano Figueroa Rios; Direc., Gregorio Ruiz, médico militar.—La Roda: Verdad, número 242, E.; V. M., Manuel Marin.—Tobarra: Tiro, núm. 209, E.; V. M., Enrique Yañez, veterinario.

ALICANTE (15 LÓGIAS).

Alicante: Constante Alona, núm. 8, E.; V. M., Eduardo Oarrichena, del comercio; Crisol, núm. 79, E.; V. M., Tomás Martinez Sanchez, Puerta de Alcoy, 3, segundo derecha; Puritanos, núm. 68, N.; V. M., José García Soler, abogado.—Alcoy: Libre Exámen, núm. 152, N.; V. M., Jorge Simeon Benoliet, Cármen, 8; Amistad, núm. 229, E.; V. M., Manuel Velez.—Benejama: Realidad, núm. 243, E.; V. M., Higinio Milán y Valdés.—Crevillente: Espirita, número 26, E.; V. M., José Quesada Mas, médico-cirujano.—Dénia: Diana, núm. 96, E.; V. M., José Acosta García; Direc., Julio Cruañes Soler, calle del Mar.—Dolores: Razon, núm. 27, E.; V. M., Vicente Macía, Secretario del Juzgado Municipal.—Petrel: Consuelo, núm. 128, E.; V. M., José Doroteo Paya.—Santa

Pola: Caridad, núm. 137, N.; V. M.—San Vicente: Progreso, núm. 63, E.; V. M., Antonio Anglés, farmacéutico.—Tibi: Union, núm. 32, E.; V. M., Santiago Cardenal.—Villajoyosa: La Joyosa, núm. 119, N.; V. M., Manuel Martinez Rodriguez, Nueva, 4.—Villena: Amor, núm. 28, E.; V. M., Ricardo Bonastre, bodega.

ALMERÍA (7 LÓGIAS).

Almería: Amor y Ciencia, núm. 15, E.; V. M., José Listran Lopez, médico-cirujano; Union y Justicia, número 70, E.; V. M., Rosendo Abad, notario.—Adra: Hijos de Abdera, núm. 241, E.; V. M., Jerónimo Maza y Cosío, empleado de Aduanas.—Alhama: Salmeroniana, núm. 206, E.; V. M., Antonio Marin Cadenas, propietario.—Cuevas de Vera: Argentina, número 172, N.; V. M., Emilio Falces y Falces.—Garrucha: Antigua Urci, núm. 28, E.; V. M., Arturo Lengo Castañeda.—Vera: Perfeccion, núm. 168, N.; V. M., Rafael Diaz, Capitan del Batallon Depósito.

ASTÚRIAS (10 LÓGIAS).

Oviedo: Luz Ovetense, núm. 29, N.; V. M.; Nueva Luz, núm. 234, E.; V. M., Juan Gonzalez del Rio, Rua, 16; Direc., José María Estrada, Plazuela de Santo Domingo, 2.—Avilés: La Justicia, núm. 238, E.; V. M., Froilan Arias Carvajal.—Belmonte: Fraternidad, núm. 230, E.; V. M., Antonio Gonzalez Rio.—Gijon: Amigos de la Humanidad, núm. 239, E; V. M., Apolinar Menendez Aceval; La Razon, número 124, N.; V. M.—Luarca: Estrella Benéfica, número 169, N.; V. M.; Luz de Luarca, núm. 236, E.; V. M., Pedro Fernandez Pumariega.—Návia: Antorcha Civilizadora, núm. 122, N.; V. M., Rafael Fernandez Calzada.—Trubia: El Trabajo, núm 235, E.; V. M., Ramon Lopez.

ÁVILA (1 LÓGIA).

Avila: Luz, núm. 104, E.; V. M., José Junquera, del comercio.

BADAJOZ (1 LÓGIA).

Badajoz: Paz Augusta, núm. 230, E.; V. M., Ramon Gonzalez, Pl. de la Soledad, 4.

BALEARES (2 LÓGIAS).

Palma: Prudencia, núm. 126, E.; V. M., Juan Luis Oliver, San Elías, 6, 2.º derecha.—Llummayor: La Fraternidad de Llummayor, núm. 127, E.; V. M., Miguel Verdera, Borne.

BARCELONA (18 LÓGIAS).

Barcelona: Amigos de la Justicia, núm. 97, E.; V. M., José Jané y Botey, Pasaje Fortuny, 8; Concordia, núm. 84, E.; V. M., Magin Lladós y Rius, Plaza de San Sebastian, 15; Constancia, núm. 13, S.; V. M., José Fabra y Roca, Molas, 1, 4.º; Cosmopolita, núm. 231, E.; V. M., Pantaleon Obregon, R. de San Antonio, 128, 2.º, derecha; Emancipacion, número 223, E.; V. M., José Cabané, Cristina, 5, 2.º; Hijos del Trabajo, núm. 83, E.; V. M., José Pamias, Pasaje Bernardino, 3; Integridad, núm. 240, E.; V. M., Narciso Ventura Prunell, Gerona, 77, 3.º; Lealtad, núm. 16, E.; V. M., Rafael Leon, Cristina, 2; Luz de la Verdad, num. 190, E.; V. M., Pedro Milá, Hospital, 117; Pátria, núm. 216, E.; V. M., Antonio Codorniu, Cristina, 8; Porvenir de América, número 51, E.; V. M.; Enrique Solozabal, Deu, 29, principal; La Sagesse, F.; V. M., José A. Laporte, Plaza del Mercado, Barceloneta; Unidad, número 137, P.; V. M., José Casañas Llenas, Rambla, 60, 4.º; Verdad, núm. 41, E.; V. M., Vicente Llorca, Mayor, 112, 1.º—Mataró: Faro de Iluro, núm. 124, E.; V. M., Ramon Saborit; Direc., Antonio Clavell, del comercio; Luz de Mataró, núm. 14, S.; V. M., Antonio Llargues.—Sabadell: Osiris, núm. 73, E.; V. M., Francisco Targarona, Estrella, 65.—Tarrasa: Integridad Egarense, núm. 217, E.; V. M., Bartolomé Prat, del comercio.

BÚRGOS (1 LÓGIA).

Búrgos: Íris de Búrgos, núm. 76, I.; V. M., Eduardo Cobo y Soria, Arco del Pilar, 10.

CÁDIZ (29 LÓGIAS).

Cádiz: Augusta Gaditana, núm. 107, E.; V. M., Francisco Fernandez Fontecha y Ligona, Catedrático del Instituto; Fe y Abnegacion, núm. 241, C.; V. M., Cayetano del Toro, Zaragoza, 18; Pirámides, núm. 251, C.; V. M., Diego Campos, Enrique de Las Marinas, 6; Regeneracion, núm. 188, E.; V. M., Antonio Caviedes, Plaza de Isabel II, 12; Tolerancia y Fraternidad, núm. 1, S.; V. M., Federico del Monte, Adriano, 42; Verdad, núm. 8, S.; V. M., Amado García, Linares, 8, principal.—Alcalá de los Gazules: Paz y Verdad, núm. 116, E.; V. M. José Galan y Caballero; Ciencia y Virtud, núm. 117, E.; V. M., Juan Centeno Rios.—Algeciras: Trafalgar, número 22, E.; V. M., A. Duarte, del comercio.—Ceuta: Africana, núm. 21, E.; V. M., Juan Mena Corrales, escribano; Hijos de la Africana, núm. 80, E.; V. M., Fausto Santaolalla Millet, Capitan del regimiento de Pavía.—Jerez de la Frontera: Lealtad, núm. 164, E.; V. M., Adolfo Jimenez Baena; Direc., Primitivo Mateos, Fate, 3; Perseverancia, núm. 155, E.; V. M., Juan B. Hernandez, Lencería, 19.—La Línea: Redencion, núm. 67, E.; V. M., Manuel Martinez.—Medina-Sidonia: Castillo de Medina, núm. 130, E.; V. M., Antonio Marin Ruiz, médico-cirujano.—Puerto de Santa María: Caballeros del Guadalete, núm. 82, N.; V. M.; Porthus Menestheo, núm. 198, E.; V. M., Antonio Manrique de Lara, Larga, 37; Sincera Union, núm. 105, N.; V. M.—Puerto-Real: La Nueva Era, núm. 185, E.; V. M., Miguel Fernandez, Misericordia, 44.—San Fernando: Cosmopolita, núm. 221, E.; V. M., Juan Martinez Rincon, Condestable de la Armada; Hijos de la Ciencia, núm. 64, E.; V. M., Francisco Carmona, Real, 112; Hijos de la Verdad, núm. 30, E.; V. M., Andrés Gonzalez, Teniente de infantería de marina; Hijos del Progreso, núm. 85, E.; V. M., Julian Gonzalez, San Salvador, 8; Hijos de Minerva, núm. 228, E.; V. M., Bernardino del Solar; Luz de San Fernando, núm. 12, S.; V. M., Angel Escandon, Escaño, 9; Rosa Meridional, núm. 113, N.; V. M., Manuel Egea Medina, Churruca, 31.—San Roque: Carteya, núm. 191, E.; V. M., Luis Ojeda y Martin; Direc., José Vilaseca.—Ubrique: América, núm. 189, E.; V. M., Alejo Bonachea Palmero.—Vejer: Caridad, núm. 176, E.; V. M., Antonio Centeno del Manzano, médico.

CANARIAS (6 lógias).

Arecife de Lanzarote: Timanfaya, núm. 199, E.; V. M., Domingo Negrin Suarez, armador; Direc.; Sres. Galindo y Espino.—Las Palmas: Afortunada, núm. 36, P.; V. M., Amaranto Martinez de Escobar. —Orotava: Taoro, núm. 9, S.; V. M., Agustin Espinosa; Direc., Juan Salar y Perez.—Santa Cruz de las Palmas: Abora, núm. 91, P.; V. M., Fernando Arozena Enriquez.—Santa Cruz de Tenerife: Teide, núm. 17, S.; V. M., Alejandro Peraza; Direc., Manuel García Rodriguez, Pilar, 6; Tinerfe, núm. 114, P.; V. M., Patricio Estevanés.

CASTELLON DE LA PLANA (2 lógias).

Castellon: Verdad, núm. 182, E.; V. M., Julio de la Jara, Teniente coronel graduado comandante de la Reserva de caballería; Tres Estrellas, núm. 135, N.; V. M., Eduardo Portales Segura, Mayor, 110.

CIUDAD-REAL (1 lógia).

Ciudad-Real: Oretana, núm. 72, N.; V. M.

CÓRDOBA (4 lógias).

Córdoba: Estrella Flamígera, núm. 102, P.; V. M., Laureano de Tapia, Interventor de la Sucursal del Banco de España; Patricia, núm. 13, E.; V. M., José Sanchez Muñoz, Corredera, 46.—Baena: Ponos, número 174, N.; V. M., Amando Jesús Rodriguez.—Luque: Hijos del Trabajo, núm. 56, E.; V. M., Juan Calvo Perez.

CORUÑA (5 lógias).

Coruña: Brigantina, núm. 24, E.; V. M., Saturnino Villelga, Puerta del Aire, 3.—Ferrol: Luz de Finisterre, núm. 4, E.; V. M., José Rodriguez Alvarez, Sol, 79; Fraternidad, núm. 108, N.; V. M., José Rodriguez Alvarez, Sol 79; Union Masónica, núm. 219, E.;

V. M., José Rodriguez Castro, corredor.—Santiago: Luz Compostelana, núm. 5, E.; V. M., Braulio F. Reino, Dr. en Medicina.

GERONA (6 LÓGIAS).

Gerona: Union, núm. 76, E.; V. M., Ferreol Civils; Direc., Pablo Alsina, platería.—Bañolas: Ariana, núm. 186, E.; V. M., Estanislao Costa, pintor.—Blanes: La Laletana, núm. 222, E.; V. M., Estéban Cárlos, profesor de instruccion.—Figueras: Luz de Figueras, núm. 71, E.; V. M., Francisco Mases y Jordi, agente de negocios, plaza del Teatro.—Puigcerdá: Ceretana, núm. 66, E.; V. M., Buenaventura Beltran, fabricante.—Tortellá: Fraternidad, número 74, E.; V. M., Domingo París Serra, médico-cirujano.

GRANADA (7 LÓGIAS).

Granada: Alianza, núm. 159, E.; V. M., Antonio Ocete Rodriguez, Darro del Boqueron, 16; Alianza, número 112, N.; V. M., Manuel Estrada Rodriguez Alcaicersa; Hijos de la Luz, núm. 193, E.; V. M., Juan Serrano Gomez, Comandante del regimiento de las Antillas; Lux in Excelsis, núm. 7, E.; V. M., Rafael García Alvarez, Jesús y María, 11; Numancia, número 202, E.; V. M., Marcelino Martino Medina, Acera Darro, 56.—Algarinejo: Lúmen de Lúmine, número 192, E.; V. M., Rafael Valverde y García; Direc., Manuel Almison Mérida, del comercio. — Zujar: Sinceridad, núm. 148, N.; V. M., Abelardo Pallarés Arredondo.

GUADALAJARA (3 LÓGIAS).

Guadalajara: El Deber, núm. 33, N.; V. M., Cirilo

Lopez, médico.—Joaquina, núm. 53, N.; V. M.—
Atienza: Idea, núm. 166, N.; V. M., Juan Francisco
Soler Panadero; Direc., Lope Fernandez - y Diaz
Carrasco, zapatería.

GUIPÚZCOA (2 LÓGIAS).

San Sebastian: Aureola Guipuzcoana, núm. 12, E.;
V. M., Emilio de Silva, Cónsul de Venezuela.—To-
losa: Obreros del Progreso, núm. 120, N.; V. M.,
Jorge Fernandez, Correo, 64.

HUELVA (6 LÓGIAS).

Huelva: Colon, núm. 170, E.; V. M., José M. Martinez, Carretera de Sevilla; Moralidad, núm. 160, N.;
V. M., Manuel Lop y Peg, vista de la Aduana,
Fuentes, 27; Pelícano, núm. 158, N.; V. M., José Ga-
llego de la Paz, San Francisco, 15.—Ayamonte: Vi-
riato, núm. 162, N.; V. M., Emilio Nieto y Carlier,
Iberia, 11.—Cartaya: Estrella de Occidente, número 159, N.; V. M., Isidro Reyes Castilla, calle Plaza, 21.—Moguer: Rábida, núm. 205, E.; V. M., José
García Carrillo, abogado; Secr., José Garrido Ba-
tista.

HUESCA (2 LÓGIAS).

Huesca: Lanuza, núm. 161, N.; V. M., Enrique Ol-
tra Saez, Coso Alto, 86.—Jaca: Pirenáica Central, número 74, N.; V. M., Fermin Diaz Gomez, plaza de la
Constitucion, 2.

JAEN (10 LÓGIAS).

Jaen: Fraternidad Orinjiana, núm. 141, N.; V. M.,
Eduardo Solá, Juego de Pelota, 34; Verdad, núme-

ro 200, E.; V. M., Ildefonso Gonzalez, Isabel Mendez, 16.—Alcalá la Real: Acacia, núm. 170, N.; V. M., Miguel Ruiz Matas, médico, Caños, 13; Baeza: Lealtad, núm. 171, E.; V. M., José Jimenez Almansa; Director, Francisco García Galiano, Secretario del Juzgado de primera instancia.—Jodar: Stella, número 201, E.; V. M., Tomás Tirado Linares, Secretario del Ayuntamiento.—Linares: Moralidad, núm. 17, E.; V. M., Faustino Caro, industrial; El Porvenir, número 165, N.; V. M., Juan M. Siles, Pilar, 6; Director, Juan García Cañadas, Ponton, 6, segundo.— Ubeda: Concordia, núm. 169, E.; V. M., Eusebio Martin y Ruiz, abogado; Fraternidad Iliturgitana, número 172, E.; V. M., José Jimenez Almansa, propietario; Direc., Tomás Cervera, Jefe de Comunicaciones.—Pozo Alcon: Estrella Flamígera, número 133, N.; V. M., José Perez Jimeno, abogado.

LÉRIDA (2 LÓGIAS).

Lérida: Aquiles, núm. 36, E.; V. M., Manuel Armengol, plaza de San Juan, 18; Victoria Fraternal, número 24, N.; V. M.

LOGROÑO (5 LÓGIAS).

Logroño: El Éter, núm. 78, E.; V. M., Gregorio Manuel Gil, profesor de Instruccion primaria (Navarrete); Siempre Viva, núm. 109, N.; V. M., Manuel Cemborain, Diputacion provincial.— Calahorra: Adalides del Progreso, núm. 227, E.; V. M., Santiago Galvez Cañero; Luz, núm. 108, N.; V. M.—Haro: Atenas, núm. 154, N.; V. M., Liborio Cárcamo Perez, San Agustin, 20.

LUGO (1 LÓGIA).

Nogales: Idea, núm. 171, N.; V. M., Ramon Vazquez Gomez.

MADRID (25 LÓGIAS).

Madrid: Acacia, núm. 9, E.; V. M., Manuel Prado y Sanchez, Cármen, 28; Amor, núm. 20, E.; V. M., Adolfo Rech, Bravo Murillo, 18, segundo; Caballeros del Silencio, núm. 12, I.; V. M., R. L. Palomino de Guzman; Caballeros de Oriente, núm. 20, S.; V. M., Florencio Salgado, médico, Carretas, 22; Confederacion Ibérica, I.; V. M., José Carles; Consuelo, número 111, N.; V. M.; Esperanza, núm. 139, N.; V. M.; Firmeza, núm. 18, N.; V. M., José Pantoja; Fraternidad, núm. 223, E.; V. M., Mariano de las Peñas, Cármen, 16; Fraternidad Ibérica, núm. 90, N.; V. M., Eduardo Caballero de Puga, Barquillo, 32, 2.°; Germania, núm. 156, N.; V. M.; Hijos del Trabajo, número 15, I.; V. M., Andrés de Salas, Paseo de los Olmos, 5; Hispano-Americana, núm. 15, S.; V. M., Lorenzo Rubio, Claudio Coello, 12, 2.°; Ibérica, número 19, S.; V. M., Manuel Alvarez.; Direc., Federico S. Comendador, Barrio Nuevo, 8; Independencia 2.ª, núm. 65, N.; V. M.; Justicia, I.; V. M., José Castro, Justa, 3, 3.°, derecha; Lealtad, núm. 6, I.; V. M., Francisco Casalduero, Caballero de Gracia, 27, principal; Libertad, núm. 40, P.; V. M., Luis Calvo, Serrano, 76, tercero; Mantuana, núm. 1, E.; V. M., Sergio Martinez del Bosch, Corredera de San Pablo, 15 y 17, principal izquierda; Matritense, núm. 1, N.; V. M., Marqués de Seoane, Olivo 31; Osiris, número 13, I.; V. M., Pedro Rus, Duque de Alba, 11; Porvenir, núm. 2, E.; V. M., Juan Utor y Fernandez, Sacramento, 10; Puritanos, núm. 8, I.; V. M.; Manuel Hiraldez de Acosta, San Vicente, 40, tercero; La Razon, I.; V. M., Alberto Ramos, Valverde, 14.—Aranjuez: 1.ª Luz de Aranjuez, núm. 47, E.; V. M., Gabino Ruiz, Stuart, tienda.

MÁLAGA (9 LÓGIAS).

Málaga: Caballeros de la Justicia, núm. 160, E.; V. M., Vicente Navas, Comandante del regimiento de Borbon; Decision, núm. 210, E.; V. M., Fernando Cano Sierra, Nuño Gomez, 12; Luz, núm. 187, E.; V. M., José Morales Cosso, Madre de Dios, 38; Progreso, núm. 18, S.; V. M., José M. Atienza, Calderon de la Barca, 5, 2.º—Antequera: Caridad, número 232, E.; V. M., Manuel Fernandez de Rodas, Brigadier; Singilia, núm. 195, E.; V. M., José Antonio Aguilar, propietario.—Estepona: Hijos de Ormuzd, número 177, E.; V. M., José Avila Jimenez, Real, 33. —Ronda: Fiat Lux, núm. 111, E.; V. M., Angel Centeno Martel, primer Jefe del Batallon Depósito de Ronda, 73.—Velez-Málaga: Adonai, núm. 14, E.; V. M., Enrique Carvajal, Carrera, 18.

MÚRCIA (20 LÓGIAS).

Múrcia: Caridad, núm. 46, E.; V. M., Tomás Museros y Rovira, Caballeros, 9; Direc., José Bártroli, plaza de Santa Isabel, 19; Justicia y Razon, número 83, E.; V. M., Tomás Maestre Perez; Vega Florida, núm. 118, N.; V. M., José Zapata García, Peligros, 1; Vigilancia, núm. 35, E.; V. M., Adolfo Terrer, plaza de la Concepcion, 21.—Águilas: Nueva

Urci, núm. 42, E.; V. M., Francisco Alcaraz; Direc., Juan Lloret Gregori.—Alcantarilla: Alerta, número 81, E.; V. M., José Lopez Perez de Tudela.—Caravaca: Luz del Zénit, núm. 109, E.; V. M., Adolfo García Melgares y Resalt; Direc., José M. Carrasco, Colegio, 29.—Cartagena: Antigua Sparta, núm. 40, E.; V. M., Fulgencio Vera, Cármen, 57, principal; Aurora, núm. 43, E.; V. M., Juan Miguel Lopez Mellado, Teatro, 9; Aurora, núm. 115, N.; V. M.; Carthago-Nova, núm. 110, N.; V. M., Francisco Romero y Soler, Maestro Francés, 12; Hijos de Hiram, número 19, E.; V. M., Isidoro Martinez Rizo, Cármen, 48; Nueva Sparta, núm. 3, E.; V. M., Julio Soler, Ignacio García, 3.—Ceheguin: Nueva Begastris, número 68, E.; V. M., José de Béjar y Ciller; Direc., José del Barco Jimenez.—Cieza: Cartella, número 164, N.; V. M., Pascual Camacho Cortés, Libertad, 10.—Jumilla: Resurreccion, núm. 59, E.; V. M., Hermenaldo Albert, médico-cirujano; Vega de la Rosa, núm. 146, N.; V. M., Pedro Crespo Jimenez, Convento, 75.—Lorca: El Sol, núm. 44, E.; V. M., Desiderio Navarro.—Moratalla: Benamor, número 69, E.; V. M., Juan Tamayo y Conejero.—Yecla: Fidelidad, núm. 55, E.; V. M., Juan Serrano, Niño, 10, imprenta.

NAVARRA (1 LÓGIA).

Pamplona: Faro del Norte, núm. 28, N.; V. M., José Montorio Fontana, plaza del Castillo, librería.

ORENSE (1 LÓGIA).

Orense: Áurea, núm. 10, E.; V. M., Vicente Miranda, Paz, 6, librería.

PONTEVEDRA (3 LÓGIAS).

Pontevedra: Helénica, núm. 12, E.; Direc., Manuel Quintana, Compañía, 32.—Vigo: Nueva Hiram, número, 181, E.; V. M., Benito Antonio Lopez; Direc., Camilo Navarrete, Capitan auxiliar del Gobierno militar.—Villagarcía: Luz de Arosa, núm. 163, E.; V. M., Ramon Cerqueiras; Direc., Juan Lago, industrial.

SALAMANCA (3 LÓGIAS).

Salamanca: Comuneros, núm. 30, N.; V. M., José A. Jorge, Director de la Escuela Normal; Igualdad, número 104, N.; V. M., Mariano Cáceres, Toro, 29. —Ciudad-Rodrigo: Mirobrigense, núm. 88, N.; V. M., Gerardo Corpi, maestro de obras, Madrid, 14.

SANTANDER (2 LÓGIAS).

Santander: Alianza, 5.ª, núm. 47, P.; V. M., Modesto Pineiro, Muelle; Luz de Cantabria, núm. 115, E.; V. M., Augusto Aldama, Muelle, 10.

SEGOVIA (1 LÓGIA).

Segovia: Esperanza, núm. 96, N.; V. M., Tomás García, San Francisco, 13.

SEVILLA (16 LÓGIAS).

Sevilla: Acacia, núm. 113, E.; V. M., Leon Perez Macho, Limones, 13, pasaje; Bética, núm. 110, E.; V. M., José María Maestre, Áncora, 1; Cosmopolita, número 3, S.; V. M., Ramon Badía, Féria, 15; Fénix-

Graco, núm. 58, E.; V. M., Estanislao Riopedre;
Direc., José Lozano, Recaredo, 81; Fraternidad Ibérica, núm. 2, S.; V. M., M. Martinez, Batehojas, 14;
Graco, núm. 6, E.; V. M., Enrique G. Pavon, Boti-
cas, 5; Direc., Enrique Gutierrez, Relator, 18; Integridad, núm. 29, E.; V. M., Pedro Castañedo, Tetuan, 21; Neptuno, núm. 7, S.; V. M., Antonio Serrano; Direc., E. L. Miniet, O'Donnell, 25; Numancia,
número 16, S.; V. M., Manrique A. Lavalle, Quintana, 25; Numantina, núm. 6, S.; V. M., Francisco Moron; Direc., M. Rubio y Pineda, Corona, 30; Razon,
número 4, S.; V. M., Braulio Ruiz, San Fernando, 35;
Razon, núm. 60, E.; V. M., Emilio Joaquin Delgado,
San Jacinto, farmacia; Verdad, núm. 77, E.; V. M.,
Antonio Olmedo y Lopez, Albareda, 31.—Moron: Hijos de la Luz, núm. 92, E.; V. M., Joaquin Janer y
Angulo.—Osuna: Esperanza, núm. 196, E.; V. M.,
Antonio Jimenez, calle de la Huerta (Palacio del
Duque).—Utrera: Razon, núm. 103, E.; V. M., Diego
de Sedas y Matos, Vereda, 32.

SORIA (1 LÓGIA).

Soria: Hijos de Numancia, núm. 163, N.; V. M.,
José M. Ortiz de Pinedo, Zapatería, 36.

TARRAGONA (4 LÓGIAS).

Tarragona: Fortaleza, núm. 114, E.; V. M., Celestino Ontiveros, vista de la Aduana.—Cornudella:
Corazon, núm. 194, E.; V. M., Joaquin Ferrandiz,
médico-cirujano.—Vendrell: Fidelidad, núm. 52, E.;
V. M., Juan Fonts, abogado, Pl. del Teatro, 6.—Tor-

tosa: La Razon, núm. 37, N.; V. M., Angel Estrany Lluis, San Blas, 21.

TOLEDO (2 lógias).

Toledo: Puritana, núm. 23, E.; V. M., Mariano Gallardo, Comandante de la Escuela de Tiro.—Talavera de la Reina: Évora, núm. 37, E.; V. M., Eduardo Lopez Parra, abogado.

VALENCIA (14 lógias).

Valencia: Acacia, núm. 25, E.; V. M., Domingo Ripoll Jimeno, Pizarro, 3, 3.°; Cruz de Hierro, número 34, E.; V. M., Francisco Carreras, Direc., Lorenzo Ronede, San Gil, 3, principal; Hijos del Crisol, núm. 119, E.; V. M., Alfredo del Castillo Navellon, Barcas, 3; Integridad, núm. 203, E.; V. M., Joaquin Velazquez Arenas, Pelayo, 2; Libertad, número 33, E.; V. M., Rafael Minue, Burguerins, 3, 2.°; Numancia, núm. 49, E.; V. M., Ruperto Cañas, Director, Félix Corbató Esteve, Granotes, 7, Puritana, núm, 31, E.; V. M., Félix Corbató Esteve, Granotes, 7; Severidad, núm. 18, E.; V. M., Ricardo Ibañez, Monjas del Pié de la Cruz, 7, 2.°; Severidad, número 29, E.; V. M., Juan Campos, Colon, 46, entresuelo; Union, núm. 149, N.; V. M., Vicente Pinó y Ansaldo, Maldonado, 19.—Fuente la Higuera: Albor del Progreso, núm. 95, E.; V. M., José Aveno Lanuza, Reja, 10; Direc., Dionisio Ros Ferrer, abogado, calle Nueva.—Játiva: Sétabis, núm. 53, E.; V. M., Cándido Soldevilla; Direc., Daniel Mata, abogado; Gloria, núm. 157, E.; V. M., Ignacio Figueroa, Trobat, 7.—Requena: Los Templarios, núm. 38, E.; V. M., Marcelino Herrero, abogado.

VALLADOLID (3 LÓGIAS).

Valladolid: Hijos de Ormuzd, núm. 81, N.; V. M., Juan B. Teijon; Reforma, núm. 45, E.; V. M., Laureano Alvarez, Tenerías, 12; Templo de la Libertad, núm, 7, N.; V. M., Víctor Teijon.

VIZCAYA (1 LÓGIA).

Bilbao: Estrella del Norte, núm. 38, N.; V. M.

ZAMORA (2 LÓGIAS).

Zamora: El Sigilo, núm. 98, N.; V. M., Lázaro Somoza, maestro de obras.—Toro: Fraternidad Universal, núm. 99, N.; V. M., Gregorio Hernandez Martin.

ZARAGOZA (1 LÓGIA).

Zaragoza: Caballeros de la Noche, núm. 68, P.; V. M., Mariano Amorivieta, oficinas del Ayuntamiento.

PORTUGAL (2 LÓGIAS).

Lisboa: Confederacion Peninsular, núm. 167, N.; V. M., Isidro Villarino, Rua do Norte, 145, bajo; Obreros Constantes, núm. 173, N.; V. M., Joaquin Grimaldo Sanchez; Direc., Isidro Villarino, Rua do Norte, 145, bajo.

ÁFRICA (2 LÓGIAS).

Tanger: Saeída, núm. 220, E.; Direc., Celestino García, Dr. en Medicina, Ceuta.—Tetuan: Luz de Marruecos, núm. 154, E.; V. M., Isaac Nahón.

ISLA DE CUBA (166 LÓGIAS).

HABANA (80 LÓGIAS).

Habana: Acacia, núm. 40, U.; M., Cárlos Torre de Alba, Escobar, 36; Acacia, núm. 136, E.; V. M., José Teran, Corrales, 34; Amor Fraternal, núm. 4, U.; M., Aurelio Almeida, Habana, 55; Amor Fraternal, número 138, E.; V. M., Ricardo Tudela, Habana, 168; Amor Fraternal, núm. 175, E.; V. M., Fernando Robert, Café de Marte y Belona; Aurora, núm. 130, N.; V. M.; Aurora, núm. 213, E.; V. M., Fidel Losa, Obra-Pía, 31; Aurora Fraternal, núm. 86, E.; V. M., Antonio Santo Domingo, Factoría, 44; Belh-El, número 127, N.; V. M.; Bética, núm. 145, N.; V. M.; Caridad, núm. 54, E.; V. M., Rafael Escasena, Zanza, 5; Ciro, núm. 180, E.; V. M., Pablo Morillas, Teniente Rey, 61; La Belleza, núm. 212, E.; V. M., Cristino Figuerola, Aramburu, 20; Los Comuneros, número 144, N.; V. M.; Constancia, núm. 15, U.; M., Joaquin Nuñez de Castro, Virtudes, 60; Constancia, número 16, U.; M., Guillermo Arbouch, Teniente Rey, 54; Constancia, núm. 121, E.; V. M., Juan Francisco Ramos, Maloja, 2; Cosmopolita, núm. 11, U.; M., José Antonio Lopez, Rayo, 84; Cosmopolita, número 14, U.; M., Camilo Carranca, Mercaderes, 10; Cosmopolita, núm. 134, E.; Direc., José Delgado, O'Reilly, 31; Cuba Española, núm. 131, E.; V. M.,

Manuel Romero y Rubio, Cuba, 104; Esperanza, número 140, N.; V. M., Eithez, núm. 47, U.; M., Manuel Ruiz Rodriguez, Páula, 28; Fe, núm. 17, U.; M., José Nuza, Compostela, 179; Fe, núm. 18, U.; M., Enrique A. Lecerff, Calzada del Monte, núm. 327; Fe Masónica, núm. 12, U.; M., José A. Carmona, Audiencia; Fe Masónica, núm. 15, U.; M., Francisco Hernandez Suarez, San Isidro, 3; Fe Masónica, número 153, N.; V. M.; Fénix, núm.   U.; M., Francisco J. Ferrer y Minaya, Picota, 74; Fidelidad, número 151, E.; V. M., Franco Peniche, Monte, 307; Fidelidad, núm. 157, N.; V. M.; Fidelidad, número 214, E.; V. M., Andrés Gandarillas, Cuba, 18; Fraternidad, núm. 137, E; V. M., Manuel Fernandez, Prado y Monte; Habana, núm.   U.; M., D. Manuel Fernandez de Castro, Jesús del Monte; Habana, número 105, E.; V. M., Manuel A. Cores, San Miguel, 69; Hijos del Amor Fraternal, núm. 153, E.; V. M., Ventura Fernandez, Prado y Teniente Rey; Hijos de la Viuda, núm. 9, U.; M., Emilio Mola, Amistad, 39; Hijos de la Viuda, núm. 12, U.; M., José de Arenas y Saenz, Aguiar, 38; Hijos del Líbano, núm. 31, U.; M., Antonio Mesa y Dominguez, Santa Clara, 21; Hijos del Trabajo, núm. 87, E.; V. M., Pedro Fernandez, Revillagigedo, 110; Hijos del Trabajo, núm. 143, N.; V. M.; Jehová, núm. 49, U.; M., Pablo Trias, San Miguel, 23; Jerusalen, núm. 41, U.; M., Manuel N. Ocejo, Prado, 29; Lazo de Union, núm. 48, U.; M., José Telesforo Marrero, Salud, 116; Libertad, número   U.; M., Ramon de la Presilla; Luz y Verdad, número 30, U.; M., Francisco Figarola, Manrique, 125; Madrid, núm. 215, E.; V. M., Jorge Suaston, Villegas, 31; Mercedes, núm. 32, U.; M., Pedro Rodriguez Perez, San Rafael é Industria; Obreros de Hiram, núm. 133, E.; V. M., Pedro Moreira, Neptuno, 44; Obreros de la Fe, núm. 135, E.; V. M., Agustin Mariscal, Corrales, 237; Obreros de la Luz, número 58, U.; M., Gonzalo Gomez, Amistad, 57; Palestina, núm. 44, U.; M., Antonio Ruiz Rodriguez, Habana, 222; Palestina, núm. 102, E.; V. M., Rafael Cortina, Estrella, 77; Pátria, núm. 50, E.; V. M., Constantino March, San Rafael, 11; Paz, núm. 48, E.; V. M., Manuel Ceruelos, Neptuno, 96; Perfeccion, número 33, U.; M., Antonio Valdés Amoroso, Ancha del Norte, núm. 122; Progreso, núm. 35, U.; M., Alberto Carricarte, Jesús María, 117; Puritanos, número 39, U.; M., Lorenzo Bridat, Industria 28; Los Puritanos, núm. 3, U.; M., Pedro Rios Gonzalez, Apodaca, 46; Los Puritanos, núm. 150, N.; V. M.; Protectora, B. D. U.; M., Juan Valenzuela Palomo, Cuba, 6; Redencion, núm. 62, U.; M., Felipe Oñate, San Indalecio y San Ignacio (Jesús del Monte); San Andrés, núm. 7, U.; M., Tomás de la Hoya, Campanario, 131; Silencio, núm. 19, U.; M., Anastasio Orozco, Neptuno, 44; Union Hispano-Americana, número 132, E.; V. M., Cárlos Cruz, Neptuno, 175; Union Ibérica, núm. 28, U.; M., Segundo Alvarez, Perseverancia, 32; Union y Concordia, núm. 24, U.; M., Segundo Perez, San Nicolás, 66; Union y Concordia, núm. 120, E.; V. M., Andrés Barros, Industria, 158; Union y Concordia, núm. 121, N.; V. M.— Arroyo-Arenas: Tres Globos, núm. 244, E.; V. M., José Ramos Almeida.—Corralillo: Verdad y Amor, núm. 224, E.; V. M., Eugenio de Miranda, profesor.— Guanabacoa: Hijos de la Luz, núm. 29, U.; M. Domingo Leon, Palo Blanco, 37; El Porvenir, núm. 72, E.; V. M., Luis García Carbonell, Teniente de navío, Comandancia General del Apostadero.—Güines: Mayabeque, número 50, U.; M., Francisco Castellanos, Valdés, 15.—Marianao: Fraternidad y Constancia, núm. 50, U.; M., José L. Rodriguez, Páula 28.—Nueva Paz: Minerva, núm. 53, U.; M., Manuel Lopez.—Regla: Lazo de Union, núm. 126, N.; V. M., Pascual Sanz Romani, Cocos, 20.—San Antonio de los Baños: Luz de Ariguanabo, núm. 48, U.; M., Francisco Calderon Rodriguez; Obreros del Progreso, núm. 37, U.; M., José Clarch, Real 122.—Santiago de las Vegas: Union de Santiago, núm. 60, U.; M., José Garbasola.

MATANZAS (26 LÓGIAS).

Matanzas: Amparo, núm. 100, E.; V. M., Federico R. de Luzuriaga, Oficial de Milicias; Amparo, número 129, N.; V. M.; Beth-Ila, núm. 101, E.; V. M., Silvestre Jimenez, Apartado Correos, 124; Beth-Ila, número 142, N.; V. M.; Caridad, núm. 155, N.; V. M., Pedro Mitjans, Apartado, 147; Concordia Española, número 77, N.; V. M., Casimiro Gumá; Constancia, número 147, E.; V. M., Silvestre García, Ricla, 3; Esperanza, núm. 8, U.; M., Alberto Ortiz, Apartado, 134; Hijos de la Esperanza, núm. 38, U.; M., Camilo S. Acosta, Manzano, 63; Igualdad, núm. 99, E.; V. M., Venancio Casalins, Ricla, 132; Julia, número 173, E.; V. M., Andrés S. Pequeño, Daoiz, 154; San Juan, núm. 132, N.; V. M.; Yucayo, núm. 25, U.; M., Manuel Sedano, Apartado, 211; Yumury, número 131, N.; V. M.; Voz de Hiram, núm. 141, E.; V. M., Manuel F. del Campo, Apartado de Correos, número 37.—Cárdenas: Discípulos de Salomon, núm. 7, U.; M., Roberto de Bergue, Apartado, 7; Perseverancia, núm. 6, U.; M., Gaitan Rabel, Apartado 82;

Union Universal, núm. 146, E.; V. M., José A. Mart
Freire, Industria, 76.—Colon: Constancia, núm. U.;
M., Márcos Gomez, Apartado, 28; Los Templarios,
número 151, N.; V. M.; Templarios, núm. 152, E.;
V. M., Juan G. Novo, Ayuntamiento; Union, número 143, E.; V. M., Antonio Salorio, Alcaidía.—Jove-
llanos: Hijos de Padilla, núm. 149, E.; V. M., Lorenzo Córdoba, Cañedo, 21; Union y Confianza, número U.; M., Antonio Marin Cobos.—Union de
Reyes: Modestia, núm. 225, E.; V. M., Cárlos Rodriguez; Víctor-Hugo, núm. U.; M., Máximo Peralta.

· PINAR DEL RIO (1 LÓGIA).

Pinar del Rio: Union y Trabajo, núm. 45, U.; Direc.,
José V. Urrutia, Escribano.

PUERTO PRÍNCIPE (7 LÓGIAS).

Puerto.Príncipe: Alianza, núm. 211, E.; V. M., An-
drés Maroto, Comandante de caballería; Discre-
cion, núm. 49, U.; M., José E. Rodriguez, San Mar-
tin, 46; Iberia, núm. 93, E.; V. M., Nicasio L. Lara;
Union, núm. 42, U.; M., José Francisco Mendez;
Direc., José L. Garcini, Apartado, 20. —Moron:
Union de Ambos Mundos, núm. 55, U.; M., Vicente
Gutierrez Trebilla.—Nuevitas: Mercedes, núm. 56,
U.; M., Américo Silva.—San Jerónimo: Hijos de Sa-
ñaí, núm. 138, N.; V. M.

SANTA CLARA (20 LÓGIAS).

Santa Clara: Armonía, núm. U.; M., Juan B.
Bravo, Obras públicas; Modelo, núm. 150, E.; V. M.,

José Paez, Cuba 28; Union Española, núm. 139, E.; V. M., Cándido Muriedas, Buen Viaje, 12.—Caibarien: Iberia, núm. 125, E.; V. M., Antonio Lopez, médico; San Juan, núm. U.; M., Cárlos Guerrero, Administracion del ferro-carril de Zaza.—Cienfuegos: Asilo de la Virtud, núm. 140, E.; V. M., Serafin Manene, Apartado, 143; Fernandina de Jagua, núm. 46, U.; M., Leopoldo Diaz de Villegas, Gazell, 11; Obreros del Progreso, núm. 174, E.; V. M., Luis Armada, Argüelles, 42 1|2.—Remedios: América, núm. 10, U.; M., Francisco Cintra; España, núm. 184, E.; V. M., Ponciano Sariñena, Jesús Nazareno, 37; Luz y Fraternidad, núm. 40, U.; M., Joaquin Vigil.—Sagua la Grande: Hijos de la Cosmopolita, núm. 161, E.; V. M., Alvaro Ledon, Apartado 42; Hijos de la Fe Masónica, núm, 47, U.; M., Guillermo R. Frias; Direc., Mariano Martin; Lazo de Union, núm. 145, E.; V. M., Eduardo Blanco, Real 168.—Sancti-Spíritu: Amor y Verdad, núm. 57, U.; M., Francisco J. Rabell, farmacéutico.—Santa Cruz del Sur: Hijos de la Paz, núm. 245, E.; V. M., Víctor Varona Aguado; La Luz, núm. 142, E.; V. M., Miguel Rubert, propietario.—Trinidad: Lazo del Sur, núm. 14, U.; M., Manuel Toledo, Gloria, 22; Trinitaria, núm. 147, N.; V. M., José Roig, veterinario, Jesús y María.—Las Vueltas: Lealtad y Firmeza, núm. 79, U.; M., Víctor Soria Gallego.

SANTIAGO DE CUBA (26 LÓGIAS).

Santiago de Cuba: Fraternidad, núm. 1, U.; M., Calixto Coperena; Hijos de la Luz, núm. 123, E.; V. M., Indalecio Ramirez, S. Pedro Alta, 7; Hijos de la Verdad, núm. 122, E.; V. M., José Rosell y Duran, S. Jerónimo Alta, 7; Humanidad, núm. 26, U.; M.,

Juan Bernardo Bravo, Obras públicas; Igualdad, número 27, U.; M., Felipe Veranes, San Jerónimo Alta; Luz y Verdad, núm. 98, E.; V. M., Cárlos Perez Terán, San Jerónimo Baja, 9; Paz Española, número 90, E.; V. M., Enrique Segura, Jefe Bat. de guerrillas; Prudencia, núm. 2, U.; M., Francisco Ortiz, Enramada Baja, 13; San Andrés, núm. 3, U.; M., Juan Bassos, Panadería *La Corona.*—Alto de Songo: Pátria y Lealtad, núm. 112, E.; V. M., Buenaventura Caner Villalonga.—Baracoa: Union y Pátria, número 162, E.; V. M., Francisco Dufour, Real, 59. —Bayamo: Estrella Polar, núm. 183, E.; V. M., Francisco Lopez, del comercio; Estrella Polar, núm. 78, U.; M.—Gibara: Hijos de la Luz, núm. 37, U.; M., José Sixto Durán; Porvenir, núm. 94, E.; V. M., Baltasar Alcalá, del comercio.—Guantánamo: Reconciliacion, núm. 16, U.; M., Luis Martin y de Castro; Union Latina, núm. 148, E.; Direc., Juan Merino, médico militar.—Holguin: La Cruz, núm. 75, E.; V. M., Federico Capdevila, Tén. Cor. del segundo batallon Habana; Hermanos de la Luz, núm. 49, U.; M., Faustino Sirvent.—Manzanillo: Hijos de la Humanidad, núm. 29, U.; M., Jacinto Alsina; Fusion Masónica, núm. 178, E.; V. M., José F. Goizueta, Oficial 1.º de Administracion Militar; Union Masónica, número 156, E.; V. M., José Duarte, Comandante de Batallon de guerrillas de Bayamo.—Mayarí: Iberia, número 168, E.; V. M., Antonio Herrera, telegrafista.—Palma Soriano: Paz y Union, núm. 167, E.; V. M., Juan R. Escoll, telegrafista.—Puerto-Padre: Beth-El, núm. 245, E.; V. M., José Gomez Coello, médico militar.—Victoria de las Tunas: Girondinos, número 246, E.; V. M., Diego Lozano, Estacion de Telégrafos.

PUERTO-RICO (4 LÓGIAS).

San Juan: Estrella de Luquillo, núm.   U.; M.; Fraternidad, núm. 16, N.; V. M.—Guayama: Union, número 226, E.; V. M.—Humacao: Corazones Perfectos, núm. 117, N.; V. M.

MÉXICO (2 LÓGIAS).

Veracruz: Obreros del Templo: núm. 2, U.; M., Juan B. Reyes, Salinas, 734; Lúmen, núm. 13, U.; Direc., Juan B. Reyes, Salinas, 734.

ISLAS FILIPINAS (5 LÓGIAS).

Manila: Luz de Oriente, núm. 204, E.; V. M., Francisco Vizcaina é Iquino, médico del regimiento de Ingenieros.—Regularidad, núm. 179, E., V. M., Juan Cisneros, abogado fiscal de la Audiencia, Palacio, 25.—Cavite: Magallanes, núm. 218, E.; V. M., Félix Nevado Molina, Condestable; España, número 208, E.; V. M., Eduardo Lopez, militar.—Zamboanga: La Primordial, núm. 106, E.; V. M., Isidro Lopez Grado, Alcalde Mayor.»

Esta misma organizacion, salvo las variaciones de personal ocurridas en los últimos diez años, y de que daremos noticia al lector en los capítulos siguientes, es la que actualmente rige, pues desde hace algun tiempo la masonería permanece estacionaria, á causa de haber logrado todos los fines que por ahora se propone.

X.

EN POSESION DE ESPAÑA.

La protesta dirigida por el Oriente Panzano contra el reconocimiento del Oriente Romero Ortiz como potencia regular masónica, no produjo efecto alguno en el Supremo Consejo de Charleston ni en los demás Orientes extranjeros, en cuyas miras entraba la existencia de una masonería esencialmente política que llevase la influencia directa de la secta á la gobernacion del Estado español, haciéndole pedisécuo de los poderes ocultos de las lógias. El objeto de dichos poderes no era otro que el de colocar bajo la accion de la secta todos los organismos oficiales, y para ello era preciso la existencia de Gobiernos masónicos que abandonaran las cátedras de la enseñanza oficial, la tribuna de las Córtes y todas las oficinas centrales, provinciales y municipales, en manos de masones profesos que hicieran de los susodichos organismos otras tantas

28

Tras-Lógias, que acabaran la obra de destruccion encomendada á la secta.

De que tales planes se han realizado dan testimonio elocuentísimo las Universidades oficiales, donde los Morayta, Odon de Buen y otros sectarios envenenan las almas de la juventud con ideas y doctrinas heterodoxas ó impías; las Córtes, donde domina el elemento masónico; los Gobiernos, en los que constantemente existe desde la revolucion de Setiembre acá un Ministro, por lo ménos, afiliado á la masonería; las Diputaciones Provinciales y los Ayuntamientos, y hasta la misma administracion de justicia, donde en ocasiones se ha dejado sentir el influjo de la secta, como lo prueban las sentencias dictadas por los Tribunales de la Habana y Puerto-Rico, publicadas hace pocos años por el periódico católico *El Siglo Futuro,* y en las que se hace constar que la masonería es una institucion perfectamente lícita y amparada por la Constitucion vigente de 1876.

En el ejército continúa teniendo la secta numerosos afiliados, como comprobado queda en los datos estadísticos publicados en el capítulo anterior; de suerte que bien puede decirse, sin incurrir en la más pequeña exageracion, que España se halla envuelta en una inmensa red masónica que por todas partes la aprisiona y áun la ahoga. El título de mason, más que los de suficiencia y capacidad, sirve de pasaporte para llegar á los más elevados puestos oficiales, y así no es de extrañar que indivíduos oscuros é insignificantes se vean trasportados de las esferas de la nada social al pináculo de la fortuna. Para esto tienen las lógias un poderoso auxiliar en la prensa periódica, cuyos órganos, desde los que pasan por más conservadores hasta los francamente revolucionarios, cuentan por lo ménos, segun declaracion de D. Nicolás Diaz y Perez, con dos redactores afiliados á la secta masónica.

Hemos dicho que la masonería ejerce tambien una accion constante en las dependencias provinciales y municipales, y para demostrarlo nos bastará poner como ejemplo al Ayuntamiento de Madrid, vivero masónico desde la revolucion de 1868 hasta la fecha.

El carbonario D. Nicolás María Rivero sembró en el Ayuntamiento de Madrid el plantel sectario que despues cultivaron D. Sergio Martinez del Bosch y D. José Abascal y Carredano, y ocasion llegó en que las oficinas municipales de Madrid y la lógia *Mantuana*, presidida por el segundo de los citados personajes, formaban un solo cuerpo.

En esta organizacion sectaria del Ayuntamiento de Madrid se halla el secreto de las resistencias y vencimientos que han encontrado muchos Alcaldes en su empresa de encauzar todos los asuntos municipales, y muy especialmente los que se refieren á la asendereada cuestion de consumos, objeto de las preocupaciones de cuantos se interesan por el bienestar del pueblo madrileño.

En comprobacion de nuestras afirmaciones, podemos presentar el hecho de que la administracion de la mencionada renta ha estado en estos últimos tiempos á cargo de tres masones profesos, que sucesivamente se han ido relevando en el desempeño de dicho cometido cuando el clamoreo del público ha excitado á los Alcaldes á variar el personal adscrito al servicio de que se trata. Los nombres de esos masones no son un secreto para nadie, pues constan en los calendarios masónicos publicados por la secta, y, por lo tanto, no creemos cometer ninguna indiscrecion al manifestarlos. Dos de ellos, D. Justo Jimenez y D. Manuel Rosso, estaban afiliados en la lógia *Mantuana*, y el tercero, don Adolfo Rech, era hace pocos años *venerable* de la lógia *Amor*. Con estos datos queda suficientemente demostrada la intervencion directa de la secta masónica en los asuntos municipales, y á nadie extrañará, por lo tanto, las facilidades obtenidas por el ex-Padre Cabrera, tambien afiliado á la lógia *Mantuana* con el nombre simbólico *Knox*, para construir la capilla protestante dé la calle de la Beneficencia.

XI.

EL PLAN DE BECERRA.—ORGANIZACION ACTUAL DE LA SECTA.

A D. Antonio Romero Ortiz sucedió en la jefatura de la masonería española D. Manuel Becerra, que al tomar posesion de su cargo dirigió á las lógias el siguiente documento, que demuestra bien á las claras los medios de que se vale la secta para realizar la obra de descatolizar á esta infortunada pátria.

Dice así:

"GRAN ORIENTE DE ESPAÑA.

»GRAN LÓGIA SIMBÓLICA.

»Nós, Manuel Becerra (Fortaleza, gr∴ 33), Gran Comendador del Supremo Consejo del 33°, único reconocido para España, y Gran Maestre de la Masonería Simbólica,

»ENVIAMOS Á TODAS LAS CÁMARAS, LÓGIAS Y MASONES DE LA OBEDIENCIA.

»S∴ S∴ S∴

»Caros y respetables hh∴: No por ceder al imperio de la costumbre ni para llenar meras fórmulas cancillerescas de antemano establecidas, sino correspondiendo de buen grado á los dictados de mi conciencia, quiero y deseo dirigiros en estos momentos mi voz amiga y cariñosa al objeto de significaros la inmensa gratitud, el profundo agradecimiento que ha despertado en mi pecho el acto que acabais de realizar, y á la vez trazaros á grandes rasgos algunos de los planes y propósitos á que pienso consagrar mi iniciativa y actividad desde los altos puestos de Gran Comendador y Gran Maestre, que debo á vuestra voluntad soberana.

»Es ésta la primera vez que en España, relativamente al caso concreto de nombrar su primera autoridad, habla el súfragio universal en los Talleres; y cuando insignes masones como Ruiz Zorrilla, Sagasta y Romero Ortiz ocuparon, para gloria suya y de la Institucion, este mismo sitial, y cuando dentro de la misma Orden hubiérais podido ventajosamente escoger otro hermano con más aptitudes y mejores títulos á vuestra consideracion que el que suscribe, yo, que no solicité ni busqué la eleccion, pero abrumado por el peso de vuestra benevolencia, he de manifestaros con toda sinceridad que este hecho, su espontaneidad, ó mejor aún, la manera libérrima con que me habeis otorgado vuestros votos, á la par que me llena de satisfaccion honrándome y halagándome en alto grado, impóneme hácia la Institucion mayores é ineludibles deberes.

»Para cumplirlo cuento con dos factores importantes—que plegue al cielo que no me falten nunca—decisivo el uno, vuestra eficaz ayuda, vuestro concurso, sin el que los más heróicos esfuerzos serian completamente perdidos en el vacío; necesario el

otro, mi voluntad inquebrantable, firmísima, que
va estrechamente unida á todas las empresas en
que yo he tomado más ó ménos directa participacion.

»Ocioso fuera, para adivinar el porvenir que la
está reservado, haceros aquí la historia de la Masonería. Ella, acomodando sus procedimientos á
las circunstancias del tiempo y de los países en que
ha desarrollado su accion, trazó en todas partes con
mano firme, con superior inteligencia, el prestigio
de sus ideas y el fondo esencial de sus doctrinas, y
ora ocultándose en el misterio de sus templos, ya
por medio del simbólico lenguaje de sus iniciaciones y trabajos, enseñó gradualmente á las muche-
dumbres los secretos resortes de la ciencia, con-
servándola, difundiéndola y ensanchando la esfera
de sus conquistas en la medida que se lo permitiera el medio ambiente bajo el cual los pueblos, por
ley de su propia ignorancia, gemian ó veíanse obligados á respirar en una atmósfera espesamente
saturada de preocupaciones y fanatismos; ella, tomando participacion íntima en los dolores de la
humanidad en su eterna lucha contra sus opresores y tiranos, mártir en ocasiones, heróica siempre, vencida y ultrajada en determinados momentos, y á las veces triunfante, fué en lo antiguo, como
lo es en la época moderna, valeroso heraldo de la
civilizacion, de la paz y del progreso. Sus hechos,
escritos con su propia sangre en el libro inmortal
de la historia; sus conquistas imperecederas alcan-
zadas en el terreno del derecho y de la filosofía;
sus obras eminentemente humanas levantadas en
el campo de la moral, pregonan por manera elocuente la necesidad de su existencia; la saña encar-

nizada con que la maltratan, persiguen y calumnian
sus naturales adversarios, los enemigos jurados
de toda luz y de todo progreso, demuestran palma-
riamente su importancia dentro de las fuerzas sociales. No puede negarse en manera alguna que en
los inmensos dominios de la naturaleza solamente
vive aquello que tiene razon de ser ó mision que
cumplir. Religiones, sistemas políticos, un tiempo
floreciente, que han desempeñado papel importantísimo y notoria influencia en los destinos de la
humanidad, pero que cumplieron ya su mision sobre la tierra, deben necesariamente desaparecer
por constituir verdadero estorbo en el movimiento
incesante de la idea.

»Por fortuna, la Masonería no se halla aún en este caso. Dispuesta siempre á recibir todas las mo-
dificaciones, todas las innovaciones requeridas por
las circunstancias, vémosla, no ya solamente ceder
á las leyes de la evolucion, sino que, cuando no se
las asimila ó las encarna en sí, las anticipa y las
impone al mundo exterior con sentido realmente
profético: no sujeta á los estrechos moldes de un
dogma inmutable, prestándose á sufrir las trasfor-
maciones y mudanzas adecuadas á su organismo,
en vez de caer en la inercia, reaparece más vigorosa, más saludable, más llena de vida; como que se
renueva y nutre en la potente savia de los nuevos
principios. Y es que el objetivo de la Masonería,
sean cualesquiera los puntos de mira desde los cuales se la examine, es más ámplio que el de las religiones y sistemas sociales, políticos y filosóficos.
Su concepto político progresivo, de verdadera ex-
pansión, sin exclusivismos ni resabios de escuela,
basado en el desinterés, la coloca muy por encima

de todos los partidos. De aquí que entre nosotros, en la Institucion, quepan todos los políticos que aman el progreso, la justicia y la libertad. Su concepto religioso, de amplísima, de total y generosa tolerancia, pues que respeta el sagrado de la conciencia y la libertad humana, la representa justamente como superior á las religiones positivas, cuyas intransigencias, cuyo brutal egoismo, por tal manera ocasionan desdichas en las sociedades. Su concepto filosófico, ajeno por completo á las luchas de tirios y troyanos, la permite dar entrada en sus filas á todos los hombres dignos de buena voluntad, cualesquiera que sean sus creencias y convicciones.

»Libertad, justicia, progreso, instruccion, trabajo, solidaridad humana, fraternidad, amparo y proteccion á los desgraciados, y mutuo y recíproco y constante apoyo. entre los hermanos, es el lema de la Masonería, al cual debemos todos amoldar nuestros actos y ajustar nuestros procedimientos.

»Es así que, para cumplir tan altas y delicadas misiones, necesita en primer término que todos y cada uno de los indivíduos que á ella pertenecen ó puedan pertenecer se distingan por su ejemplar conducta, por una gran pureza en las costumbres, y siempre por una vigilante severidad en cuanto á la gestion económica se refiere: requiere ser inexorable al juzgar al que falte á sus deberes, sin prevencion, sí, pero de tal suerte, que la benevolencia no eclipse la justa y necesaria energía; que no se permita al número, á la categoría ni la ambiciosa astucia monstruosas imposiciones sobre la justicia y el derecho; y por último—y no me cansaré de repetirlo—que no se pierda de vista que está sujeta á la ley de la evolucion.

»De corrientes pronunciadamente democráticas, los tiempos que alcanzamos no excluyen, sino que, por el contrario, solicitan fuerte y vigorizada disciplina en las instituciones que pretenden representarlos; de donde se deriva que desde la más alta hasta la más ínfima de las jerarquías masónicas deben obrar con toda la autonomía que las leyes permitan, sin inmiscuirse unas ni otras en asuntos que no sean de su respectiva competencia.

»Las injustas censuras de que está siendo objeto la Masonería, el atraso de nuestro pueblo, las supersticiones que en éste han imbuido varios siglos de doble despotismo, las peroraciones de hipócritas y embaucadores altamente interesados en mantener la ignorancia, en la que fundan su poder y su provecho; el empeño que tienen en desacreditar la Masonería, cuya moral es una viva protesta contra su egoista y anacrónica conducta; la época de transicion por que el mundo profano atraviesa, y otras mil circunstancias que á vuestro alcance están, crean á nuestra amada Orden una situacion, si difícil y embarazosa de una parte, de otra abundante en gloriosos resultados si todos sabemos colocarnos á la altura de nuestra mision.

»Es, por lo expuesto, de todo punto indispensable que, sin perder momento, pongamos todos incondicionalmente cuanto esté de nuestra parte para conseguir la más perfecta union y regularidad entre todas las Lógias y Cámaras de la obediencia. Por mucho que en estos últimos años haya crecido el número de Talleres; por mucho que hayan éstos extendido su influencia en determinadas localidades, precisa no levantar mano para crear otros nuevos allí donde no exista ninguno y atraer á los que estén separados, ya por antiguas disensiones ó diferencias de conducta, ya por otra causa cualquiera, á fin de que vengan á formar una piña, un núcleo poderoso, no olvidando que la union constituye la fuerza, y que con ella lograremos recabar para la Orden verdadera influencia en el mundo profano, haciendo ingresar nuevos y valiosos elementos, sean del sexo y categoría que se quiera, con tal de que sus virtudes y condiciones los hagan dignos de estar entre nosotros.

»Teniendo en cuenta que la pátria de la Masonería es la tierra, debemos igualmente consagrar esmerada atencion y especial cuidado á estrechar nuestras relaciones fraternales con la Masonería exterior, establecerlas allí donde no existan y reanudarlas donde se hallen interrumpidas; que si la Masonería es una en todo el mundo, uno es tambien el enemigo que la combate, y el esfuerzo para la defensa y para conseguir la victoria debe ser simultáneamente hecho y combinado por todos los masones.

»Y ciertamente que para esa defensa comun de los intereses, de los principios sagrados de la Masonería, no basta entretener relaciones de mera cortesía ó de mútua correspondencia entre todas las potencias masónicas; sería necesario—y á esto tambien debemos encaminar nuestras gestiones— buscar la manera de conseguir una fuerte federacion, y así por las pruebas fehacientes de nuestra fuerza que hicieran patente nuestra voluntad y poder, bien prontamente seríamos respetados y obtendríamos la influencia á que nos da derecho den-

tro de la sociedad profana la honradez, la eficacia
y la virtud de nuestras doctrinas.

»Realicemos algo práctico, procuremos la ilus-
tracion general, ya levantando escuelas primarias
de ambos sexos, ya por medio de la cátedra, de la
conferencia, del libro ó del periódico, que digan y
den públicamente fe de nuestra existencia, de nues.
tra manera de ser y de obrar, y al ódio y á las pre-
venciones injustificadas sucederá en breve el aplauso y las bendiciones de las gentes honradas de sano
y recto criterio.

»Indudablemente que para conseguir todo esto,
para interpretar debidamente la altísima mision
que me habeis confiado, se necesita tanta benevolencia, tanta imparcialidad como justiciá y energía.
Mi vida, mis antecedentes y todo lo que soy, res-
ponden de que no he de faltar al cumplimiento de
los deberes que vuestra deferencia me ha impuesto.

»Ahora bien; si por falta de acierto ó de condiciones, ó porque la tarea fuera superior á mis fuerzas,
ó quizá por sobrevenir momentos de desmayo, mi
ánimo flaquease, abrigo plena y absoluta confianza
de que vuestro consejo y ayuda vendrán oportuna-
mente en mi socorro, y así podremos salir adelante
y legar á nuestros sucesores una Orden masónica á
mayor altura que nosotros la encontramos hoy, y
una sociedad profana más ilustrada, más libre,
más justa, más rica y más moral que la actual.

»Oriente de Madrid, á 15 de Agosto de 1884.

»El Gran Comendador y Gran Maestre,
»MANUEL BECERRA, 33°.»

La permanencia del Sr. Becerra al frente del Oriente de España fué de corta duracion. Luchas intestinas que estallaron en el Supremo Consejo y Gran Lógia Simbólica, nacidas de cuestiones de ochavos, determinaron el relevo de su Gran Secretario D. Juan Utor y Fernandez, que con actividad infatigable y digna de mejor causa habia logrado reunir bajo la direccion de un solo Oriente un número de lógias superior á las que el Supremo Consejo de la masonería española habia tenido bajo su obediencia en el período de la revolucion de Setiembre. D. Manuel Becerra, cansado, segun dijo, de masonería, renunció á su cargo de Gran Comendador y Gran Maestre, y las lógias pasaron á ser la herencia de Alejandro, disputada por masones de segunda fila, que llegaron al caso de asaltar las oficinas del Gran Oriente, apoderándose de sus documentos, constituyendo dictaduras efímeras y lanzándose unos á otros decretos de expulsion de la secta, dictados por las Cámaras de rigor que establecieron los diversos contendientes.

Dos años, de 1886 á 1888, duró la nueva anarquía masónica, hasta que en una Asamblea celebrada en Madrid por representantes de unas doscientas lógias de provincias acordaron constituir un grupo masónico titulado Oriente Español, cuya presidencia se dió al mason Morayta, Catedrático de la Universidad Central.

Este Oriente se diferencia de los hasta ahora establecidos, en que ha suprimido una gran parte del simbolismo de la secta, y sus reuniones tienen un marcado sabor á *club*, con pretensiones de Ateneo.

Los masones *ortodoxos*, como ellos se llaman, han formado otro Oriente bajo la direccion del Vizconde de Ros, y en él dicen que se hallan depositadas las tradiciones simbólicas de la secta, como continuador del Gran Oriente establecido en 1725.

Sigue además funcionando el Supremo Consejo de Panzano, que se considera como el sucesor del Oriente de España, reorganizado en 1868 por don Cárlos Celestino Mañan. Tambien continúan organizadas las lógias federativas de Sevilla, Málaga, y algunas otras, con entera independencia de los Orientes mencionados.

En realidad, los trabajos masónicos han perdido hoy, á los ojos de muchos, el interés de que ántes les rodeaba el misterio. Pero eso no índica que carezcan de importancia, sino que, por desdicha de España, lo que ántes sólo podia tramarse en antros tenebrosos y con grandes precauciones, hoy puede hacerse á la luz del dia y al amparo de las leyes.

La influencia maléfica de la secta sigue siendo cada vez mayor. Lo que hay es que, merced á esa indiferencia malsana ante el mal, carácter distintivo de la sociedad de este fin de siglo, ya nadie, ni áun muchos católicos, se espantan de las mayores enormidades; ántes por el contrario, las tienen como cosa corriente.

No se crea, sin embargo, por lo que dejamos expuesto, que todos los trabajos de la secta son públicos. Los hay tambien secretos, y se llevan á cabo entre tinieblas. Pero no en las lógias propiamente dichas, sino en las *Tras-Lógias*, centros donde se reunen los masones escogidos y muchos que no figuran como tales en los registros de los Orientes.

Dios mediante, presentaremos algun dia á la secta bajo este otro aspecto, que es, sin duda alguna, el más importante para conocer á fondo los planes que fragua contra Dios y contra la pátria.

XII.

MASONERÍA MILITAR.

Hace próximamente un año, el periódico católico *El Siglo Futuro* denunció la existencia de una vasta organizacion masónico-militar, considerándola como elemento importante de un plan encaminado á introducir en el ejército las doctrinas disolventes del socialismo, y llamaba la atencion acerca del hecho de que tales trabajos se realizasen en plena dominacion liberal-conservadora y en los mismos momentos en que el Sr. Cánovas del Castillo declaraba ante las Córtes que los propósitos del Gobierno que presidia eran ajustarse en un todo á las enseñanzas contenidas en la admirable Encíclica *Rérum novarum,* por considerar que en ella se hallaban contenidos todos los remedios que reclama el estado social del mundo.

A esta denuncia del periódico católico mencionado contestó el *Boletin de procedimientos del So-*

24

berano Gran Consejo General Ibérico, en su número correspondiente al 31 de Julio de 1892, con el siguiente artículo, cuya importancia no necesitamos encarecer.

Dice así:

«Á 'EL SIGLO FUTURO'.

»Sí, es cierto y tiene razon sobrada *El Siglo Futuro* al decir que nuestra Gran Lóg.·. Militar usa dentro del compás y la escuadra un escudo de armas que lleva por remate la corona mural y se suprime el escudete con las flores de lis del de las armas pátrias, y la razon es óbvia.

»En nuestro seno se admiten y viven en comunidad de ideas los republicanos y los monárquicos: los republicanos de todas las escuelas, los monárquicos de todas las dinastías, desde los posibilistas á los pactistas, desde los pocos partidarios que aún quedan de la casa Aosta, hasta los más encopetados partidarios de los Borbones. Por eso usamos un escudo sin corona real y sin el cuartel, que indica la preferencia de determinada casa reinante; por esto usamos el escudo de la pátria española y no el oficial del Estado monárquico. Si España estuviera constituida en república y pusiera sobre los cuarteles de nuestro glorioso escudo un gorro frigio, nosotros seguiríamos usando las torres de la corona que hoy ostentamos.

»Antes de pasar más adelante y contestar como se debe al periódico carlista (?), tenemos necesidad de estampar aquí, como comprobacion de lo que decimos, las seis primeras declaraciones de principios que desde la aparicion de la Orden vienen siendo ley universal estrictamente observada.

»Hélas aquí:

»1.ª La Francmasonería proclama ahora, como desde su orígen ha proclamado siempre, la existencia de un principio creador, bajo el nombre de Grande Arquitecto del Universo.

»2.ª No impone límite alguno á la libre investigacion de la verdad, y exige á todos sus miembros la tolerancia, á fin de garantizar á todos ellos el ejercicio de esta libertad.

»3.ª La Francmasonería está, por lo tanto, abierta á los hombres de todas las nacionalidades, de todas las razas y de todas las creencias.

»4.ª Prohibe en sus Talleres toda discusion política y religiosa, pues acoge en ellos á todos los profanos, cualesquiera que sean sus opiniones políticas y religiosas, con tal que sean libres y de buenas costumbres.

»5.ª La Francmasonería tiene por mision combatir la ignorancia bajo todas sus formas, y constituye una escuela de enseñanza mútua, cuyo programa se encierra en los siguientes lemas: obedecer las leyes del país, vivir con honra, practicar la justicia, amar á sus semejantes y trabajar sin descanso por el bienestar de la humanidad y por su progresiva y pacífica emancipacion.

»Por eso en nuestros Templos están unidos el católico, el mahometano, el hebreo, el protestante, el monárquico, el republicano y el socialista, y no solamente están unidos entre sí hombres que profesan las ideas más antitéticas, sino que esos mismos que, á seguir las predicaciones de sus respectivas iglesias, serían encarnizados enemigos, se

llaman hermanos y les basta un signo y una palabra para entenderse, aunque no entiendan la lengua del necesitado para prestarle ayuda, y desde
polo á polo, de Oriente á Occidente, lo mismo en
las heladas regiones de las estepas rusas que en
las abrasadas arenas de los desiertos africanos,
encuentra el mason necesitado una mano hermana que le ampare, una casa que es la de todos, armas que lo defiendan del que lo ataca y brazos que
respondan á su abrazo fraternal. En lo más encar-
nizado de la lucha, ora en la contienda de las naciones, ora en las luchas de los partidarios de distintas escuelas, un signo detiene el arma del contrario, pronta á dar fin de la vida del que lo hace;
otro libra á un prisionero la vida.

»Y es que, á diferencia de las sectas religiosas y
políticas, la masonería ha hecho hermanos á todos
los hombres, sin que se distinga de color y de raza,
y por esta causa la masonería ocupa toda la superficie de la tierra, mientras sus enemigos ocu-
pan sólo una pequeña porcion de aquélla.

»Despues de estas declaraciones, que de seguro
han de doler á *El Siglo Futuro* y hacerle poner el
grito en el cielo, lanzándonos sus más duros calificativos, debemos contestar á su largo artículo
dándole gracias al diario por la propaganda que
hace de nuestra Gran Lóg.·. Militar, siendo de
todo punto inútil, por inoficiosa, la denuncia que
hace al Gobierno constituido de nuestros ade-
lantos y nuestro valer, pues estando, como estamos, dentro de la legalidad, y siendo, como somos, una Sociedad al amparo de la ley de Asociaciones, huelga su denuncia; los Poderes públicos nos conocen, porque nosotros mismos le

hemos dado conocimiento de nuestra existencia.

»Y es inútil que pretenda hacernos aparecer con unas tendencias que ni rechazamos ni aceptamos, y que insidiosamente suponga en nosotros fines misteriosos, que más cuadra en los amigos del colega que en nosotros, porque dentro del mismo Gobierno que hoy rige los destinos de la nacion hay masones (1) que mientras estuvieron en actividad cumplieron fielmente sus deberes y conocian y conocen, tal vez mejor que nosótros, los fines y propósitos que persigue la masonería.

»No negamos, no, que nosotros tengamos procedimientos secretos; pero esos procedimientos nos sirven para conocer á los amigos de *El Siglo Futuro*, á los que envía á nuestro seno la infame Compañía de Jesús; y porque los conocemos acabamos de arrojar á algunos por locos, por defraudadores de los caudales de la Orden y por traidores á la masonería; y los que aún quedan, es porque nos sirven de instrumentos; en cuanto no nos den juego los arrojaremos de entre nosotros como á los demás.

»Que el traidor no es menester
siendo la traicion pasada.

»Mientras que los sicarios de los hijos de Loyola no logran conocer más que aquello que queremos

---

(1) ¿Masones? Nosotros sabíamos que habia uno, el General Beránger; pero, por lo visto, existía algun otro en el Ministerio que por aquel entonces presidia el Sr. Cánovas del Castillo.

(*N. del A.*)

que conozcan, nosotros conocemos de los *correligionarios* de *El Siglo Futuro* todo, absolutamente todo; su organizacion, sus jefes, sus fuerzas, sus planes, y por conocer conocemos el *Zanjón* que puso término á la guerra del Norte; y si tienen el valor que nosotros tenemos de nuestros actos y nos autorizan, daremos á la estampa todos los detalles que conocemos.

»Y porque los conocemos es por lo que nos preparamos, ocultándoles nuestras fuerzas y nuestros jefes, que son muchos, han derramado su sangre, como todos nosotros, en los campos de batalla, batiendo á los enemigos de la pátria en África y en Cuba, y á los enemigos de la libertad en las dos guerras civiles que han sostenido los partidarios del imbécil Cárlos V y el no ménos imbécil Cárlos VII.

»Nuestro plan es paralelo al de los enemigos de la libertad, nuestra organizacion obedece á este principio: ' obediencia á todos los Gobiernos constituidos, siempre que no sea el constituido por los carlistas y no conculquen las leyes del país; ódio eterno al absolutismo; que los que tanto hemos luchado por conseguir la libertad política no hemos de cejar un momento en su sostén y mantenimiento. '

»Sí, tiene razon *El Siglo Futuro*; nos organizamos y nos preparamos en la paz para la guerra, y estamos dispuestos al primer intento á aplastar á sus secuaces, y va á ser tan terrible, tan sangrienta, tan sin cuartel esta guerra, que el estruéndo va á dar pavor y estamos dispuestos á aplastarlos para *in eternum*.

»Y no inciteis contra nosotros las iras de los poderes, porque nuestro mandil es tan respetable y

tan santo, que al atentar contra él vereis levantarse como un solo hombre tendiéndonos su mano, el
Emperador, el Príncipe, el Rey, el Jefe de los Estados republicanos, el Magistrado, el comerciante, el
industrial, el obrero y el soldado de todos los países
y de todas las latitudes, y ¡ay! de vosotros si con-
seguís vuestros propósitos.

»Mientras cumplamos nuestros deberes como masones, nuestra fuerza es incontrastable, nuestro poder inmenso, porque es el poder de todos los hombres de buena voluntad y de honor.»

El documento que acabamos de copiar no es
clandestino. Tiene pié de imprenta (U. Gomez, im-
presor, Cabeza, 36, bajo), y esto demuestra una vez
más la libertad de que goza la secta masónica, lo
mismo bajo el poder de los liberales-conservado-
res, que bajo el poder de los fusionistas.

Bien mirado nada tiene de extraño que así suce-
da desde el punto y hora en que la *Gran Lógia Militar* de España declara que para defender á la secta se levantarán los Reyes, Emperadores y Presidentes de las repúblicas en los Estados modernos.

El lector debe fijarse bien en esto y tambien en lo
que dice el *Boletin de procedimientos del Soberano
Consejo General Ibérico*, acerca del término que
tuvo la última guerra civil.

De *Zanjon* del Norte califica dicho *Boletin* la disolucion del ejército carlista, y sabido es que la
paz del Zanjon en Cuba se hizo con intervencion de
la masonería, que sirvió de mediadora entre el
Gobierno y los insurrectos cubanos.

Al partido carlista le corresponde poner en claro
las reticencias del periódico masónico, y al pueblo

español le toca meditar acerca de las causas que pudieron influir en la rápida disolucion de un ejército formado, más que para la defensa de una causa personal, para el triunfo de la causa de Dios y de la pátria.

XIII.

LA MASONERÍA EN EL COMERCIO.

La secta masónica no se ha contentado con llevar su influencia á todos los organismos del Estado ni á todas las Diputaciones provinciales ni á todos los Ayuntamientos de importancia, como el lector ha podido apreciar en los anteriores capítulos de la presente obra. Su accion se ha extendido además á los Bancos y Empresas industriales, en la que tiene no pequeña representacion por medio de Consejeros, Letrados y áun Directores y Gerentes.

Pero todavía le ha parecido esto poco á la secta y ha tratado de aprisionar al comercio en las mallas de la extensa red de que da exacta y cabal idea la fundacion de una Sociedad comercial cooperativa, cuyo objeto y reglamento copiamos á continuación.

Dice así:

"GRAN ORIENTE ESPAÑOL.

»*A todos los GGr∴ Consejos Regionales, Delegaciones, Talleres y masones de la Federacion.*

»S∴ F∴ U∴

»Sabed: Que la Asamblea general del Gr∴ Oriente ha aprobado, y en su nombre el Gr∴ Consejo de
la Orden sanciona y promulga, la siguiente

»LEY.

»Artículo 1.º   Se declara de utilidad masónica el
proyecto de la Sociedad cooperativa que, con el título *C. Kadosch y Compañía,* ha formulado el Iltre∴
h∴ José Alejandro March, gr∴ 33.

»Art. 2.º El Gr∴ Oriente Español hace suyo el
proyecto, y los GGr∴ CCons∴ RReg∴, TTall∴ y
masones de la Federacion prestarán á la empresa
su más decidido apoyo moral y material.

»Art. 3.º El Iltre∴ h∴ José Alejandro March,
gr∴ 33, como Director Gerente de la mencionada
cooperativa masónica *C. Kadosch y Compañía,*
queda encargado de la completa organizacion de
los servicios, propaganda, publicaciones, garantías, reglamentos, y de todo, en fin, lo que constitu-
ya la realizacion del proyecto aprobado para el mayor bien y prosperidad de la Orden en general y de
todos los HH∴ masones en particular.

»Por tanto, encargamos á las legítimas autoridades del Gr∴ Oriente cumplan y hagan cumplir la
presente ley en todas sus partes.

»Or.·. de Madrid, 12 de Abril de 1890 (e.·. v.·.).—El Gr.·. Maest.·., Gr.·. Presidente del Gr.·. Consejo de la Orden, M. Morayta (*Pizarro*), gr.·. 33. — Por acuerdo del Gr.·. Cons.·., el Gr.·. Secretario general, J. Ruiz (*Alvar-Fáñez*), gr.·. 33.

»Denominacion, duracion, objeto y domicilio de la Sociedad.

»DENOMINACION.

»Con la de *C. Kadosch y Compañía* se establece una Sociedad anónima cooperativa de crédito, que se regirá por las disposiciones del Código de Comercio y demás vigentes, y por las prescripciones de sus Estatutos y reglamentos.

»DURACION.

»La de esta Sociedad será de *noventa y nueve años*, prorrogables á voluntad de los sócios, y á contar desde el dia en que se firme la escritura de asociacion ante Notario.

»OBJETO.

»Es el de la Sociedad:
»1.º Aumentar el prestigio de la Poderosa é Ilustre Orden masónica, y conduciéndola por nuevas vías, presentarla al mundo profano como la primera Sociedad modelo de crédito establecida.
»2.º Estrechar los lazos de *union* por medio de intereses comunes entre los hermanos de la Orden.
»3.º Ocuparse de la creacion de empresas indus-

triales y agrícolas, fabriles, mineras, forestales, de construcciones urbanas, de riegos, saneamientos, desagües, alumbrados eléctricos, redes telefónicas, ferro-carriles, tranvías, de puertos y canales, de seguros de vida y sobre bienes muebles é inmuebles, de carreteras, navegacion, hipotecas marítimas, montepío, y, en general, de cuantas sean de utilidad pública.

»4.º Encargarse de la colocacion de toda clase de títulos, acciones y obligaciones del Estado, de Corporaciones ó Sociedades industriáles, agrícolas y mercantiles, españolas ó extranjeras.

»5.º Administrar, recaudar, explotar ó arrendar toda clase de contribuciones, impuestos, empresas y fincas, y ejecutar, ceder ó traspasar los contratos suscritos al efecto.

»6.º Emitir obligaciones de la Sociedad hasta una cantidad igual á la que se haya empleado y exista representada por valores en cartera, por efecto de las operaciones detalladas en los párrafos que anteceden.

»7.º Girar ó descontar letras ú otros documentos de cambio.

»8.º Establecimiento de Bancos populares, agrícolas é hipotecarios.

»9.º Vender, cambiar, hipotecar ó dar en garantía todos los valores, acciones ú obligaciones adquiridas por la Sociedad.

»10. Prestar sobre efectos públicos, acciones ú obligaciones, géneros, frutos, cosechas, fincas, fábricas, buques y sus cargamentos y otros valores, y abrir créditos en cuenta corriente, recibiendo en garantía efectos de igual clase.

»Los préstamos que la Sociedad haga no podrán

exceder del tanto por ciento del capital efectivo de la Sociedad, que la Junta directiva determine, y por el término que la misma en su dia crea conveniente, ó la Junta general resuelva en la primera reunión, constando lo resuelto en los Estatutos.

»11. Efectuar por cuenta de otras personas, Sociedades ó Corporaciones, toda clase de cobros y pagos, y ejecutar cualquiera otra operacion.

»12. Recibir en depósito voluntario toda clase de valores en papel, metálico y efectos, y llevar cuenta corriente con cualesquiera Corporaciones ó Sociedades particulares.

»DOMICILIO.

»La Sociedad tendrá el suyo en Madrid, y delegaciones, agencias, comisiones ó sucursales en cualquier punto que convenga y determine el Consejo de Administracion.

»Estos corresponsales serán las Cámaras, Capítulos ó Lógias de provincias ó del extranjero, siempre que reunan las condiciones *sociales*.

»En cuanto un Taller acepte y reciba el nombramiento de corresponsal, estará obligado inmediatamente á abrir las correspondientes oficinas para el servicio público, con todas las formalidades de la ley.

»El tarjeton de su puerta, dirá: *C. Kadosch y Compañía*, sucursal, representacion ó agencia (lo que fuere), núm... (el que le corresponda), con residencia en...

»CAPITAL.

»Lo formará el número de acciones emitidas,

que será el que determinen los Estatutos, pudiéndose aumentar el número de éstas en segunda série cuando la primera estuviese agotada y cubierto el total de su valor (si así lo creyese oportuno la Junta general de accionistas).

»El valor de una acción es el de *quinientas pesetas*, divisibles en *cinco participaciones* de á *cien pesetas*.

»El sócio que por cualquier causa retarde la entrega del dividendo pasivo que le corresponda, pagará el interés legal del dinero que no hubiese entregado á su debido tiempo.

»En los llamamientos para los dividendos pasivos de la accion, entrará la *participacion* en la proporcion que le correspondiese.

»El sócio que transcurridos tres meses al de la citacion para aportar el dividendo pasivo que le correspondiese, no lo hubiese hecho, será señal de haberse retirado de la Sociedad, dejando á favor de ésta la mitad del capital que hubiese aportado, y la otra mitad que queda á su favor no devengará intereses, considerándose como depósito.

»Al suscribirse *cien acciones*, la Sociedad empezará á funcionar despues de cumplidas las formalidades de la ley.

»Las acciones y participaciones no suscritas quedarán como capital en cartera ínterin se vayan colocando.

»Los Talleres de Madrid, provincias de la Península y Ultramar, así como los del extranjero, tendrán su representacion en el Centro con igual número de votos á la proporcion de sus acciones.

»La *participacion* es personal, y la *accion* al tener cubierto el 50 por 100 de su valor, será al portador.

»Al lanzar las *acciones* á la plaza, al mismo tiempo se hará con las *participaciones*, con el fin de que los Talleres que sean pobres puedan entrar en la cooperativa, tomando una ó más participaciones, que repartirán entre sus miembros, y á medida que sus fuerzas se lo permitan irán tomando de éstas hasta pagar *cinco* que se les cambiarán por una accion, quedándoles el deber de ir repitiendo esta operacion hasta que todos sus miembros puedan ostentar el nombre de accionistas, por ser poseedores de una accion por lo ménos cada uno.

»Si en algun Taller existiesen miembros tan sumamente pobres que no pudiesen pagar la cantidad más pequeña, para ir amortizando lo que le correspondiese á una *participacion* hasta completar una accion, se formará expediente por el Taller, en el cual, probada la verdad, del tronco de Beneficencia pagará lo que aquel hermano no pudo, y así se continuará hasta tanto llegue el dia en que le sea posible prescindir del tronco de pobres.

»(Todo mason debe ser sócio, y al que no pueda, todos debemos ayudarle para que lo sea; la virtud y honradez deben tener un premio; preparémosle así el pan de la vejez.

»La caridad debe empezar por la familia, y todos los masones son hermanos.)

»Tan pronto como un Taller reuna tantas acciones ó participaciones como miembros tenga, las repartirá por igual entre cada uno de ellos, si la cuota que pagaron todos fué la misma, y si no, se hará la proporcion (1); pero ínterin no llegue el mo-

---

(1) »Aconsejamos á los Talleres que establezcan por igual la cuota de pago entre sus miembros para los dividendos pasivos. La índole de este trabajo no nos permite desarrollar extensamente estas razones, y por ser sólo de la incumbencia del Taller.

mento en que cada uno de los miembros del Taller pueda ser dueño por lo ménos de una *participacion*, estará obligado el Taller á nombrar una Comision de su seno que maneje, junto con su Venerable, los intereses de todos y con todas las formalidades de la ley, visando sus libros en el Juzgado correspondiente.

»En los Estatutos interiores de cada Taller se añadirán los artículos necesarios sobre este objeto.

»Caducarán las *participaciones* cuando, reuniendo cinco, se cancelen por una accion, lo cual es obligatorio.

»Las *participaciones*, como las acciones, llevarán su número de órden, el del talon y el Timbre del Estado.

»Al fallecimiento de un sócio sin herederos, el capital que tenga á su favor en esta Sociedad pasará á ser propiedad de la misma, en concepto de beneficios.

»Para adquirir el derecho de accionista hay que hacer el desembolso de *cien pesetas*, ó sea la quinta parte de una *accion*, lo cual constituirá el primer dividendo pasivo.

»La Sociedad se constituirá al estar cubiertas por sus listas de suscricion 100 acciones, y se procederá al primer llamamiento.

»En los Talleres, al pagar un suscritor la cuota que le corresponda por lo que esté suscrito, hasta cubrir una accion, el Tesorero nombrado con este fin por el Taller entregará al primero un recibo talonario numerado y firmado, en que constará la cantidad entregada, en número y letra.

El talon estará conforme con el libro de Caja, que

estará firmado y sellado por el Juzgado correspondiente.

—

»Los herederos ó acreedores de alguno de los sócios no podrán, bajo pretexto alguno, pedir la intervencion judicial de los bienes ó valores de la Sociedad, ni su retencion, particion ó subasta, ni mezclarse en su administracion.

»Para ejercitar su derecho deberán conformarse con los inventarios sociales y las resoluciones del Consejo y Junta general, conforme con sús Estatutos.»

No creemos necesario dar la voz de alerta al comercio acerca de los peligros que corren con la fundacion de la Sociedad *Kadosch y Compañía.*

Su accion tiende á la ruina de todos aquellos comerciantes que no estén afiliados á la secta, y constituye, además, una verdadera conspiracion para acaparar toda la riqueza comercial de España, en lo cual bien á las claras se demuestra su abolengo masónico, ó lo que es lo mismo, judáico.

XIV.

DOS PALABRAS AL LECTOR.

Hemos llegado al término de la empresa que nos habíamos propuesto, y aunque no abrigamos la presuncion de haber realizado un trabajo completo en órden á la investigacion de los planes masónicos, creemos, sí, haber dado una idea aproximadamente exacta de la organizacion de las lógias, y de su accion directa y constante en todos los trastornos que han ocurrido en nuestra pátria, y con especialidad de los que viene sufriendo desde los comienzos del presente siglo.

No entendemos, sin embargo, haber dicho la última palabra acerca de la organizacion masónica en España, pues el espacio en que hemos encerrado nuestro modesto trabajo no nos ha permitido dar á luz todos los documentos que en abundancia poseemos, y que, á nuestro juicio, constituyen la médula, por decirlo así, de aquella organizacion y de los fines que persigue.

Dios mediante, en otra obra que preparamos bajo el título *Las Tras-Lógias Españolas*, publicaremos esos documentos, y añadiremos nuevos y curiosos datos acerca de las interioridades de los *Talleres* masónicos y de las influencias, al parecer extrañas á la secta, á que están sometidos.

Entre tanto damos las gracias al lector por la benevolencia con que nos ha seguido en nuestras tareas de investigacion por las sinuosidades de la secta masónica, enviamos desde aquí el testimonio de la más ardiente gratitud ó cuantos nos han prestado su concurso y auxilio en una ó en otra forma, para llevar á término nuestro modesto ensayo de *Historia de la masonería,* y sobre todo, damos á Dios, de quien todo bien procede, las más rendidas acciones de gracias por habernos permitido poner la primera piedra al edificio de reparacion á que estábamos obligados por pasadas prevaricaciones y extravíos.

A. M. D. G.

FIN DE LA TERCERA Y ÚLTIMA PARTE.

ÍNDICE

DE LAS MATERIAS CONTENIDAS EN ESTE TOMO.

PARTE SEGUNDA.

INTERVENCION DE LA SECTA MASÓNICA EN TODOS LOS TRASTORNOS POLÍTICOS OCURRIDOS EN ESPAÑA DE 1808 Á 1868.

TERCERA Y ÚLTIMA PARTE.

ACCION MASÓNICA
EN TODOS LOS
ACONTECIMIENTOS POLÍTICOS DE ESPAÑA
DESDE 1868 HASTA NUESTROS DIAS.

Printed in the USA
CPSIA information can be obtained
at www.ICGtesting.com
LVHW021514101224
798790LV00003B/101